KB204351

Erasmus von Rotterdam

Ein Porträt

Christine Christ-von Wedel

에라스무스의 생애와 사상

그리스도교 인문주의자의 초상

크리스티네 크리스트 폰 베델 지음 · 정미현 옮김

ERASMUS VON ROTTERDAM

새물결플러스

이 역서는 2022년도 연세대학교 연구비의 지원을 받아 수행된 것임(R202211004)

목차

이 책은 수십 년간 로테르담의 에라스무스(Erasmus von Rotterdam)를
연구한 결과물을 짧게 요약한 것이다. 이를 통해 모든 것을 풍자하며
살았던 위대한 성서 인문주의자 에라스무스의 모습을 이 책에 담아
볼 수 있었던 것은 커다란 즐거움이었다. 이 자리를 통해 특히 구약학
자이자 만화가(Cartoonist)인 알베르 드 퓌리(Albert de Pury)와 슈바베
출판사(Schwabe Verlag)의 모든 분들, 특히 공동 대표인 마리안 바커나
겔 선생께 감사의 뜻을 밝힌다. 바커나겔 선생과 대화를 나누며 이 책
의 틀을 잡을 수 있었다. 알베르 드 퓌리는 종교개혁자 마르틴 루터와
에라스무스의 관계를 만화로 표현하였다. 근대에서 오늘날에 이르기
까지 영향력을 미치고 있는 이 두 사람은 실제로 만난 적이 없다. 정
중하게 교류하던 루터와 에라스무스는 점차 논쟁과 증오로 얼룩진
편지와 논고로 대립하게 된다. 하지만 두 사람은 공통점이 많았다. 두
사람 모두 평생에 걸쳐 성서를 연구했고, 교회와 사회의 개혁을 열망
하며 헌신했다. 두 사람 모두 언어의 천재이자 탁월한 학자이기도 했
다. 그러나 성격의 차이가 두 사람을 양립할 수 없을 정도로 갈라놓았
다. 바로 이런 대비와 차이가 에라스무스의 저작에서 가장 두드러지
고 진보적인 면모를 이끌어내는 지점이다. 알베르 드 퓌리의 만화는

이 부분을 집중적으로 다루고 있다.

아울러 이자벨 아커만과 빌트라우트 엔트레스, 마르셀 앙리, 슈테파니 첼베거, 레기나 랑엔슈타이너에게 감사를 전한다. 이들은 책의 원고를 읽고 유익한 조언을 아끼지 않았으며, 오탈자를 수정해주었다.

2016년 에라스무스 기념의 해를 맞아 위대한 인문주의자 에라스무스를 더 많은 사람들에게 알리기 위해, 이 책은 처음부터 만화의 수록을 염두에 두고 집필되었다. 2013년 9월에 바젤 클링엔탈 박물관의 후원 회원들을 대상으로 준비한 작은 강연은 이 책의 기초가 되어주었다. 당연히 이를 준비하는 과정에서 나의 기존 연구를 돌아보아야 했을 뿐 아니라 (참고한 연구의 목록은 부록에 있다) 에라스무스를 새롭게 연구하고 읽으며 라틴어 원문을 보면서 단락 전체를 새롭게 번역하였다. 그렇게 에라스무스 자신의 목소리를 폭넓게 반영하고자 애썼다. 이상이 이제 노년에 접어든 필자의 책에 관한 이야기다. 나머지는 슈바베 출판사에 맡긴다. 역사가로서 나는 열정을 다해 살아오면서 언제나 책을 쓰는 일을 즐겼으나, 이만큼 즐거워하며 쓴 책도 없다. 이 책을 읽는 이들도 이 책을 통해 자극을 받고 즐거움을 누리길 바라 마지않는다.

2015년 9월, 바젤에서

2판은 1판의 내용을 극히 일부 교정한 것이다. 특히 파리에서 에라스무스가 보낸 학창 시절 이야기, 에라스무스의 신약성서 후기 판본, 각주의 오탈자를 수정하였다. 관련하여 도움을 준 에리카 러멜, 헹크 얀 더 용에, 에드가 켈렌베르거에게 감사를 전한다.

　이 책이 처음 출간되고 한 해가 지난 2017년 초의 정치 상황은 평화와 관용을 촉구했던 위대한 인물 에라스무스의 지혜를 촉구하고 있다. 그는 언제나 인간 이성의 한계를 깨닫고 다른 의견을 악마화하지 말라고 경고했다. 한편 에라스무스는 평생 각자의 이성의 목소리를 따라 살 것을 촉구하며, 이를 위한 교육의 필요성을 역설했다. 모든 것을 비판적으로 검토하는 것이 중요하다. 한 가지 사안을 여러 측면에서 다루어야 하지만, 영원의 차원에서 바라보는 일도 잊지 말아야 한다. 모든 상황을 고려해야 하며, 한 사람도 소홀히 해서는 안 된다. 모든 의사 결정에서 가장 중요한 준거는 국적과 종교와 무관하게 하나님이 창조하셨고 사랑하시는 개개인의 안전과 행복이 되어야 할 것이다.

2017년 2월, 바젤에서
크리스티네 크리스트 폰 베델
알베르 드 퓌리

중세에나 있었을 법한 감염병의 위기를 채 벗어나기도 전에 우리는 신냉전체제가 가시화되어 드러난 우크라이나와 러시아 전쟁을 목격하게 되었다. 이 전쟁이 장기화되는 것은 물론, 이슬람과 기독교 혹은 유대교의 복잡한 대립과 맞물려 있는 중동 분쟁이 가속화되어 무자비한 살상이 연일 이어진다는 소식을 접하며 우리는 이 시대를 살아가고 있다. 냉전 체제에서 보여지던 단순한 흑백논리를 넘어서서 지금은 선과 악의 대결 구도로 명료하게 사안을 파악할 수 없는 총체적 난국의 잔인한 시대 상황을 우리가 마주하는 것이다.

　　역사적으로 아브라함 종교라고 부르는 기독교, 이슬람교, 유대교는 그 공존의 미담보다는 피투성이의 처절한 분쟁의 역사가 더 알려져 있고, 같은 경전을 나누어 쓰는 종교 공동체이지만 더 많은 유혈 투쟁이 그 안에서 이어지고 있다. 전 세계적으로 종교적인 색채를 드러내고 신의 이름을 들먹이면서 전쟁을 일삼지만, 그 이면에는 경제적·정치적 이익 추구를 위한 추악한 민낯이 감추어져 있음을 쉽사리 알아차릴 수 있다.

　　이런 때 수백 년 전에 지금과는 전혀 다른 모양새로 잔인한 시대 상황 속에서도 관용을 강조하였던 에라스무스의 가르침을 새삼 들여다보고 싶어진다. 그가 살았던 16세기, 종교의 이름으로 자행되는 갈

등과 살육의 현장에서 개인적 삶도 결코 녹록지 않았으나, 어떻게 하면 종교적 영성을 증진시키고 평화를 실현할 수 있을까를 깊이 있게 고민하며 글쓰기 작업을 이어갔던 그의 모습에서 오래된 미래의 지혜를 찾아볼 수 있을까?

에라스무스의 글과 사상은 개방적이고 포용적인 그리스도교, 다른 생각을 가진 사람들과의 관대한 공존, 이웃 문화에 대한 감수성 있는 자세, 미래의 꿈나무가 될 어린이의 눈높이에 맞추는 교수법, 자유로운 사회, 비폭력적 정치, 인도주의적 법률 등 수많은 지점에서 다양한 영감을 주고 있다.

일찍이 유럽에서는 에라스무스의 사상적 가치를 인정하여 그의 이름에 기댄 고등 교육 기관의 대학 프로그램이 자리를 잡았다. 이미 90년대에 유럽의 대학들이 융복합적 통섭을 강조하면서 에라스무스 프로그램을 준비한 것이다. 에라스무스 프로그램은 유럽 대학의 전통적 의미를 현대적으로 재적용한 것이다. 즉 인문주의자 에라스무스가 주창했던 것처럼 전인적 인격을 도야하며, 학문의 지평을 넓힐 수 있는 융합적 연구를 추구하고, 전문 교수자를 찾아가서 심화 학습할 수 있도록 대학의 제도를 범유럽적으로 재구성한 것이다. 장소성과 상황의 가치를 극대화하고 교수자 개인의 성향과 특성을 담은 여러 유형의 가르침을 학습자 자신이 자율적으로 찾아가면서 자신을 계발할 수 있도록 하는 것이다. 에라스무스 문두스 프로그램에 동참하는 유럽의 대학들은 상호적으로 이런 시스템 안에서 교육의 질을 향상시키고 다양성의 가치를 교육에 효율적으로 접목하였다.

스위스에서 가장 먼저 세워진 대학 도시이며 현재 전 세계에서 가장 많은 에라스무스 관련 자료를 보유한 스위스 바젤은 에라스무스 스스로 택하여 살고 머물면서 저술 활동을 이어갔던 곳이다. 또한 바젤은 인문주의자 에라스무스를 그 도시에서 가장 큰 개신교 교회인 바젤 뮌스터에 영면하도록 예외적으로 그 자리를 내어준 관대함이 있는 곳이기도 하다. 따라서 바젤과 바젤 대학은 에라스무스 연구에 최적화된 곳이다. 바로 그 에라스무스의 도시 바젤에 살고 있는 이 글의 저자 크리스티네 크리스트 폰 베델(Christine Christ-von Wedel) 박사는 오랫동안 그녀가 연구해온 로테르담의 에라스무스를 독자들에게 쉽게 다가갈 수 있게 해주었다. 저자는 에라스무스 원저에 접근 가능성이 있는 바젤에서 에라스무스 원문 연구에 심혈을 기울였을 뿐 아니라, 그 진수를 이해하기 좋도록 잘 정리하여 소개하고 있다. 이미 에라스무스에 대한 여러 유형의 책을 발표한 바 있는 저자가 에라스무스의 저술에 수십 년 동안 몰두한 결과물로서 자신의 연구를 압축적으로 집대성한 이 책은 에라스무스의 역설적 접근법과 유사한 방식으로 진지하고 재미있는 주제를 결합하여 위대한 성서학자이자 인문주의자의 삶과 작품을 이해하는 데 큰 도움을 줄 것이다.

간단히 저자를 소개하자면, 1948년 독일 함부르크 근교에서 태어난 크리스티네 크리스트 폰 베델 박사는 함부르크 대학과 바젤 대학에서 역사, 교회사와 철학을 공부하였고, 바젤 대학에서 로테르담

의 에라스무스 연구로 박사 학위를 받았다. 전 세계적으로 에라스
무스 연구로 그 권위를 인정받은 탁월한 스위스 학자로서, 그녀는
1815년 개신교 최초로 유럽 대륙 안에 세워진 선교, 교육과 국제 개
발 협력의 전당인 스위스 바젤의 Mission 21 이사장을 역임했고, 스
위스 취리히 대학 종교개혁 연구소와 바젤 대학 신학부 전문 연구원
으로서 다양한 저서와 종교개혁 관련 고서들을 번역, 연구하여 발표
한 정열적인 역사학자다. 이 책은 바로 그런 16세기의 역사적 저술들
을 두루 섭렵한 저자가 현대인이 간편하게 접근할 수 있도록 만들어
준 선물이라고 보면 될 것이다. 즉 이 책은 일반인을 위해 16세기 인
문주의자 에라스무스에 대해 평이하게 쓴 책이면서도 알찬 내용을
담고 있는 전문서로서, 두터운 계층의 독자들, 예를 들면 16세기 전문
가, 학생, 일반인을 비롯해 문학, 신학, 역사학 등 여러 분야의 독자가
인문학적 교양을 갖추는 데 참고가 될 만한 유익한 책이다. 학자들을
위한 각주와 참고문헌이 모두 갖추어져 있기 때문에 필요에 따라 그
분야에 대해 선택적으로 심층 연구를 할 수도 있겠다.

이 책은 시각적으로 풍자만화를 곁들이고 있다. 유명한 구약신
학자로서 제네바 대학의 구약학 교수이자 만화가인 알베르 드 퓌리
(Albert de Pury)가 책의 내용에 따라 삽화를 그려주었고, 현재 수잔네
프란츠케이트가 회장으로 있는 독일 슈바베 출판사에서 출판되었다.
알베르 드 퓌리는 인문주의자 에라스무스와 종교개혁가 마르틴 루터
사이의 관계를 만화의 소재로 골랐다. 오늘날까지도 막대한 영향력을

끼치고 있는 두 인물은 실제로 직접 만난 적은 없었고 서면을 통해 대화 및 사과를 주고받은 것이 전부였다. 두 사람의 관계는 상호 존중 가운데 시작되었으나 결국 증오와 반목으로 점철되고 말았다. 그러나 두 개혁자 사이에는 공통점이 더 많았다. 둘 다 평생 성서 연구에 몰두했고, 교회와 사회의 개혁을 이끌어내기 위해 많은 노력을 기울였으며, 두 명 모두 지적 능력과 언어 구사 능력이 탁월했다. 물론 둘 사이의 성격 차이는 양립할 수 없는 무언가였다고 할 수 있다. 드 퓌리는 이런 대조가 에라스무스의 작품에서 가장 두드러지고 진보적인 특징을 나타낸다고 보고, 이 부분을 만화를 통해 집중적으로 다루었다.

이 저자 외에 또 한 명의 에라스무스 전문가로 잘 알려진 에리카 럼멜(Erika Rummel)이 이 책의 영어판 출간을 제안함에 따라, 이 책의 독일어판에 이어 영어판도 출간되었다. 에라스무스에 대한 영어판은 언어와 국경을 넘어선 풍성한 연구의 열매이고 에라스무스에 의해 조성된 결과물로서 영어권 독자들에게 전달된 것이라고 할 수 있는 바, 독일어판과 여러 유형의 차이가 있어서 영어판과 독일어판을 비교하여 번역 작업에 사용하였다. 그러나 좀 더 상세하고 정확한 내용이 담긴 독일어판을 중심으로 번역하였다.

인문주의자 에라스무스는 16세기를 대표하는 인물이지만, 그가 지닌 포용성, 네트워크 능력, 앞을 내다보는 예지력 등은 21세기에 새롭게 부각될 필요가 있다. 앞서 언급하였듯이 유럽연합에서 교육의 혁신, 대학 간 협력, 학제 간 공동 연구의 활성화를 시도하면서 그 작업의 이름을 에라스무스 프로그램이라 명명한 것도 바로 에라스무스의 역사적 가치뿐 아니라 지속가능한 미래를 지향해야 할 책임이 있는 현대 대학 교육과 연구에도 접목될 수 있는 그의 중요성을 드러내는 것이다.

한국어판에서 일관성을 지키고자 했던 몇 가지 번역 원칙은 다음과 같다. 각주 및 참고문헌, 모든 병기는 독일어판의 편집 원칙을 따랐고, 교부 문헌은 관행에 따라 홑낫표(「」)를 사용하였으며, 교부 인명 및 저작의 제목은 한국교부학연구회에서 출간한 『교부학 인명·지명 용례집』을 가능한 한 따르고자 하였다. 또한 독자의 이해를 돕기 위해 역주로 삽입한 내용이 있다. 마지막으로 성서 인용은 표준새번역을 따르는 것을 원칙으로 하였다.

이 책은 학제 간 융합이 그 어느 때보다 더 절실한 이 시대에 문학, 신학, 역사학 등 다양한 학문의 융복합 연구에 단초를 제공해줄 것이다. 아무쪼록 이 책을 손에 쥔 독자들의 관심이 바젤 뮌스터에 있는 그의 묘비명에 적혀 있는 대로 모든 민족의 학자들과 대화하게 되리라는 기대에 부응하여 에라스무스에 대한 연구를 국내에서도 더 활성화하고 심화하는 계기로 이어지길 바란다. 이런 기대에 동참하는 역자의 어머니의 기도에 늘 감사하면서 책 발간의 기쁨을 나누고 싶다.

2023년 11월 30일

연세대학교 루스채플 연구실에서

정미현

1장

어린 시절: 네덜란드

에라스무스는 사제였던 아버지와 의사의 딸이었던 어머니 사이에서 태어났다. 자신이 혼외정사로 태어난 사생아라는 사실을 부끄럽게 여긴 그는 출생에 관한 내막을 비밀에 부치고자 했고, 이를 위해 나름의 낭만적인 이야기를 만들어냈다. 말하자면 자신의 어머니와 아버지는 본래 비밀리에 결혼을 약속한 사이였는데, 아들을 사제로 만들고 싶었던 가족이 그들의 결혼을 가로막았다는 것이었다. 결국 절망에 빠진 젊은 약혼남은 임신한 약혼녀를 뒤로 한 채 로마로 떠나 그곳에서 필경사 일을 하며 생활하던 중, 그녀가 죽었다는 가족의 편지를 받고는 슬픔을 가누지 못해 신에게 일생을 바치겠다고 서원하며 사제가 되었고, 뒤늦게 자신이 속았다는 사실을 깨달았지만 돌이키기에는 이미 늦어버렸다는 이야기였다.[1] 이처럼 에라스무스에게는 극적인 솜씨가 없지 않았고, 독자의 감성을 자극하는 재능도 있었다. 그러나 확실히 그가 자존감이 그렇게 높은 인물도 아니었다는 사실을 엿볼 수 있다. 사실 당대에 사생아로 태어났다는 사실을 애써 감추려고 한 사람은 드물었다. 근대 초 사회의 여러 영역에서 능력과 재능을 크게 인정받은 사람들 가운데 적잖은 이가 사생아 출신이었다. 교황

---

1   Compendium vitae: Allen I, 47f.

과 제후의 사생아들은 세간의 존경과 명예를 한 몸에 받았고, 자신의 출생 신분을 거리낌 없이 밝히곤 했다. 사제의 사생아들도 대개는 굳이 자신의 배경을 감추려 하지 않았다.[2] 그러나 에라스무스는 달랐다. 그는 자신의 출생과 관련해 사람들을 철저히 속였다. 물론 훗날 단호히 이렇게 회고했지만 말이다.

나는 천성적으로 솔직했다. 거짓말을 들으면 뒤돌아보지 않고 피했다. 나는 어렸을 때부터 거짓말하는 아이들이 싫었다. 이제 나이가 드니 그런 자들을 보는 것만으로도 몸이 거부 반응을 일으킨다.[3]

명료함에 대한 사랑

역사가들은 에라스무스의 이야기가 날조된 것임을 밝혀냈다. 게다가 사료에 따르면 에라스무스는 첫째 아들도 아니었다. 그러나 우리가 그의 자화상을 진지하게 받아들일 수 있는 까닭은 다른 데 있다. 에라스무스는 비교적 솔직한 사람이었고 명료함을 추구했다. 그는 불

~~~~~~~~~~~~~~

2   Simona Slanička, "Bastarde als Grenzgänger, Kreuzfahrer und Eroberer. Von der mittelalterlichen Alexanderrezeption bis zu Juan de Austria," *Werkstatt Geschichte* 51 (2009), 5-22 참조.
3   Compendium vitae: Allen I, 51.

확실하거나 미심쩍어 보이는 모든 것들을 혐오했다. 비밀 교의나 비밀 단체 근처에는 다가가지도 않았다. 또한 에라스무스는 연금술이나 마법, 점성술을 조롱했다. 그런 것들이 커다란 인기를 얻던 시대였음을 감안하면 이례적이었다. 당시 마법적 사고는 여전히 자연 과학을 지배했다. 마르틴 루터(Martin Luther)나 필립 멜란히톤(Philipp Melanchthon)과 같이 명망을 누리던 신학자와 개혁자조차 이에 매료되었고 점성술을 실제로 시도하기도 하였으며 마녀들에 관한 이야기를 믿었다.[4] 반면 에라스무스는 이런 것들을 비웃었다. 다음은 그가 1531년에 쓴 어느 『대화집』에 있는 대목이다.

마술이나 별자리에서 행복을 찾는 이들이 있네. 하지만 나는 행복을 향한 가장 확실한 길은 이것 말고는 없다고 생각하네. 우리 안에 숨죽이고 있는 자연적 감각에 반하는 유(類)의 삶을 피하며, 다만 우리의 마음이 이끌리는 대로 향하는 삶 말일세. 수치스러운 건 말고.[5]

에라스무스는 당대 히브리어에 대한 지식이 점차 확장됨에 따라 학

4   에라스무스에 관해서는 ASD 1-3, 366:86-88 및 725:173-177; ASD IV-1A, 97:362-370 참조. 루터와 마녀에 관해서는 WA Tr 2, Nr. 3979, 51 이하를 참조. 멜란히톤과 점성술에 대해서는 Beate Kobler, *Die Entstehung des negativen Melanchthonbildes* (Tübingen, 2014), 410-420 참조.
5   ASD I-3, 709:298-301. 또한 1524년의 『대화집』 Exorcismus sive spectrum und Alcumistica, ASD I-3, 417-423 및 424-429, Allen, Ep. 2880:23-36 참조.

자들의 주목과 관심을 끌던 유대교 전통의 카발라(Kabbalah) 비밀 교의도 혐오했다. 그런 점에서는 루터와 마찬가지였지만, 루터가 신학적 이유에서 이를 배격했다면[6] 에라스무스에게는 한 가지 이유가 더 있었다. 말하자면 그는 이런 식의 교의가 담고 있는 모호함을 도저히 견딜 수 없었다. 에라스무스는 주저함 없이 이런 것 모두는 "기껏해야 연기와 같이 사라져버리는 음산하기 짝이 없는 이야기로 가득한 바, 탈무드니, 카발라니, 테트라그라마톤(Tetragrammaton, 역주: 하나님의 거룩한 이름을 뜻하는 사문자[四文字])이니, 빛의 문(Portae Lucis)이니 하는 이야기는 죄다 허황된 말장난일 뿐"[7]이라며 혹평했다.

명료함을 좋아하던 에라스무스는 위생에도 병적으로 집착했다. 좁은 공간에서 이리저리 뒤섞여 앉는 것이 일상이던 지저분한 독일어권 여관의 모습은 그에게 경악을 넘어 분노를 불러일으켰다. 침구를 교체해주지 않는 것은 말할 것도 없거니와, 당장 손을 씻기 위한 물이 너무 더러워서 오물을 씻어내는 데 물이 또 필요한 지경이라고 에라스무스는 탄식했다.[8]

이렇게 많은 사람들이 지친 몸을 이끌고는 여기서 음식을 먹고 오랜 시간을 보내고 있는데, 그런 이들이 한데 모여 뿜어대는 입김을 모두

◇◇◇◇◇◇◇◇◇◇◇◇

6   WA 2, 491:7-9.
7   Allen, Ep. 798:19-28.
8   ASD I-3, 335:57-58.

들이마시고 있지 않은가? 나는 이보다 더 위험한 것은 없다고 보네. 마늘 냄새가 나는 트림과 방귀, 입 냄새는 둘째치고 말이지. 문제는 자기도 모르는 병을 앓고 있는 사람이 한둘이 아닌데, 이런 게 전염이 되지 않으리라는 법이 없다는 걸세. 분명히 대부분은 그 스페인 옴 혹은 어떤 사람은 프랑스 옴(16세기 아메리카로부터 유럽으로 유입되어 급속도로 퍼진 매독을 일컬음)이라고도 하지. 이것이 모든 나라에 다 퍼져 있으니, 아무튼 그 옴에 걸려 있을 테지. 이런 사람들은 나병 환자만큼이나 위험하다는 것이 내 생각이네. 어떻게 될지는 자네도 알지 않나? 감염병이 어디 사람을 가리겠는가?[9]

매독에 관해 다룬 또 다른 『대화집』은 에라스무스가 감염을 얼마나 두려워했는지를 더욱 적나라하게 보여준다. 『대화집』의 인물 중 하나는 병을 뿌리 뽑기 위해서라면 안락사도 고려해야 하지 않겠냐고 말할 정도다. 적어도 매독 환자만큼은 나병 환자와 마찬가지로 건강한 사람과 접촉하지 못하게 해야 한다는 것이다.[10] 반면 에라스무스는 프랑스의 여관에 대해서는 찬사를 보냈다.

거기엔 언제나 웃으며, 농담하는 명랑한 젊은 여종업원들이 있지 않았

---

9   ASD I-3, 335:88-94.
10   ASD I-3, 597:224-231.

나. 부르지도 않았는데 쪼르르 와서는 옷이 더럽지 않은지 묻고는 옷을 받아 세탁해서 돌려주곤 했지. 무얼 더 말하겠나?…다시 길을 떠날 때는 한 형제자매, 친척인 양 애정 어린 포옹으로 작별 인사를 해주지.[11]

몸의 청결함과 정신의 명료함을 추구하던 에라스무스였지만, 동시에 그는 애매모호함의 대가였다. 에라스무스는 질문 중에서도 특히 신앙에 관한 문제들을 종종 유보했다. 하지만 그의 글을 읽는 사람은 그가 무엇을 추구했으며 어떤 생각을 가지고 있었는지 대부분은 분명히 알게 된다. 이것은 당시에도 마찬가지였다. 교조적인 확고함을 추구하던 그 당시 대다수의 사람들과는 달리 그는 대부분 여러 질문을 열린 채로 두는 게 낫다고 생각했다. 어린 시절 잃어버린 부모의 명예를 회복하기 위해 마음을 울리는 이야기를 지어내는 등 열성을 다해 자신의 출생 신분과 부모에 대한 기억을 감추던 에라스무스는 결코 거짓말쟁이는 아니었다. 그러나 그는 창피했다. 나중에 그는 회고했다.[12]

어린 소녀처럼 나는 부끄러워했다.

11   ASD I-3, 334:29-34.
12   Allen, Ep. 447:440; 또한 Allen, Ep. 145:135 참조.

결국 수치심에 사로잡힌 에라스무스는 자신의 출생 배경에 솔직하지 못하게 된다. 이것은 나아가 그가 학창 시절 학교에 적응하지 못했던 원인이었을 수 있다. 나중에 비범한 기억력으로 모든 것을 너무나 쉽게 익혔던 에라스무스는 자신의 학창 시절을 잃어버린 시간이자 불행했던 시간으로 묘사했다. 교사들에게 매질로 아이들의 뜻을 꺾도록 권했던 당대의 교육 철학이 한몫 거들었을 수도 있다.

에라스무스는 훗날 학교에서 사용되는 잔인한 방법에 대해 과감하게 묘사했는데, 이 방법은 "매를 아끼는 것은 자식을 사랑하지 않는 것이다"(잠 13:24)라는 구약성서의 조언을 기반으로 한 것이었다.

> 자네는 이렇게 말할 걸세. 이건 학교가 아니라 형장이라고 말이야. 그
> 곳에서 들려오는 거라곤 몽둥이로 두들겨 패는 소리와 회초리를 후려
> 치는 소리, 울부짖는 소리와 흐느끼는 소리, 거칠게 위협하는 목소리
> 말고는 없으니까.[13]

일단 에라스무스 자신이 학교에 대한 나쁜 기억을 간직하고 있었다. 고집을 부린다며 갑자기 꼬투리를 잡은 교사에게 끝없이 얻어맞은 경험이 있었기 때문이었다. 그 후 에라스무스는 배움에 대한 모든 흥미를 잃은 채 깊은 우울감에 빠져 몸져눕게 되었는데, 끊임없이 고열

---

13   ASD I-2, 54:24.

에 시달리며 사경을 헤맬 정도였다.

고전 공부

그렇다고 해서 배움에 대한 에라스무스의 열정이 완전히 꺾인 것은
아니었다. 고전에 대한 사랑은 "이미 어린 시절부터 마음을 사로잡았
다"[14]고 훗날 그는 말했다. 이런 점에서는 아버지를 닮기도 했다.[15] 그
러나 에라스무스 자신의 회고에 따르면 여기에는 학창 시절이 끝나
갈 때 만난 몇몇 식견 있는 선생들의 공헌도 있었다.[16] 이른바 "인문주
의"(Humanismus, 이 용어 자체는 19세기에 등장했다)는 고대의 언어와 고
전 고대 문헌에 대한 사랑 이상의 의미를 포괄했다. 1453년에 콘스탄
티노플이 함락된 후 이탈리아로 유입된 난민들이 가져와 번역한 수많
은 고전 문헌들 덕택에, 독자들은 중세 지식인들과는 완전히 다른 방
식으로 훨씬 더 많은 고전 문헌에 접근할 수 있었고 이에 매료되었다.
"원천으로"(ad fontes)라는 구호는 이미 오래전부터 알려진 문헌이라도

---

14   H, 135.

15   J. K. Sowards, "The Youth of Erasmus. Some Considerations," *ERSY* 9 (1989), 1f
       참조.

16   Allen I, 48:34-39; 57:11-28. 헤기우스, 쉰텐, 아그리콜라의 영향과 관련해서
       는 Richard Joseph Schoeck, *Erasmus grandescens. The Growth of a Humanist's Mind
       and Spirituality* (Nieuwkoop, 1988), 40-46 참조.

다시 새로운 방식으로 다루어야 한다는 것을 의미했다. 이교 작가들의 문헌으로부터 어떤 거리낌도 없이 영감을 얻을 수 있다는 것이 인문학 곧 "스투디아 후마니타티스"(*studia humanitatis*)가 주는 자유였다. 문헌에 억지로 그리스도교를 입히거나 "이교적"이라고 낙인을 찍어 배척하는 일 없이, 인문주의자들은 원문을 그 자체로 읽었다. 즉 고대 문헌을 그 본래 의도대로 이해하고 이를 통해 배우고자 했다. 그들은 고대의 지혜와 덕이 그리스도교와 결합될 수 있으며 그리스도교를 그 본질로 돌이키는 데 영감을 보낼 수 있다고 확신했다. 소크라테스가 품었던 지혜에 대한 사랑, 카토가 추구했던 덕, 키케로가 제시한 삶의 지혜는 지금 시대의 그리스도교에 경종을 울리며 개혁을 촉구하고 있지 않나? 세상을 등진 수도원들, 융통성 없이 경직된 스콜라 신학, 교회의 위계가 종종 드러내는 부패와 권력욕 등과 같은 모습을 보여준 지난 15세기의 그리스도교는 초기 그리스도교에서 완전히 새로운 삶의 모습을 배울 수 있지 않을까? 이웃 사랑을 삶으로 보여준 그리스도가 그랬던 것처럼 세상을 포용하는 활기와 힘을 보여줄 수 있지 않을까? 물질과 영혼에 대한 상반된 평가가 담긴, 새롭게 발견된 플라톤의 문헌들은 외적 형식과 화려함에 물든 당대 대다수의 신심에 내면적이고 삶을 변화시키는 새로운 경건을 불러일으킬 수 있지 않을까? 인문주의자들은 이런 물음들을 간직한 채 기존 제도와 맞서 나갔다. 그들은 옛 시인들이 노래하고 신약성서가 예언한 바로 그 시대를 꿈꾸며 싸웠다. 평화의 시대, 정의와 자유가 실현되는 시대, 이기심과 권력욕

이 아닌 사랑이 지배하는 바로 그 황금의 시대 말이다.

여기서 유념해야 할 근본적인 측면은 15세기와 16세기 유럽이 전적으로 "그리스도교" 사회였다는 점이다. 당대의 정치·사회 생활 형태를 규정한 것은 교회였다. 그리스도교의 관행과 의식이 한 사람을 요람에서 무덤까지 지배했다. 무신론자는 사실상 존재하지 않았다. 대놓고 신이 없다고 주장하며 살아가는 것은 더욱 불가능했다. 어떤 사람들은 악의적으로 에라스무스를 가리켜 무신론자라고 비난했지만, 에라스무스는 결코 무신론자가 아니었다. 그는 그리스도교 인문주의자였다. 에라스무스를 세속적인 인문주의의 시각에서만 바라본다면 (물론 이를 통해 얻을 수 있는 것이 없지는 않으나) 에라스무스가 살았던 시대나 에라스무스라는 인물이나 에라스무스가 품은 심층적 동기에 관해 제대로 이해할 수 없게 된다.

수도원에서

에라스무스의 부모는 1484년에 흑사병으로 사망했다. 새로운 지역으로 끊임없이 확산되며 사람들을 공포에 떨게 한 이 끔찍한 감염병은 때로 도시나 마을 인구의 절반에 달하는 사람들의 목숨을 앗아갔고 경제 위기와 굶주림을 초래했다. 에라스무스는 할 수 있을 때마다 감염병이 닿지 않은 지역으로 옮겨 다녔다. 그러나 죽음의 공포가 그의 발목을 잡은 것은 아니었다. 에라스무스의 후견인이 1487년에 부모를 여읜 그를 하우다(Gouda)의 아우구스티누스 수도회 소속 스타인 수도원(Kloster Stein)에 입회하게 했을 때, 젊은 청년 에라스무스는 새롭게 꽃피던 인문학에 완전히 매료되었다. 그는 관심을 공유하는 동료들과 함께 수도원 도서관에서 그가 찾아낸 오비디우스, 호라티우스, 테렌티우스, 베르길리우스, 스타티우스의 저작을 포함한 고전 문헌을 밤낮으로 탐독했다. 이 젊은 수사들은 "황금시대"의 시에 담긴 해학과 뻔뻔함을 다시금 되살리는 작업에 착수했다. 청년기의 방종이었다. 물론 신참 수사답게 세상과 인생의 덧없음을 강조하며, 인생에서 자신이 본 것이라곤 "내전과 기아, 감염병"이 전부였다고 탄식하는 것도 빼놓지 않았다.[17] 그는 하나님의 놀라운 통치와 비참한 세상을 대조했다.

모든 것은 사라지나 하나님은 영원히 계시리라(파울 게르하르트).[18]

이는 에라스무스가 수도원에서 쓴 많은 시들을 관통하는 주제다. 그러나 젊은 에라스무스가 이끌어낸 결론은 뉘우치며 회개해야 한다는 것이 결코 아니었다. 오히려 그 반대였다. "카르페 디엠"(*carpe diem*)이

◇◇◇◇◇◇◇◇◇◇◇◇

17   ASD V-1, 56:473-480.
18   Gesangbuch der Evangelisch-reformierten Kirchen der deutschsprachigen Schweiz, 1998, Nr. 571, 8.

에라스무스의 표어였다.[19] 오늘을 즐겨라. 네 청춘이 가기 전에. 그리고 에라스무스는 그 시간을, 이를테면 처음에는 주인공 메날카스가 자신의 동성 연인인 젊은 아뮌타스에 대한 사랑을 노래하면서도 아름다운 퓔리스를 언급하는 것을 잊지 않고, 끝으로는 후원자에 대한 과도한 칭송을 덧붙이고 있는 베르길리우스의 『전원시』(Ekloge) 3편을 풍자하는 데 사용했다. 그는 베르길리우스의 육보격 운율을 유지하면서도 약강격 운율을 집어넣어 이탈하는 방식의 예술적인 기교를 뽐내며 아뮌타스의 입장에서 새로운 작품을 써 내려갔다. 에라스무스의 아뮌타스는 신랄하게 외친다. 이해타산을 따지고 날씨 변하듯 변덕스러운 메날카스가 말하는 사랑은 자신에게 털실 한 줌의 가치도 없다고 말이다.[20] 또 에라스무스는 이 시기에 오비디우스의 『변신 이야기』(Metamorphoses) 중 아키스와 갈라테아, 폴뤼페무스의 이야기를 차용해 사랑에 불타는 아키스(로스파무스)의 불평을 노래했다. 갈라테아(구니폴다)가 자신에게 끝없이 구애하는 늙고 뚱뚱한 폴뤼페무스가 아닌 잘생긴 아키스를 사랑한다는 사실을 모두가 알았음에도, 그는 강으로 변해 그녀와 함께할 수밖에 없었던 것이다.[21]

에라스무스가 친구들과 주고받았던 편지들은 서로에 대한 그

19   Christine Christ-von Wedel, *Erasmus von Rotterdam. Anwalt eines neuzeitlichen Christentums* (Münster, 2003), 26f 참조.

20   Oda amatoria, ASD I-7, 330-332, Nr. 103.

21   Carmen bucolicum, ASD I-7, 321-329, Nr. 102.

리움과 동경, 애정 어린 표현으로 가득하다. 이런 측면은 에라스무스의 성적 지향에 관해 의문을 품게 한다. 에라스무스가 동성애자였다는 주장은 반복적으로 제기되었다. 그러나 역사가의 입장에서 편지의 어조만을 가지고 그런 결론을 이끌어내기는 어렵다. 사실 당대 인문주의자들은 너 나 할 것 없이 그런 식의 표현을 즐겼다. 단적인 예로 훗날 취리히의 종교개혁을 이끈 홀드리히 츠빙글리(Huldrych Zwingli)가 1516년 에라스무스에게 보낸 편지에는 지나칠 정도의 동경심이 스며 있다. 그러나 츠빙글리는 명백한 이성애자였다. 글라루스에서 대담하게 벌인 애정 행각으로 악명이 높았던 그는 얼마 후 비밀리에, 다음에는 공개적으로 결혼하여 네 명의 자녀까지 두었다. 에라스무스의 성적 지향과 관련된 질문은 여전히 풀리지 않은 채 남아 있다. 파리에서 공부하던 시절 여자들과 이런저런 염문을 뿌렸다고 하지만, 한 남학생을 범했다는 소문도 있다. 1498년에 쓴 『결혼 예찬』(*Ehelob*)에서 에라스무스는 성을 자연이 부여한 힘으로 예찬하면서 이는 억압해서도 안 되고 억압할 수도 없는 것이라고 열변했다. 그리고 사제들에게도 결혼을 허용해야 한다고 주장했다. 그러나 약 서른 살이 된 에라스무스는 자신보다 젊은 종교개혁자들이 욕정을 주체하지 못했기 때문인지 하나둘씩 연이어 결혼하는 모습을 보고 분개했다.[22]

◇◇◇◇◇◇◇◇◇◇◇◇◇

22   Christine Christ-von Wedel, *Erasmus of Rotterdam. Advocate of a New Christianity* (Erasmus studies; Toronto, 2013), 41f; 186 참조..

어쨌든 파리 시절을 제외하면 에라스무스를 비판하던 사람 중 누구도 그의 독신 생활에서 결점을 찾아내지는 못했다. 에라스무스는 자신의 성적 욕구를 성숙한 방식으로 승화할 수 있었던 것이 분명하다. 또 그것이 에라스무스가 그토록 방대한 지적 업적을 남기는 데 도움을 주었을지도 모른다.

2장

배움과 가르침: 파리

에라스무스의 탁월한 학식 그리고 읽은 것들을 개성 있으면서도 고전미 넘치는 라틴어로 표현하는 그의 능력은 곧 세간의 이목을 끌었다. 캉브레의 주교였던 헨드릭 판 베르헌(Heinrich von Bergen)은 1492년에 사제 서품을 받은 젊은 참사회원 에라스무스를 로마 여정의 수행원으로 삼았다. 자신이 바라던 바를 에라스무스의 우아한 문장을 통해 관철시킬 수 있지 않을까 하는 기대에서였다. 이 계획은 결국 실행되지 못했다. 그러나 에라스무스는 수도원으로 다시 돌아가지 않았다. 주교는 그가 파리 대학에서 공부할 수 있도록 주선했다. 그는 에라스무스를 엄격하기로 유명했던 몽테귀 학교(Collège de Montaigu)로 보냈다. 이 학교는 나중에 제네바에서 종교개혁을 이끌 장 칼뱅(Johannes Calvin)과 예수회를 창립할 로욜라의 이냐시오(Ignatius von Loyola)를 배출했는데, 그들에게는 이 학교가 잘 맞았던 것 같다. 하지만 에라스무스에게는 아니었다. 그는 이 학교를 끔찍하게 싫어했다. 학교가 요구하는 공동체적인, 아니 거의 수도원이나 다름없는 삶과 숨 막힐 정도로 금욕적일뿐더러 무자비한 체벌도 서슴지 않는 생활 규칙 때문이었다. 결국 에라스무스는 이 학교의 규율과 식사로 제공되던 (그의 주장에 따르면) 상한 계란을 뒤로한 채 도망쳐 나왔다. 그가 이 학교를 불편하게 느꼈던 것은 서구 역사의 행운이었다. 덕분에 에라스무스는 생업을 위해 학교 바깥에서 능력 있는 학생들을 맡아 가르칠 수 있었다. 그들을 위해 에라스무스는 고대의 모범에서 착안한 획기적인 교육 방식을 도입했다. 학생들 곧 부유한 집안의 청년들이 에라스무스와 함께 사는 것이었다. 이 주거 공동체의 분위기는 사뭇 달랐다. 다음은 에라스무스가 어느 학생에게 건네준 편지에 담긴 한 일화다.

오늘 우리는 안주인과 하녀가 격렬한 말다툼을 하는 장면을 보았네. 한판 붙기도 전에 이미 전쟁의 나팔 소리가 울렸고, 서로 격렬히 상대방을 모욕하고 있었네. 전쟁은 무승부로 끝났네. 어느 쪽도 우열을 가리기 어려웠지. 앞마당에서 벌어진 일이네. 실내에서 밥을 먹으며 내다보았는데, 웃음을 참을 수가 없었지. 이제 이 싸움이 어떻게 정점에 이르렀는지 보게나. 말다툼 끝에 그 소녀는 내 방으로 올라와 침구류를 정리하기 시작했네. 하여 내가 말을 걸어 그 아이의 용기를 칭찬했지. 목소리 크기도 말재주도 주인보다 한 수 위였다고 말이야. 다만 말솜씨만큼이나 주먹도 좀 쓰는 걸 보았으면 더 좋았을 것이라고 덧붙였네. 왕년에 운동이라도 했는지 무슨 남자같이 건장한 이 헤라 여신이 계속해서 그 작은 소녀의 머리를 때리고 있었으니까. 그래서 말했네. "손톱이라도 좀 써보지 왜 맞고만 있었니?" 그러자 그 아이는 웃으며 자기는 힘보다는 맷집이 강하다고 대답하더군. 그래서 내가 말했네. "너는 전쟁의 결과가 힘에만 달려 있다고 생각하니? 작전을 잘 짜는 것이 가장 중요하단다." 그러자 그 아이는 조언해줄 것이 더 있냐고 묻더군. 그래서 이렇게 일러주었네. "아주머니가 또 너한테 그러면 일단 머릿수건을 벗겨버리렴(파리의 여성들은 다들 어떤 검정색 머릿수건에 열광하고 있었으니까). 머릿수건을 없앤 뒤에는 바로 머리채를 잡는 거야." 나는 그 아이가 웃어넘길 줄 알았네. 그런데 오후에 이곳에 묵던 어떤 손님이 헐떡이며 외치더군. 샤를 왕의 신하 장티 제르송(Gentil Gerson)이었네. "여러분, 이리로 한번 와보시죠. 피 터지는 광경이 벌어지고 있습니다." 우리는 다들 그에게로 달려갔네. 보니 안주인과 소녀가 바닥에서 뒹굴고 있더군. 나는 그들을 떼어 내느라 애를 먹었네. 얼마나 혈전을 벌였는지 알겠더군. 머릿수건과 베일이 갈기갈기 찢어져 땅에 떨어져 있더라고. 바닥은 머리카락으로 가득했는데, 얼마나 잔혹하게 싸웠는지 보여주고 있었지.…내가 귀띔해주었다는 것을 안주인이 전혀 눈치채지 못했다는 사실에 나는 맘속으로 쾌재를 불렀네.[1]

1   Allen, Ep. 55:15-50.

교육관

교육자로서 에라스무스의 철학은 분명했다. "모든 학생을 매로 다스릴 수는 없다"는 것이었다. 어떤 학생들은 차라리 맞아 죽으면 죽었지 자신을 그런 식으로 대하는 선생의 말을 듣지 않는데, 이런 학생들은 그들이 바라는 대로 할 수 있도록 선의를 담아 따뜻한 조언을 베풀어야 한다.[2] 에라스무스는 체벌에 근본적으로 반대했다. 인간의 존엄성을 무시하는 불필요한 행위라고 생각했다. 체벌이라는 위협적 수단은 노예근성을 키워낼 뿐이다. 에라스무스는 이렇게 주장했다. "우리는 아이들을 '자유민'이라는 뜻을 담은 '리베리'(liberi)라고 부르면서 실은 노예 주인이 노예에게 하는 것보다도 험하게 대하고 있지 않은가? 노예도 격려가 필요하다. 매질은 반감만을 키울 뿐이기 때문이다. 지혜로운 주인은 노예를 적절히 대우할 줄 아는 사람이다." 에라스무스는 또 이렇게 지적했다. "그리스도인의 삶은 저열한 노예의 이름을 떨쳐버려야 한다."[3] 노예를 친절하게 대해야 하며, 아이들은 더욱 그렇게 대해야 한다고 바로 사도 바울이 가르치지 않았는가? 자녀를 노엽게 하지 말라고 바울은 충고하고 있지 않은가?

바울의 충고를 가슴에 새긴 인물은 에라스무스만이 아니었다.

---

2   ASD I-2, 56:4
3   ASD I-2, 58:11.

부모에게 피투성이가 될 때까지 얻어맞아 끝내는 우울증에 빠져 수도원으로 도피한 적이 있는 마르틴 루터 또한 바울의 이 말에 열렬히 공감했다. 그럼에도 루터는 체벌이 완전히 불필요하다고는 생각하지 않았다.[4] 그는 솔로몬의 잠언을 인용했다. "자식을 사랑하는 사람은 훈계를 게을리하지 않는다"(잠 13:24). "그에게 매질을 하는 것이, 오히려 그의 목숨을 스올에서 구하는 일이다"(잠 23:14). "아이의 마음에는 미련한 것이 얽혀 있으나, 훈계의 매가 그것을 멀리 쫓아낸다"(잠 22:15).[5] 이처럼 루터는 과도하게 벌하는 것을 경고하면서도 체벌을 근본적으로 반대하지는 않았다. 부모로부터 구타당한 경험은 훗날 루터가 감정 조절을 못 하는 부모를 대신해 학교가 전인적인 교육을 도맡아야 한다고 주장하는 계기가 된다.[6] 반면 학교에 대해 좋은 기억이라곤 하나도 없었던 에라스무스는 부모가 자녀의 교육에 더 잘 관여할 수 있는 개인 교습 제도를 주장하게 된다.[7]

그럼에도 에라스무스는 공공 학교의 교사들이 아이들을 때리는 대신 놀이를 통해 흥미를 부여하길 진심으로 바랐다. 어려운 점이 없지 않으나 사랑은 이를 극복할 수 있다는 것이었다. 에라스무스는 교

---

4   WA Tr 3, 415f.

5   WA 2, 170:20-25.

6   WA 15, 9-53.

7   LB V, 716. Jean-Claude Margolin, "Érasme et le problème social," *Rinascimento* XXIII (1973), 85-112 참조.

육자의 입장에서 모둠 활동을 고취해야 한다고 주장했다. 이를 통해 경쟁심을 자극할 수 있다는 이유에서였다. 무엇보다 유념해야 할 점은 학생이 어느 지점에 있냐는 것이다. 적절한 시점을 찾을 수 있다면 모든 것이 한결 쉬워진다고 그는 생각했다.[8] 교사는 학생의 나이와 능력에 부합하게 교육을 이끌어야 한다. 예를 들어 아이들에게는 이미 중세 때부터 사랑받은 이솝 우화나 흥미진진한 희극들을 적절한 시각 자료를 통해 접하게 해주면 좋을 것이다. "어린이에게는 유쾌하고 즐거운 것들이 어울리며, 슬프고 무서운 것들은 가르치지 말아야 한다."[9] 이런 점에 있어서는 마르틴 루터도 마찬가지였다. 그는 1530년부터 학교와 가정에서 사용할 수 있도록 이솝 우화를 독일어로 번역하기 시작했다. 이 번역은 비록 미완성으로 남았지만, 루터가 세상을 떠난 후 1557년에 열세 편의 우화가 출판되었다.[10]

에라스무스가 남긴 『대화집』들은 자신이 가르치던 학생들을 위한 것이다. 으레 그러했듯 얻어맞으며 문법 지식을 암기하는 대신, 대화를 통해 순화된 문장을 익혀 가며 재미있게 라틴어를 공부하게 하려는 의도였다. 에라스무스는 그렇게 학생들에게 자신이 꿈꾸던 그리스도교 인문주의의 지적 세계를 맛보게 했고, 동시에 따뜻한 내면

---

8   ASD I-2, 72:24.
9   ASD I-2, 69:2.
10   Heinz Schilling, *Martin Luther: Rebell in einer Zeit des Umbruchs* (Munich, 2012), 454 참조.

적인 경건을 가르쳤다. 에라스무스의 『대화집』은 이런 식으로 진행되었다.

> 코클레스: 안녕하십니까, 스승님.
>
> 교사: 이 몹쓸 놈, 이번에는 무슨 부탁이 있어 온 거지?
>
> 코클레스: 안녕하십니까, 존경해 마지않는 스승님.
>
> 교사: 예의를 차리는 걸 보니 분명 꿍꿍이가 있구먼. 나는 당연히 잘 지낸다, 이놈아. 어서 용건이나 이야기해 봐.
>
> 코클레스: 스승님의 제자들 모두가 풀밭에서 놀고자 하오니 삼가 허락해주시길 청하나이다.
>
> 교사: 허락 없이도 지금 이미 잘 놀고 있지 않은가.
>
> 코클레스: 현명하신 스승님께서 이전에 퀸틸리아누스의 예를 들어 가르치셨듯이, 적당한 놀이는 재능에 활력을 더해준다는 사실을 아시옵니다.
>
> 교사: 그걸 그렇게 써먹는구먼. 휴식이란 열심히 공부하는 이들에게나 필요한 것이야. 공부하는 것은 미적대면서 노는 데만 혈안이 되어 있는 자네들에겐 느슨한 고삐보다는 재갈이 더 어울리네.[11]

예상한 것처럼 결국 코클레스는 뜻을 이루게 된다.

◇◇◇◇◇◇◇◇◇◇◇◇◇

11   ASD I-3, 163:1242-1253.

또 어떤 대화에서는 두 젊은이가 만나서 이야기한다.

에라스미우스: 어디서 오는 길인가? 한잔하고 오는 거야?

가스파르: 예상 한번 기가 막히는구먼.

에라스미우스: 체육관?

가스파르: 그럴 리가.

에라스미우스: 포도주 창고?

가스파르: 무슨 소리야.

에라스미우스: 원 종잡을 수가 없네. 알려줘.

가스파르: 성모 교회.

에라스미우스: 웬일로 거기를?

가스파르: 인사드려야 할 분들이 좀 있어서.

에라스미우스: 누구?

가스파르: 예수님과 성인들 몇 분.

에라스미우스: 이 사람, 나이에 비해 엄청 경건해.

가스파르: 경건이 나이와 무슨 상관이야.

에라스미우스: 난 수도사의 모자 달린 수도복을 뒤집어써야만 경건한
　　사람이 되는 줄 알았지.

가스파르: 모자 달린 수도복이 가져다주는 온기만큼이나 모자 달린 수
　　도복 그 자체가 경건을 가져다준다면, 나도 그렇게 할 텐데.

[중략]

에라스미우스: 경건(religio)이란 대체 뭘까?

가스파르: 깨끗한 마음으로 하나님을 섬기고 그분의 계명을 지키는 것
이지.

에라스미우스: 계명이 뭔데?

가스파르: 이야기하자면 끝도 없겠지만, 종합해서 말한다면 네 가지야.

에라스미우스: 어떻게?

가스파르: 첫째는 하나님과 성서를 바르고 경건하게 알아야 한다는
것과 그분을 주인으로서뿐 아니라 선한 아버지처럼 가까운 존재
로 여기고 사랑해야 한다는 것이야. 둘째는 나쁜 일을 하지 않도
록 각별히 조심해야 한다는 거야. 남을 해치지 않아야 한다는 말
이지. 셋째는 사랑을 베풀어야 한다는 거야. 할 수 있는 만큼 모
든 사람에게 선행을 베풀어야 해. 넷째는 인내할 줄 알아야 한다
는 거야. 나쁜 일을 당했는데 어떻게 할 수 없을 때가 있잖아. 그
럴 때 인내심을 가지고 이를 견디고, 복수하거나 악을 악으로 되
갚지 말아야 한다는 뜻이야.[12]

에라스무스의 마지막 『대화집』은 1533년에 출판되었다. 여기서 에라
스무스는 젊은이와 노인 모두에게 신의 자비를 이야기한다. 경건한
삶이란 진정한 에피쿠로스적 삶이다. 어렸을 때부터 이런 삶을 연습

<hr>

12   ASD I-3, 171:1503-1535.

하고 깨끗한 마음을 품으며 늙어간 사람은 행복하다. 그러나 산더미 같이 죄를 쌓아온 불행한 인생도 절망할 필요는 없다.

> 헤도니우스: 살아 숨 쉬는 한 절망해서는 안 되지. 주님의 자비를 구하라고 일러줄 테야.
>
> 스푸다이우스: 티끌 모아 태산이라고, 저 노인은 오래 살았던 만큼 몹쓸 짓을 태산만큼 쌓았는데.
>
> 헤도니우스: 주님의 자비는 태산과도 비교할 수 없지. 티끌이 몇 개인지 셀 수야 없지만 그 수에도 끝이 있는 것은 분명하지 않은가. 하지만 주님의 자비는 무한하여 가늠할 수 없네.[13]

얼마 지나지 않아 에라스무스의 『대화집』은 유럽의 학교 현장에서 각광 받기 시작했고, 17세기 중반에 이르기까지 교육 과정에 포함되었다. 인문주의자 에라스무스는 지금껏 학생들을 괴롭혀온 과도할 정도로 문법과 어휘를 파고드는 소모적인 교육 방식 대신, 대화를 통해 또한 『대화집』을 통해 보인 것처럼 단순하지만 유익한 내용의 본문을 읽는 방식으로 라틴어에 익숙하게 한 다음에 고전 라틴어를 가르쳐야 한다고 주창했다. 그가 주창한 방식은 21세기에 이르러 외국어를 가르치는 가장 효과적인 방식으로 자리 잡게 된다.

◇◇◇◇◇◇◇◇◇◇◇◇◇◇

13   ASD I-3, 733:480-486.

여성 교육

에라스무스가 주창한 교육 방식 곧 다른 모든 것에 앞서 고전 문헌들을 탐독하게 하는 것은 오늘날 시대에 뒤떨어진 것으로 보일 수 있다. 그러나 소녀들도 소년들과 같은 교육 기회를 누릴 수 있어야 한다는 그의 요구는 오늘날에도 유효하다. 에라스무스의 제자들은 하나같이 쟁쟁한 배경의 인물들로, 부모에게 떠밀려 파리로 공부하러 온 귀족 가문의 청년 혹은 부유한 상인의 자제들이었다. 이런 높은 신분의 학생 한 명이 에라스무스를 잉글랜드로 초대해서 상류 사회에 소개했다. 나중에 잉글랜드의 재상 곧 대법관(Lord Chancellor)이 될 토머스 모어(Thomas Morus)가 에라스무스를 집에 초대하기도 했는데, 그곳에서 에라스무스는 모어의 딸들과 인사를 나눌 기회가 있었다. 그들의 학식에 경탄한 에라스무스는 여성에게 공부할 수 있는 자질이 없다는 당대의 관념이 얼마나 근거 없는 편견이었는지 깨달았다. 그리고 탄탄한 여성 교육이야말로 인문학적 이상이 이끄는 유럽의 미래 곧 그가 꿈꾸던 바로 그 미래에 부합하여 풍성한 결실을 가져올 수 있음을 깨달았다.[14] 이렇게 해서 에라스무스는 여성을 완전히 달리 바라보게 되었다. 여성을 열등한 존재로 무시하던 당대 전통과의 결별이었다.

당시 여성관은 위대한 그리스 철학자인 아리스토텔레스에게서

---

14   Allen, Ep 1233:103-115.

물려받은 것이었는데, 무지한 사람들뿐 아니라 메리 튜더(나중의 메리 1세)를 가르치는 등 성공 가도를 달리던 인문주의자 후안 루이스 비베스(Ludovico Vives)나 새로운 교회를 꿈꾸던 취리히의 종교개혁자 홀드리히 츠빙글리 같은 인물들 또한 이에 동조하고 있었다. 아리스토텔레스에 따르면 여성은 본질적으로 불완전한 존재다. 따라서 여성에 대한 교육에서도 이 점을 고려해야 한다고 당대 지식인들은 주장했다. 여성이 무언가 읽어야 한다면, 이는 정절과 미덕에 관한 것이어야 했다. 사도 바울이 현명하게 가르친 것처럼, 여성은 자신을 드러내서는 안 된다. 비베스는 사석에서뿐 아니라 진심으로 여성을 비하했다. 요컨대 여성은 나약하고, 소심하며, 인색하고, 남을 신뢰할 줄 모르며, 불평과 질투가 가득하고, 걷잡을 수 없고, 허영심이 많으며, 수다스럽고, 미신에 잘 빠진다는 것이었다. 그래서 여성의 미신은 어느 정도 용인해주어야 할 필요가 있다고 주장했다. 이런 식의 상투적인 표현들이 굳어진 지 오래였고, 심지어 에라스무스의 글에서도 가끔 등장할 정도다. 그러나 에라스무스는 경험을 통해 이런 생각에 문제가 있음을 의식했고, 편견을 점점 더 떨쳐내기 시작했다. 그는 비베스가 여성을 너무 가혹하게 묘사한다고 지적하며, 아내를 조금 더 따뜻하게 대하길 바란다고 덧붙였다.[15] 에라스무스는 작품을 통해 남성보다 우월하고 본받을 만한 여성들의 모습을 그렸다. 그는 토머스 모어의 장

---

15   Allen, Ep. 1830:15.

녀로서 라틴어와 그리스어를 읽고 쓸 줄 알았던 마거릿 로퍼의 이름을 직접적으로 언급했다. 당시 마거릿은 결혼하여 거대한 가정을 꾸려나가고 있었다. 나아가 에라스무스가 언급한 인물 중에는 뉘른베르크 클라라 수녀원장인 카리타스 피르크하이머가 있다. 이 수녀원장은 종교개혁 시기 시의회가 수녀원을 해산하자 이에 굴하지 않고 남은 인물이다. 에라스무스가 예시로 든 인물은 결혼하지 않은 수녀나 결혼한 부인만이 아니다. 그는 또한 자의적으로 결혼하지 않고 독신으로 살았던 인물인 마르가레테 블라러를 언급했다. 콘스탄츠 출신으로 종교개혁에 동참한 그녀는 결혼을 거부하고 독신의 삶을 택했다. 그녀는 옷감을 팔며 살았고, 여러 사회적 활동에 동참했다. 콘스탄츠와 스트라스부르의 종교개혁자들이 그녀에게 조언을 구하며 보낸 편지들이 남아 있다.[16] 에라스무스는 경계선을 넘나들었다. 에라스무스가 언급한 세 인물은 서로 다른 사회적 위치와 교파에 속해 있다. 이미 서로 골이 깊어진 가톨릭과 개신교였으나, 에라스무스는 이에 연연하지 않고 동등하게 인물들을 평가하며 소개했다.

에라스무스의 『대화집』 중 「난파」(*Der Schiffbruch*)라는 작품이 있다. 여기서 한 젊은 어머니가 보여주는 흔들림 없는 모습은 배에 같이 타고 있던 사내들의 모습과는 비교할 수 없을 정도다. 아래는 구조된

◇◇◇◇◇◇◇◇◇◇◇◇◇◇

16   ASD, I-3, 407:151-156. 또한 Christine Christ-von Wedel, "Digna Dei gratia clarissa anachorita," *Zürichs letzte Ätissin Katharina von Zimmern (1478-1547)*, ed. by Irene Gysel and Barbara Helbling (Zürich, 1999) 144-155 참조.

아돌푸스가 폭풍에 난파된 배에서 어떤 일이 있었는지를 이야기하는 대목이다.

> 아돌푸스: 선원들은 "성모 찬송"(Salve Regina)을 부르며 성모님께 간
> 구하기 시작했네. 바다의 별, 하늘의 여왕, 세상의 모후, 구원의
> 문, 그 외에 성서에 없는 온갖 이름으로 아첨하듯 그분을 부르면
> 서 말이지.
> 안토니우스: 성모님이 바다랑 무슨 상관인가? 그분은 배를 타신 적도
> 없는 것 같은데.
> 아돌푸스: 옛날 베누스 여신이 하던 일이지. 사람들은 베누스가 바다
> 에서 태어났으니 선원들을 돌본다고 믿지 않았나. 이제 베누스
> 여신이 더 이상 돌보지 않으니, 동정 성모께서 동정과는 거리가
> 먼 이 어머니의 자리를 대신하신 게지.
> 안토니우스: 자네, 농담도 참.[17]

에라스무스는 의도적으로 농담이라는 표현을 집어넣은 것 같다. 여기서 마리아에게 사람들이 붙인 호칭은 근거 없는 창작이 아닌, 전례 성가와 기도문을 통해 오랫동안 전통적으로 "하늘의 여왕"(Himmelskönigin)에게 붙여온 것들이기 때문이다. 특히 "바다의

---

17   ASD I-3, 327:71-78.

별"(Meerstern)은 에라스무스 시대 교회의 저녁 기도에서 사람들이 흔히 노래하던, 그야말로 누구나 아는 호칭이었다. 오늘날에도 교회 음악에 관심이 있는 사람들에게는 매우 익숙한 제목이다. 이처럼 이『대화집』은 교회의 마리아 공경 관행에 관한 도발이기도 했다. 그러므로 만약의 경우를 대비해, 에라스무스는 대화 상대방이 이를 농담으로 받아넘기게 하면서 빠져나갈 구멍을 마련해놓았던 것이다. 대화는 아래와 같이 계속된다.

> 아돌푸스: 어떤 사람들은 갑판에 엎드려서 바다에게 기도하기 시작했고, 배에 있는 기름을 파도에 쏟아붓기 시작했다네. 마치 분노한 군주에게 조아리는 것처럼 말이지.
>
> 안토니우스: 뭐라고 말하던가?
>
> 아돌푸스: 오 자비하신 해신이여, 오 관대하신 해신이여, 오 부요하신 해신이여, 오 찬란하신 해신이여, 우리를 불쌍히 여기소서. 우리를 살려주소서! 이런 식으로 들을 귀도 없는 바다에 대고 부르짖더라니까.
>
> 안토니우스: 어처구니가 없는 미신일세.

수호성인들의 성지를 찾아 순례를 떠나겠다는 맹세도 좋게 평가되지 않는다. 안토니우스는 이렇게 말한다. "어리석구먼. 성인들이 천국이 아니라 다른 곳에 계시는 줄 아나 보네."[18]

배에 탄 사람들 모두가 치명적인 위험 앞에 두려워 떨며 우스꽝스러운 행동을 하는 가운데, 오직 아이와 함께 온 젊은 여인만이 다른 모습을 보인다.

> 아돌푸스: …침착하게 있던 사람은 오직 아이를 가슴에 안고 젖을 먹이던 한 부인뿐이었네.
>
> 안토니우스: 어떻던가?
>
> 아돌푸스: 오직 그 사람만이 소리를 지르지도, 울지도, 하늘에 대고 약속을 하지도 않았네. 그저 어린 아들을 품에 안은 채 조용히 기도하더군.[19]

마찬가지로 1529년 에라스무스는 『그리스도인 과부』(Witwenbuch)에서 이렇게 적고 있다.

> 말하기 부끄럽지만, 사례들을 살펴보면 감추기에는 실상이 너무나 명백하다. 경건, 다시 말해 신심의 모범을 보여준 사례 대다수는 남성이 아닌 여성들이었다.[20]

---

18   ASD I-3, 328:91.
19   ASD I-3, 329:136-140.
20   LB V, 729B.

그렇기 때문에 에라스무스는 여자아이들 또한 남자아이들과 같은 교육을 받아야 한다고 역설했다. 심지어 1524년의 한 『대화집』에서 에라스무스는 어느 젊고 학식 있는 여성의 목소리를 통해 어리석고 오만한 수도원장에게 대놓고 으름장을 놓았다.

> 많은 여성들은…어떤 남성과도 겨룰 수 있습니다. 그러므로 당신들이 우리를 두려워하지 않는다면, 언젠가는 우리 여성들이 신학교의 강단에 서고 교회에서 설교하는 날이 올 것입니다. 그대들의 주교관을 우리가 쓰게 될 것입니다.[21]

수도원장은 이렇게 대답한다. "하나님이 그리되도록 내버려두시지 않을 것이네."[22] 그의 "거룩한" 기원은 이루어지지 않았다. 그럼에도 유럽에서 여성이 해방되기까지는 수백 년이 더 걸렸고, 여전히 여성은 끊임없는 위협에 시달리고 있다.

21   LB V, 710C-F; 713C-D; 749E.
22   ASD I-3, 407:157.

예절

『대화집』 외에도 에라스무스는 학교에서 사용하기 위한 『비유집』 (*Parabolae*), 아리스토텔레스와 플리니우스, 플루타르코스와 세네카의 생물학을 비교한 책, 문법책, 편지를 잘 쓰는 법에 관한 지침서 등을 각각 한 편씩 출판했다. 그가 1530년에 쓴 『세련된 몸가짐』(*De civilitate morum puerilium*)은 태도에 관해 다룬 것인데, 『대화집』처럼 재미있기 는커녕 나이가 들어서 쓴 책답게 이따금 고리타분한 내용을 반복했음에도 불구하고 이 분야의 일등 주자가 되었다. 오히려 그런 부분이 교사들에게 인기를 끌었던 것일까. 16세기 넘어서도 계속 사랑받은 이 예절서는 가정에서 상류층의 예절을 배우지 못한 청소년들을 염두에 두고 집필된 것이다. 요컨대 밑바닥에서 시작한 자신보다 더 쉽게 이를 익히고, 계층 여부를 떠나 예의 바르게 행동할 수 있음을 가르쳐주기 위한 책이었다. 겉으로 보이는 예의 바른 태도에서 그 사람이 얼마나 신심 깊고 잘 배운 사람인지 드러난다고 에라스무스는 확신했다. 또한 그런 예의 바른 태도는 당연히 그리스도인의 삶이 요구하는 의무이기도 했다. 또 이를 떠나 예의 바른 태도는 사람들의 호의를 살 수 있다는 점에서 그 자체로 유용하기도 했다. 단정한 품성 외에도 몸가짐과 자세를 바로 하는 것, 상황에 따라 적절한 옷을 입고 공손하고 예의 바르게 행동할 줄 아는 것 모두가 도움이 되었다. 풍속이란 상당 부분 시류를 따르는 것이 사실이나, 그럼에도 모든 시대와 장소에 적용할 수 있는 기본 예의와 자연스런 예절이 있다고 에라스무스는 보았다. 그러나 고려할 만한 차이들도 분명 존재하기 때문에 장소와 시대적 흐름에 맞게 행동할 필요가 있다. 과거에 스페인 사람들은 상대방을 뚫어지게 쳐다보지 않는 것이 예의 바르고 우호적인 태도라고 생각했다. 에라스무스는 이와 조금 다른 방식으로, 대화 상대의 눈을 바라보되 편안하고 존중하는 눈길로 보라고 권했다. 이 외에도 양치질을 하되 파우더로 치아를 희게 만들거나 소변으로 헹구는 건 지양하라거나, 아침에 물로 입을 헹구되 그렇다고 온종일 시도 때도 없이 그러는 것은 어리석은 일이라거나, 젊은이들은 자세를 똑바로 하는 법을 배워야 한다거나, 뒷짐을 지는 것은 게으름뱅이나 도둑들이나 하는 자세라거나, 앉았을 때 허리에 손을 올리고 있는 것은 비록 어떤 사람들은 우아하게 보지만 실상은 전혀 그렇지 않다는 등의 여러 가지 조언들이 있다. 에라스무스는 부자연스럽거나 건강에 좋지 않은 행동은 무엇이든 반대했다. 그래서 그는 방귀를 참지 말라고 권한다. 사람들 틈에 끼어 방귀를 배출하러 밖으로 나갈 여건이 안 되면, 기침으로 방귀 소리를 덮으라고 했다. 몸에 꼭 맞는 옷보다는 편안한 옷이 좋으며, 의복을 자랑하는 것은 어리석은 일이라고 했다. 자연스럽게 이성적으로만 행동한다면 틀릴 리가 없다는 것이 그의 지론이었다. 반면 자연스럽지도 이성적이지도 않은 행동들이 있다. 예를 들어 손톱과 엄지손가락으로 달걀 껍질을 까는 것은 용납할 수 없는 일이고, 접시에 묻은 달콤한 소스를 핥아먹는 것은 인간이 아닌 고양이에게나 어울리는 모습이다.

에라스무스는 끝부분에서 이런 요점을 남겼다.

> 자신의 품행은 항상 바르게 하지만 남의 잘못은 너그럽게 눈감아
> 주고, 상대방이 예의 바르지 않게 행동하더라도 이로 인하여 그를
> 덜 소중하게 여기지 않는 것, 이것이 정중하고 세련됨 곧 "키빌리타
> 스"(civilitas)의 핵심이다. 품행은 미숙하나 다른 것으로 이를 만회하
> 려는 사람들이 있다.[23]

에라스무스는 행실이 나쁜 사람이라고 해서 결코 좋은 사람이 될 수
없다고 생각하지는 않았다. 하지만 상대방이 모르고 잘못 행동한 것
이 좋지 않은 결과를 가져온다면, 이를 일깨워줄 필요가 있다고 생각
했다. 다만 단둘이 있을 때 말이다.

『세련된 몸가짐』은 18세기까지 학교에서 사용되었고 근대 유럽
인들이 교양을 이해하는 방식에 영향을 미쳤다.

---

23   LB I, 1044A.

스콜라주의

학생을 가르치면서 에라스무스는 틈틈이 당대 그리스도교 교리를 연구했고, 이는 그가 나중에 쓴 신학 저술에서 드러나듯 어느 정도 성과를 얻었다. 당대 신학이란 스콜라적 방법론을 빼놓고 이야기할 수 없다. 라틴 서방에 아리스토텔레스의 저작들이 다시 알려진 이후, 스콜라주의의 황금기가 시작되었다. 아리스토텔레스의 철학적 방법론은 신학에 엄청난 도약의 기회를 선사했다. 그러나 에라스무스의 시대에 스콜라주의는 이미 그 빛이 바랜 지 오래였다. 토마스 아퀴나스, 둔스 스코투스, 윌리엄 오컴 등 각각 독창적인 방식으로 거대한 교리 체계들을 구축했던 스콜라 신학의 거장들의 시대는 오래전에 끝났고, 차가운 비석만이 그들의 이름을 기억할 뿐이었다. 그들을 뿌리로 삼아 발전해온 학파들은 15세기 말에 이르러 방법론적 물음을 두고 탁상공론에 빠져 있었고, 삶의 방향을 찾아 신학교의 문을 두드리던 학구적인 젊은이들은 그런 모습을 보며 실망만 안고 떠나갔다.

에라스무스가 파리에서 쓴 한 편지는 그가 스콜라적 교육을 얼마나 지루하게 여겼는지를 보여준다. 잉글랜드의 상류층 출신으로 에라스무스의 강의를 들었던 한 청년에게 쓴 편지다. 그 청년을 이전부터 가르치던 스승은, 제자가 에라스무스를 좋아하며 따르는 것을 보고 더 이상 에라스무스를 만나지 못하게 했다. 그리고 에라스무스는 제자와 적절히 거리를 두는 법도 모르는 선생이라며 그를 비난했다. 에라스무스는 분명 제자가 자신을 더 존경하는 모습을 보고 본래 그를 가르치던 선생이 질투를 한 것이라고 여겼다. 1497년 더 이상 직접 만날 수 없게 된 제자에게 에라스무스는 편지를 썼다. 편지는 에라스무스가 제자들을 기존의 스콜라적 방법론에서 이끌어내 자신이 꿈꾸던 인문주의의 세계로 향하는 여정으로 인도하는 모습이 얼마나 설레는 것인지를 보여준다. 에라스무스는 기원전 500년경 크레테섬과 아테네에서 활동한 옛 철학자 에피메니데스에 관한 이야기를 들려준다. 전설에 따르면 그는 동굴에서 거의 50년간 잠을 잤다. 그래도 그는 깨어날 수 있었으니 망정이지, 파리 대학 신학부의 스콜라 학자들은 쓸데없는 논쟁에 빠져들어 영원히 깨어나지 못하고 있었다. 아무튼 다행히 깨어난 에피메니데스는

잠결에 반쯤 감긴 눈을 비비며, 아직도 자신이 잠에서 깬 것인지 꿈속인지 분간하지 못한 채, 동굴을 나섰지. 그리고는 주위를 둘러싼 풍경이 완전히 바뀌었다는 사실을 깨달았네. 오랜 세월을 거치며 강물의 물줄기가 다른 방향으로 바뀌었고, 이쪽 나무는 죄다 베어져 사라졌는가 하면 저쪽에서는 나무가 자라고 있었던 게야.…도시에 갔더니 모든 것이 새로웠지. 성벽도, 거리도, 돈도, 사람들도 하나도 알아볼 수가 없었네. 종교의식도, 사람들이 벌이는 행사도, 사람들의 언어도 달라졌

지. 인간 만사란 이처럼 끊임없이 변하는 것이라네.[24]

역사적 접근

이런 글을 오늘날의 역사가에게 보여주면서 이것이 누가 언제 쓴 글인지 알려주지 않는다면, 그들은 아마 20세기나, 멀리 잡아도 19세기의 기록이라고 생각할 것이다. 이를테면 진화론의 시조인 찰스 다윈이나, 심성의 변화에 관해 날카롭게 지적한 미셸 푸코의 영향을 받은 것으로 해석할 수 있을 정도다. 하지만 에라스무스는 이처럼 이미 예의범절뿐 아니라 사실상 모든 것이 변한다고 생각하고 있었다. 자연은 물론 종교, 의식, 언어, 가치관조차 변하지 않는 것은 없다. 1515년에 그가 쓴 『격언집』(Adagium)에 포함된, 제법 분량이 있는 대목은 이런 격언을 담고 있다. "단지 경험 없는 이들에게만 전쟁은 달콤하다"(Dulce bellum inexpertis). 다시 말해 전쟁의 참상을 직접 경험하지 않은 사람이나 전쟁광이 된다는 뜻인데 에라스무스는 이를 고대의 사례를 들어 설명한다. 우리가 부자연스럽고 나쁘게 생각하는 것을 어떤 곳에서는 명예로운 일로 여긴다는 것이다.

---

24   Allen, Ep. 64:57-66.

어떤 사람들은 늙은 부모를 두들겨 패 구덩이에 내던지는 것이 옳은 일이라고 생각했다. 생명을 빚지고 있음에도 그렇다. 어떤 사람들은 친한 벗의 육신을 먹는 것을 일종의 종교적 의무로 생각했다. 심지어 처녀를 베누스의 신전에 매춘부로 내어주는 것이 옳은 일이라고 여긴 경우도 있다. 이 밖에도 여기에 나열하면 누구라도 충격을 금치 못할 일들은 많다. 관습은 모든 것을 정당화한다. 아무리 사악하고 잔인한 일이라도 마찬가지다.[25]

이런 관점은 결코 당연시된 것이 아니었다. 1495년에 에라스무스가 로베르 가갱의 『프랑스사』에 붙인 서문은 그가 첫 번째로 출판한 글이기도 한데, 여기서 그는 당시의 전형적인 역사관을 그대로 드러냈다. 키케로 이후 사람들은 역사를 인생의 스승, 즉 "마기스트라 비타이"(*magistra vitae*)라고 여겼다. 역사가의 일은 시대의 변화를 일깨우는 것이 아니라 과거를 무비판적으로 이야기하는 것이다. 곧 좋은 역사 서술은 과거와 현재의 위대한 사람들의 모범을 통해 독자의 삶에 도움을 주는 것이었다. 옛사람들의 행적은 시대를 초월한 타산지석이자 반면교사였다.

1497년에 쓴 편지는 완전히 다르다. 여기서 에라스무스는 자신이 대학에서 만난 교수들이 시대의 변화를 모른 채 뒤처져 있다며 비

25   ASD II-7, 18:192-215.

판한다. 시대가 바뀌었다. 한때 위대한 스콜라 학자들이 구축했던 경탄할 만한 교수법, 곧 어떤 진술에 대한 찬반 논변을 따져가며 마치 시대를 초월해 영원할 것 같은 신앙의 진술들을 찾았던 예-아니요(*sic et non*)식 방법론은 이미 그 빛이 바랬다. 그러나 교수들은 여전히 그런 방법론에 매몰되어 있다. 조야한 라틴어 사용은 덤이었다. 에라스무스는 일평생 그런 스콜라적 체계에 반대했다. 아니, 모든 교리 체계에 반대했다.

> 보편 신앙을 전하는 이는 막중한 과제를 짊어진 것이다. 한 군데라도 일관성이 결여되면 그 권위는 모든 지점에서 흔들리게 된다.[26]

이는 스콜라 신학이 아닌 필립 멜란히톤의 유명한 저서이자 프로테스탄트 교리의 주춧돌이 된 책을 겨냥한 비판이었다. 에라스무스는 교리 체계를 그렇게 중요하게 생각하지 않았다. 그는 신학이 삶을 향해야 한다고 생각했다. 에라스무스가 보기에 그런 교리들은 "대전"(*Summen*)을 집대성하거나 논리에 맞게 성서 본문을 짜 맞추던 스콜라 학자들의 작업과 별반 다를 바 없었다.

스콜라주의에 대한 에라스무스의 시각은 루터와는 달랐다. 루터는 1517년에 스콜라 신학을 비판하며 이렇게 썼다. 요컨대 "거짓이

---

26   Allen, Ep. 3127:16-18.

며, 불합리하며, 기만이며, 불가능하다는 이유 등"을 언급했다.[27]

여기서 루터는 스콜라 철학은 물론 아리스토텔레스 철학과 신학적 진리 탐구에 사용되는 논리적인 논변들을 모두 배격했다. 그는 스콜라 신학의 방법론이 인간이 만든 전제를 통해 지탱되는 이단적이고 거짓된 방식이라고 생각했다. 루터는 교리 문제에 관해 신의 말씀인 성서에 호소했다. 성령의 은총만이 성서를 바르게 이해하도록 할 것이다.[28]

에라스무스의 관점은 달랐다. 그는 성령의 선물 같은 것이 불필요하다고 생각하지는 않았다. 그러나 신학 연구에 논리적 규칙이 필요하다고 생각했다. 그는 스콜라 신학이 거의 도움이 되지 않는 탁상공론에 빠져들어 이웃 사랑은 이야기하지도 않으며, 한때는 엄청난 것이었을지언정 지금은 벙어리가 되어 힘없고 쭈글쭈글한 모습으로 변해버렸다고 비판했다. 게다가 당시 스콜라 신학은 하나님의 전능함을 인정하기보다는 뻔뻔하게도 이성적 규칙을 정해 하나님이 당신의 비밀을 펼치시도록 하는 지경에 이르렀다.[29] 이처럼 에라스무스는 스콜라 학자들을 조롱했지만 근본적으로 배격하지도 않았다. 그는 말했다. "[스콜라 신학을] 배척하기보다는 개선하고 싶습니다. 적어도 신학에 더 적절한 논리 방법론이 등장할 때까지는 이를 내버려두

◇◇◇◇◇◇◇◇◇◇◇◇◇◇

27   WA 1, 224-228.
28   6장 각주 39 참조.
29   Allen, Ep. 108:34-41.

려고 합니다."[30]

에라스무스는 직접 어떤 논리 체계를 구축하지 않았다. 그런 쪽으로 타고난 인물도 아니었다. 그는 스콜라적 방법론에 필요 이상으로 함몰되어서는 안 된다고 생각했다. 무엇보다 그런 방법론은 너무 낡은 것이라고 조롱했다. 그는 이미 유행 지난 옷처럼 이를 옷장에 처박아두려고 했다. 하지만 때때로 이를 쓸 만한 장신구인 양 다시 꺼내기도 했다. 자신의 생각을 뒷받침한다고 생각하는 부분에서는 스콜라 신학의 논리를 떼어 가져오기도 했다.[31]

중세 후기의 신비에 대한 작품

그의 이런 태도는 중세 후기의 다른 작품에도 적용되었다. 에라스무스의 어떤 시들은 중세 후기 신비극에서 많은 부분을 차용했다. 신비극은 그리스도교 신앙의 신비를 극적으로 회상한 것이었으며, 중세 후기 도시 생활에서 중요한 역할을 차지했다. 많은 연습을 거쳐 교회에서 상연된 신비극들이 그 지역의 축제 문화를 규정했다. 연기자와 관객은 연극을 통해 하나의 정체성을 공유했다. 중세 후기 연극 작가

30   Allen, Ep. 1127:14-16.
31   Christ-von Wedel (2013), 27-31 참조.

처럼, 에라스무스는 악마의 이야기를 시에 담는다. 그러나 완전히 다른 형태로, 통속적인 언어가 아닌 엄선된 독자들을 위한 잘 정제된 고전 라틴어 운문으로 써내려간다. 신비극에서와 마찬가지로 에라스무스의 이야기에서도 악마는 우스꽝스러운 겁쟁이로 등장한다. 중세 후기는 지옥에 대한 공포가 사람들의 심성을 지배하던 때였다. 교회에는 최후의 심판을 묘사한 헤아릴 수 없이 많은 그림들로 가득했다. 그러나 중세 후기의 작가들은 악마를 우스꽝스럽게 묘사하고, 악마의 부하들을 마치 인간처럼 희화화하며 그들에 맞섰다. 악귀들은 마치 철없는 소년들처럼 치고받으며 온갖 꾀로 사람들을 현혹하지만 하나같이 실패하고 만다. 예를 들어 어느 죄 많은 사제의 영혼을 지옥으로 끌고 가지만 죽은 다음에도 배어 나오는 성수의 냄새에 사탄이 진절머리를 치는 바람에 결국 돌려보낸다거나, 선 넘은 애정 행각을 벌이던 연인들을 끌고 갔다가 그들의 넘치는 욕망이 지옥을 어지럽히는 바람에 도로 쫓아낸다거나 하는 등의 이야기다. 이처럼 지옥을 희화화하는 "지옥에 관한 유머"(Höllenhumor)를 에라스무스는 차용한다. 에라스무스의 이야기에서 지옥의 왕은 그만 그리스도에게 속아 지옥의 영혼들을 천국으로 보내버리고 나서 울먹이는 우스꽝스러운 폭군으로 묘사된다. 또 신비극처럼 땅과 해가 십자가에 달린 창조주의 죽음을 슬퍼하는 모습을 그리는 시도 있다. 에라스무스는 또한 중세 신비극에서 흔히 등장하는 주제 중 하나인 하늘의 회의를 세련된 문학적 구도에 담기도 했다. 삼위일체의 세 위격인 성부, 성자, 성령은 인간을 어떻게 구원해야 할지 고민한다. 타락한 인간을 도대체 어떻게 해야겠냐고 성부가 묻자, 성자는 긴 연설을 통해 신이 인간이 되어야 한다고 제안한다.[32]

이렇듯 중세 신비극에서 차용한 이야기들은 나중에 더 다듬어지고 보강되어 그의 신학으로 다시 태어난다. 에라스무스는 더 이상 신을 변화하지 않는 부동자로 보지 않는다. 오히려 피조물의 안녕과 고통을 염려하는 동적이고 변화하는 사랑의 삼위일체로, 하나의 역동적인 전체로 바라보게 된다. 신의 고통과 죽음을 표현하고 또 신을 부동의 존재가 아닌 역동적이고 변화하는 존재로 보는 현대적인 시각은 이미 에라스무스가 제시했던 것이다.

◇◇◇◇◇◇◇◇◇◇◇◇

32   Christ-von Wedel (2003), 35-51 참조.

3장

평생의 과업을 찾다:
잉글랜드와 이탈리아

1499년에 에라스무스는 태어나서 처음으로 잉글랜드 땅을 밟았다. 서른 살을 갓 넘긴 그는 그곳에서 바라던 명성과 후원자들을 얻게 되었다. 오늘날 우리는 에라스무스라고 하면 대담한 생각을 갖고 있는 재치 가득한 인물이자 성서 신학을 새로 쓴 교양인의 이미지를 떠올리는데, 이는 그의 잉글랜드 체류 기간에 만들어진 것이라고 해도 무방하다.

이곳에서 에라스무스는 여러 성서 인문주의자들을 만나면서 그리스도교에 대한 그들의 이상에 깊은 감명을 받았다. 그들은 성서 본문을 있는 그대로 읽었다. 예배와 교리에 관한 지침을 얻기 위해서만 성서를 읽은 것이 아니었다. 그들은 복음서와 서신서를 삶에 비추어 해석했고 이에 따라 살고자 했다. 아리스토텔레스의 철학에 의존하던 스콜라 학자들과 달리 그들은 플라톤의 철학에서 영감을 얻었다. 젊은 시절의 에라스무스 또한 예외는 아니었다. 1503년에 그가 잉글랜드에 머물면서 쓴 『그리스도교 병사의 수첩』(*Enchiridion*)에는 플라톤식의 함의와 인용이 가득할 뿐 아니라, 플라톤주의 철학에 큰 영향을 받은 교부 오리게네스의 사상이 강하게 드러난다. 에라스무스는 유럽 본토로 돌아가서 오리게네스의 저작을 본격적으로 연구할 수 있었다. 『그리스도교 병사의 수첩』에는 플라톤주의 그리스도교의 강점과 약점이 모두 드러난다. 신약성서의 핵심 곧 그리스도의 공로가 모든 사람을 구원하기에 충분하다는 사상은 거의 나타나지 않는다. 우리가 발견하는 것은 오히려 인간이 자신에 대한 정확한 인식과 경건한 행동을 통해 마치 사다리를 오르듯 단계적으로 신을 향해 상승할 수 있다는 플라톤적 사고다. 그런 사고에서 육적인 것은 아무 의미가 없으며, 모든 것은 영적으로 해석되어야 한다. 이는 성서를 대하는 태도에서도 마찬가지여서 성서에 담긴 이야기들은 문자 그대로, 다시 말해 역사적 사건으로 읽기보다는 오히려 영적이고 도덕적인 의미로 읽어야 한다는 것이 에라스무스의 입장이었다. 에서와 야곱에 관한 에라스무스의 서술은 그의 생각을 뚜렷이 드러내고 있다.『그리스도교 병사의 수첩』에 따르면 에서와 야곱의 이야기는 하나님의 구원 계획에서 등장하는 형제의 다툼이 아니다. 오히려 에서는 인간 안에 있는 육적인 측면 곧 자기중심적 사고에 대한 표상이다. 그러나 큰 자가 작은 자를 섬기게 된 것처럼, 이는 야곱이 표상하는 선한 영적 측면에 의해 극복되어야 할 것이다. 모든 물질적인 것 외에도 외형적인 경건의 행동들, 특히 순례나 초 봉헌과 같은 외적인 의식들은 모두 육적인 요소에 속하기 때문에 지양해야 한다고 에라스무스는 생각했다. 이처럼 에라스무스는 종교개혁의 전야에 신앙을 외적인 것으로 만드는 모든 의식에 대해 과감하게 선전 포고를 했던 것이다. 그는 수도원도, 순례도, 성소도 필요하지 않다고 생각했다. 신앙인에게는 이 세상 전체가 수도원이며, 그리스도인은 자신의 삶과 직업 안에서 자신이 그리스도인임을 증명해야 하는 것이다. 이런 점에서 에라스무스는 시대의 맥락을 제대로 짚었다고 할 수 있다. 1518년에 출판된 『그리스도교 병사의 수첩』 2판은 가장 인기 있는 신앙 서적으로 부상했다. 종교개혁자들은 에라스무스의 핵심적 내용에 커다란 영감을 받았고, 이런 내적 소명을 그리스도인 각자가 삶을 통해 추구해야 할 이상으로 제시했다. 이는 에라스무스의 시대를 넘어 오늘날까지 이어지는 관점이기도 하다.

한편 에라스무스는 이후 점점 플라톤적 사고를 버리게 된다. 그리고 무작정 모든 것을 은유로 해석하는 일 또한 경계하게 된다. 철학을 떠나 성서로, 특히 신약성서로 돌아가는 일이 그의 평생의 과업이 되었다. 그는 그리스어를 열의 있게 공부하기 시작했다. 신약성서를 원어로 읽고 한 문장 한 문장 주석하려고 했기 때문이다. 이를 위해서는 탁월한 그리스어 실력이 필수적이었다. 그러나 천재적인 기억력을 가졌던 에라스무스라고 해도 단 몇 달 만에 그리스어를 떼고 만족할 만한 수준의 주석을 쓸 수 있을 정도로 신약성서를 이해하는 것은 버거운 일이었다. 에라스무스는 『그리스도교 병사의 수첩』에서 바울 주석을 쓰겠다고 이야기했지만, 당장 먹고살기에 바빠 본격적으로 펜을 들지 못하고 있었다.

로렌초 발라

그러던 중 에라스무스는 우연히 로렌초 발라(Lorenzo Valla)가 쓴 한 필사본을 얻게 되었다. 뢰벤 근처 헤펄레에 있는 파르크 수도원 도서관에서 그리스어 문헌을 찾던 중이었다. 로렌초 발라는 15세기 중엽의 문헌학자로, 교황청 도서관장직을 맡았던 인물이다. 에라스무스는 이전부터 그를 라틴어 문장의 대가로 존경하고 있었는데, 그가 찾은 필사본에서는 표현 방식이 중요한 것은 아니었다. 여기에는 발라의 신약성서 『주석』이 담겨 있었다. 여기서 발라는 신약성서의 그리스어 필사본을 수백 년간 서방에서 사용해온 라틴어 성서 번역본인 불가타와 대조했다. 4세기의 교부 성 히에로니무스(Hieronymus)가 번역한 것으로 알려져 전승되어온 불가타 성서의 신뢰성에 감히 의문을 품는 사람은 아무도 없었다. 그것은 언제나 믿을 만하며 결함 없고 신성한 본문이었다. 그런데 발라는 여기서 불가타 성서의 본문에 헤아릴 수 없을 정도로 많은 오역이 포함되어 있다는 사실을 지적하면서, 전승된 전체 형태가 히에로니무스까지 거슬러 올라가는 것조차 아닐 수 있다고 주장했던 것이다.

인쇄업이 한창 태동하던 시대였지만, 발라의 『주석』이 그때까지 묻혀 출판되지 못했던 것은 놀라운 일이 아니었다. 누구도 위험을 감수해가며 이를 배포할 생각은 없었다. 필사본이 파르크 수도원에 남아 있었다는 것이 오히려 놀라운 일이었다. 그러나 에라스무스는 자신이 발견한 것을 대담히 내놓을 줄 아는 인물이었다. 그는 곧바로 발라의 글을 출판하기로 결심했다. 이 언어의 천재는 이미 잉글랜드에서부터, 어떤 본문을 해석하기 위해서는 번역을 읽는 것만으로는 불충분하기 때문에 원문을 읽어야 할 줄 안다고 생각하고 있었다. 모든 번역이란 해석이며, 번역하는 과정에서 원문은 어떤 식으로든 변형되기 때문이다. 이런 변형은 때로 보일 수도 있고, 보이지 않게 일어날 수도 있다. 그러므로 온전한 본문을 얻기 위해서는 필수적으로 주어진 본문을 문헌학적으로 철저히 분석해야 한다는 것이 그의 결론이었다. 그의 생각은 분명했다.

> 모든 사람들 가운데서도 신학자들이 이를 가장 증오하며 방해하지 않을까 모르겠습니다. 사실 그들에게야말로 가장 도움이 되는 일인데 말이죠. 이런 무모함을 견딜 수 없다고 하겠지요. 일개 문법학자가 모든 학문들을 헤집어 놓더니, 이제는 그 뻔뻔스러운 펜으로 성서까지 건드리고 있으니?[1]

그나마 에라스무스는 유명한 스콜라 신학자 뤼라의 니콜라우스 (Nikolaus von Lyra)를 언급할 수 있었다. 그는 이미 히브리어 본문을 참조하는 등 성서 본문을 최대한 비판적으로 분석했던 인물이다. 중세

---

1   Allen, Ep. 182:111-115.

주석가들이라고 해서 본문을 문헌학적·역사학적으로 분석하지 않았던 것은 결코 아니다. 그들은 본문을 네 가지 유형으로 바라보는 전통을 발전시켰다. 첫 번째는 "역사적 의미"로 간단히 말해 단순히 문자적인 의미를 뜻하며 스콜라적 주석의 근거가 되었다. 정확한 문자적 의미를 파악하고 난 다음에는 본문에 더 "높은" 질문을 던질 수 있었다. 곧 도덕적 의미, 은유적 의미, 유비적 의미를 탐색함으로써 성서 본문에 새로운 의미를 부여하는 것이었다. 문제는 당대 신학자들이 이야기하는 역사적 의미가 내용에만 있는 것이 아니라 본문의 형태 자체에도 있다는 것이었다. 인문주의자들이 세속 문헌들을 다루듯 성서의 형태 자체에 칼을 댄다는 것은, 16세기 초의 극도로 조심스러운 정서에서는 상상할 수조차 없는 두려운 시도였다. 발라의 생각은 무엇이었을까? 그는 성스러운 교회가 승인하고 전례에서 사용된 이 거룩한 본문, 한 성인이 번역하고 수없이 많은 성인들이 인용했던 이 본문, 공의회의 교령들과 교회의 정경을 구성한 이 본문을 더 좋게 해석할 수 있다고 믿었다. 그리고 그때 신학 박사 학위 하나 없었던 에라스무스는 그의 길을 따라야겠다고 결심했다. 이런 신(新)문법학자의 뻔뻔함에 사람들은 평신도와 신학자를 막론하고 분개했다.[2]

◇◇◇◇◇◇◇◇◇◇◇◇

2   Christ-von Wedel (2013), 55-60 참조.

교황의 로마

1506년 에라스무스는 마침내 모든 인문주의자들이 동경하던 땅, 이탈리아로 여행할 수 있는 기회를 얻게 되었다. 에라스무스는 부유한 집안 출신의 두 학생을 데리고 이탈리아의 대학들을 방문할 수 있었고, 덕분에 이탈리아에 더 오래 머물며 많은 그리스어 문헌을 연구할 수 있었다. 하지만 그는 우선 토리노에서 신학 박사 학위를 취득했다. 그 당시 유명한 대학이 아니었던 토리노 대학은 오히려 에라스무스 같은 유명한 학자에게 박사 학위를 수여할 수 있다는 사실을 영광으로 여기며 적극적으로 협조했다. 그렇게 에라스무스는 14일 만에 박사 학위를 취득했다. 로마에서 그는 인문주의에 관심이 있던 추기경들과 값진 인연을 맺을 수 있었다. 이런 인연들은 그를 범유럽적인 인문주의자로 부상하게 했고, 그에게 명예와 함께 교황청의 호의를 안겨주었다. 덕분에 에라스무스는 생전에 교회 관행은 물론 교리와 신학 자체에 의문을 던지는 책들을 여러 판본으로 출판할 수 있었다. 심지어 에라스무스의 책을 출판하지 않으려는 이들에게 교황청 인사들이 압력을 넣을 정도였다.

그러나 로마에서 에라스무스는 교황청이 수단과 방법을 가리지 않고 때로는 피의 전쟁도 불사하며 권력을 추구해왔다는 사실과 더불어 매관매직은 물론 면벌부를 판매하며 구원에 대한 그리스도인의 희망을 두고 장사를 해왔다는 사실을 발견한다. 또한 화려한 겉치레로 가득한 교황청의 모습과 그곳 사람들의 오만불손함을 목격했다. 그는 이를 보고는 전쟁광이었던 교황 율리우스가 전쟁터에서 죽어 천국의 문을 두드리는 장면을 재미있는 대화로 묘사한다. 하지만 베드로가 문을 열어주지 않자, 교황은 교서와 면벌부를 들먹이며 위협하는 한편 자신의 전공과 공의회에 대한 경멸과 정치적 술수를 자랑하는 등 허세를 부린다. 그렇게 그는 자신이 얼마나 그로테스크하고 사악한 괴물인지, 그리고 베드로가 생각한 교회 곧 그리스도를 따르는 겸손한 교회와 얼마나 거리가 먼 인물인지 스스로 보여준다. 에라스무스는 이『대화집』을 가까운 사람들에게만 재미 삼아 읽으라고 돌렸는데, 에라스무스를 존경하며 따르던 청년으로 종교개혁의 이상에 심취해 있던 울리히 폰 후텐(Ulrich von Hutten)이 1517년에 익명으로 이를 출판하면서 종교개혁 운동에 엄청난 반향을 불러일으켰다. 이『대화집』은 루터가 끝까지 찬사를 아끼지 않았던 에라스무스의 얼마 안 되는 저작 가운데 하나다. 그러나 에라스무스 본인은 끝까지 자신이 이 글을 쓰지 않았다며 발뺌했다.[3]

---

3   Julius exclusus에 대해서는 Silvana Seidel Menchi, "Eine tragische Freundschaft: Julius, Erasmus, Hutten," *Basler Zeitschrift für Geschichte und Altertumskunde* 110 (2010), 143-164 참조.

『격언집』

에라스무스는 데리고 다니던 학생들을 떠나보낸 다음 유명한 인쇄업자인 알두스 마누티우스(Aldus Manutius)의 초대로 베네치아에 있던 장인의 집에 머물 수 있었다. 하지만 에라스무스에 따르면 그들은 그를 꽤나 야박하게 대했다고 한다. 에라스무스의 한 『대화집』에는 인쇄소 견습생과 손님들에게 진흙 섞인 오래된 빵을 주는 인색한 집주인이 등장한다. 그나마 딱딱하게 굳은 빵조각을 마음껏 적셔 마시도록 특별히 준비한 포도주를 주었으니 다행이라고 할까.

> 길베르투스: 안트로니우스[집주인]는 돈을 벌지 못하고 하루가 지나버리면 아주 통곡을 하더군. 그런 날이 있으면 집에서 메르쿠리우스를 찾았지(역주: 메르쿠리우스는 상인들의 수호신으로, 이득이 될 만한 것을 찾았다는 뜻).
>
> 야코부스: 뭘 하던가?
>
> 길베르투스: 그 도시 집들이 다 그렇듯 집에 우물이 있었는데, 거기에서 물을 한 두레박 길어다 포도주 항아리에 넣었던 것이지. 그러면 당연히 그에겐 이득인 것이지.
>
> 야코부스: 포도주가 너무 강했던 건 아니고?
>
> 길베르투스: 처음부터 맛이 가 있었지. 아니 그 인간은 애초에 상한 포도주가 아니면 사지도 않아. 어떻게든 돈을 아끼려고. 아, 게다가

거기에 십 년 된 포도주 찌꺼기를 넣어서 이리저리 저어댔는데, 그러면 막 발효하기 시작하는 새 포도주처럼 보이는 거지(역주: 완전히 발효가 이루어지지 않은 새 포도주는 다소 탁하고 찌꺼기가 많다는 점을 염두에 둔 비판).…하여간 아주 작은 것이라도 이익이 될 만한 것이 있다면 그대로 두지 않는 인간이야.

야코부스: 이야기를 들어보니 완전 도둑놈이네.

길베르투스: 장사하는 사람들은 이를 가리켜 돈벌이라고 하지.

야코부스: 그런데 안트로니우스 그 양반은 뭘 마시는가?

길베르투스: 거의 대개는 그 기적의 음료를 마시지.

야코부스: 탈이 안 나나?

길베르투스: 끄떡도 없지. 건초 더미도 씹어 먹을걸. 어릴 때부터 그런 걸 좋다고 먹으며 자란 사람이네. 그렇게 남기는 이윤만큼 확실한 것이 없다고 생각하지.[4]

근대 초의 많은 사람들처럼 에라스무스는 이익에 눈먼 사람들을 비판했다. 상업으로 번화한 도시를 늘 편안해하던 그였지만, 상인이라는 직업 자체를 그리 좋게 보지는 않았던 것이다. 간계를 꾸미기 좋아하는 교활한 사람이나 장사하는 일을 행복하게 느낀다고 에라스무스

4   ASD I-3, 678:53-76.

는 생각했다.[5] 당시 사람들이 흔히 그랬듯, 그는 사람들이 배고픔에 시달리는 원인이 인구 변동과 경기 상황보다는 상인들의 탐욕 때문이라고 생각했다. 이 점에 있어서는 루터와도 다르지 않았지만, 그와 달리 에라스무스는 농부들이 농사를 지어 이윤을 추구하려는 것을 비난하지는 않았다. 에라스무스는 농촌의 삶이야말로 이상적인 것이라고 생각했다. 부부가 함께 가족의 안녕을 위해 일하는 농촌의 삶을 그는 예찬했다.[6]

에라스무스가 돈에 눈이 먼 알두스 마누티우스의 장인에게 진절머리를 치면서도 베네치아를 박차고 나오지 않았던 이유는 마누티우스가 만든 활자에 크게 감탄했기 때문이다. 에라스무스는 큰 열정을 품고 이 학식 있는 인쇄업자와 함께 고전 문헌에서 모은 문장들에 주석을 덧붙인 『격언집』을 새로 출판하는 한편, 수천 개의 그리스어 격언을 추가했다. 그의 벗들이 계속하여 새로운 그리스어 문장들을 찾아다 주곤 했다. 에라스무스는 종종 마누티우스의 작업실에서 본문을 읽고 주석을 달았으며, 알두스 마누티우스는 이를 곧바로 인쇄하곤 했다. 인쇄기의 소음을 신경 쓸 겨를도 없었다. 에라스무스는 본문에서 격언을 받아 적거나, 이미 알고 있는 격언을 곧바로 쓰기도 했다. 이는 그의 경이로운 기억력 때문에 가능했을 것이다. 가끔씩 주석

---

5   LB V, 662E.
6   LB V, 661. 루터와 관련해서는 Heinz Schilling(2장 각주 60), 511 참조.

을 구상하느라 쉬는 정도가 전부였다. 한마디로 다른 것에 귀를 기울일 여유가 없었다.[7]

『격언집』은 고대인들의 지혜를 이해하기 쉬운 매력적이고 짧은 경구들에 담아 소개한 것이었다. 19세기에 이르기까지 작가들은 에라스무스가 모아놓은 문장들을 인용해 사용하곤 했다. 이런 식의 격언 모음은 이미 중세에도 있었을 만큼 인기가 있었다. 훗날 마르틴 루터 또한 이런 기록을 만든 적이 있는데, 주석을 달아 출판한 것은 아니었지만 거의 500개에 달하는 민중적 지혜의 정수를 담은 독일어 속담들을 모으기도 했다. 이를테면 "그의 똥 냄새도 지독하다"나 "그는 말하는 데 거리낌이 없다" 등이 여기에 포함된다.[8] 반면 에라스무스는 호메로스나 플라톤, 키케로 같은 고대 사상가들의 문장을 모았고, 여기에 고대 신화의 문장들을 덧붙였다. 이를 통해 에라스무스는 서구 세계가 그때까지 잊고 있었던 삶의 지혜의 원천을 열어젖혔다. 가령 디오게네스 라에르티오스로부터는 "원숭이가 자주색 관복을"(*Simia in purpura*)이라는 경구를 찾아 해설을 달았는데, 이는 말하자면 어떤 원숭이 주인들은 원숭이에게 그럴싸한 옷을 입힌 다음 모르는 사람이 이를 보고 사람인 줄 착각하게 하는 것에서 재미를 찾는다는 뜻이다. 그리고 에라스무스는 이렇게 덧붙인다.

◇◇◇◇◇◇◇◇◇◇◇◇◇

7   Johan Huizinga, *Erasmus* (trans. Werner Kaegi; Basel, 1951), 74 참조.
8   WA 51, 634-662, 특히 Nr. 70과 86.

사람들은 왕후의 궁전에서 또 다른 종류의 원숭이를 만날 수 있다. 만약 이들에게서 걸치고 있는 겉옷과 목걸이, 팔찌 등 장식을 걷어내면 그야말로 돈만 밝히는 형편없는 인간을 보게 된다.

"시작이 반이다", "밑 빠진 독", "인생은 나그넷길" 등 에라스무스가 수집한 격언 중에는 오늘날 우리가 사용하는 일상 언어에 남아 있는 것들도 제법 있다.[9]

『우신예찬』

1509년, 이탈리아로부터 돌아오던 길이었다. 말에 오른 채 스위스 알프스를 넘는 오래된 길 가운데 하나인 셉티무스 고개(Septimerpass)를 넘던, 불혹의 나이를 지난 에라스무스의 머리에 한 가지 기발한 생각이 스쳐 지나갔다. 에라스무스의 가장 유명한 책으로 남을 『우신예찬』(*Lob der Torheit*)에 관한 생각이었다. 그는 잉글랜드로 돌아가 만담을 나누곤 했던 토머스 모어를 찾아 그의 환대를 받으며 순식간에 이를 써 내려갔다. 가볍게 심심풀이로 읽을 만한 이 책은 여신으로 의인

<hr>

9   ASD II-1, 221(Adagium I 2, 9)과 222(I 2, 11); ASD II-2, 40(I 6, 16)과 134(I 7, 10)(역주:『격언집』일부가 한국어로 번역되어 있다. 에라스무스, 김남우 역,『격언집』[서울: 부북스, 2014]).

화된 어리석음의 자화자찬이다.[10]

얼핏 듣기엔 지혜롭게 들리는 이야기로 어리석은 사람들을 구원 삶는 여자에 관한 이야기는 심지어 성서의 잠언에도 등장할 정도로 오래된 소재다. 중세 신학자들은 이를 이단자의 표상으로 보았으며, 그렇게 분장한 사람들은 모든 미치광이들의 어머니라는 뜻에서 카니발의 행렬을 이끌곤 했다. 에라스무스는 이런 측면들을 모두 녹여낸 뒤 새로운 모습의 우신(愚神)을 창조했다. 잠언에서처럼 우신은 일견 지혜롭게 보이는데, 너무 유사하여 구분할 수 없다. 간단히 말해 어리석음이 곧 가장 지혜로운 존재가 되는 것인데, 이는 사도 바울이 이야기한 것과 같다. 바울은 그리스도의 십자가에 관해 이야기하면서, 신이 어리석음을 통해 세상을 구원하고자 세상이 보기에 어리석은 것을 택했다고 말했다.[11] 에라스무스는 대담히 주장했다. 모든 인간은 어리석다. 그러나 그리스도는 바로 이 인간의 어리석음을 깨우치기 위해 몸소 어리석은 사람이 되었다. 그러므로 우신은 당당하게 어리석음이야말로 인간 세상을 하나로 묶어주는 힘이라고 주장할 수 있

<hr />

10   Christ-von Wedel (2003), 69-78; Christ-von Wedel, (2013) 61-76; Christ-von Wedel, "Torheit und Häresie: *Zum Moriae Encomium* des Erasmus von Rotterdam", *Religiöse Toleranz im Spiegel der Literatur. Eine Idee und ihre ästhetische Gestaltung* (ed. by Bernd F.W. Springer, Alexander Fidora; Münster, 2009), 103-116 참조(역주: 『우신예찬』의 한국어 원전 번역은 로테르담의 데시데리우스 에라스무스, 김남우 역, 『우신예찬』[서울: 열린책들, 2011]을 보라).
11   고전 1:18-31 참조.

는 것이다.

우신은 경험에 비추어보기만 해도 자신의 주장이 정당화될 수 있다고 주장한다. 우신은 산에 올라 인간 세상을 내려다본다. 아름다운 모습이라고는 찾아볼 수 없다. 아기가 태어나는 과정은 얼마나 지저분한가? 어른이 되어서는 평생 밥벌이로 고생하다가 무덤으로 들어갈 뿐이다. 이처럼 불행한 연극이 인생이라니, 인간이란 실로 어리석은 존재가 아닐 수 없다.

우신은 여기에서 멈추지 않고 올림포스산에 올라 넥타르(Nektar)를 거나하게 걸친 신들과 함께 인간사를 바라본다. 얼마나 난장판인가? 자기를 싫다고 하는데도 젊은 여자를 쫓아다니며 사랑이라고 추태를 부리는 자가 있는가 하면, 신부 대신 결혼 지참금을 주저 없이 내주는 사람도 있다. 거짓말하고 서로 속이며 모두가 뒤통수를 치는 것이 인간사다. 거창할 것 없다. 희롱하며, 티격태격하며, 사랑하고, 아우성치다 죽는 하루살이의 삶, 그것이 인생이다.

사실 만사에는 두 얼굴이 있다. 우신의 교훈이란 이런 것이다. 첫눈에 보기에는 죽음이나 자세히 들여다보면 생명이며, 아름다움인가 싶더니 흉물이며, 부유한가 싶더니 가난뱅이이며, 수치스런 일인가 싶었던 것이 영웅적인 행위다.[12] 자기 자신으로부터 그리고 자신이 살아가는 시대로부터 충분히 거리를 둘 수 있는 사람은 이 세계의 양면

---

12   ASD IV-3, 104:580-585.

성을 깨닫고 오히려 이를 해학적으로 웃어넘길 수 있다.

인문주의자 에라스무스가 인간의 영혼과 그 심연에 관해 던지는 통찰은 이미 20세기 초에 등장할 심리학을 예고하고 있다. 그 통찰이란 이런 것이다. 인간은 자아도취를 통해 스스로의 결핍을 감추려고 한다. 빈 수레일수록 더 요란한 법이다. 그러나 자아도취가 과연 나쁘기만 한 것일까? 스스로를 증오하는 사람이 누군가를 사랑할 수 있을까? 인정받고 싶은 욕구도 마찬가지다. 남에게 인정받고 싶은 마음에서 위대한 예술 작품들과 발명품들이 나올 수 있었던 것이다. 정념은 불가피하다. 잘 보이려고 또는 최고의 모습을 보이고자 하는 마음에서 모든 좋은 일들이 나왔다. 정념이 없다면 남는 것이 무엇일까? "감정이 전무하여 사랑이나 연민에 전혀 동요하지 않는 사람을 괴물처럼 여겨 도망하고 피하지 않을 사람이 어디 있겠습니까?"[13]

우신은 의기양양하다. 어리석음이야말로 세상 이치의 주관자다. 토론장에서는 궤변과 탁상공론으로 상대방을 무찌르면 그만이다. 교회에서는 진심 어린 회개 대신 성인에게 봉헌하는 촛불이면 충분하다. 전쟁에서는 소심하게 재고 따지는 지혜 있는 장수보다 다짜고짜 돌격하는 용맹스러운 장수가 월계관을 쓴다. 사랑이야 말해 무엇 하겠는가? 철학자들도, 전쟁 영웅들도 어처구니없게 유혹에 넘어가서는 욕정에 불타 여태껏 쌓아온 영예를 순간의 쾌락과 맞바꾸기 일쑤다.

◇◇◇◇◇◇◇◇◇◇◇◇◇◇

13   ASD IV-3, 106:631-646.

관용

당시 시대상을 풍자한 사람들은 많았지만, 에라스무스만큼 대담했던 인물은 드물다. 에라스무스는 거침이 없었다. 훗날 종교개혁자들이 맹렬하게 비난하게 되는 교회의 악덕은 물론 대학, 정치가, 귀족, 상인, 군인, 아니 남녀 모두를 그는 풍자의 대상으로 삼았다. 누가 해코지하겠는가? 웃자고 하는 우신의 말에 죽자고 달려드는 것만큼 멍청한 일도 없으니 말이다. 이단 사냥에 혈안인 신학자들조차 처음에는 침묵을 지켰다. 그러나 에라스무스가 다른 곳에서 쓴 내용이 이단 혐의를 받게 되자, 그들은 『우신예찬』을 단죄하고자 일어났다. 바로 그들을 가리켜 우신은 비웃으며 말한다.

> 다음으로 교회 학자들은 조용히 지나치는 것이 좋을 듯합니다.…이들은 거만하기 이를 데 없으며 매우 예민한 사람들이기 때문에, 이들을 잘못 건드리면 6백 개의 논변을 가지고 떼거리로 달려들어 내가 말실수를 했다고 승복할 때까지 공격할 것이고, 내가 주장을 꺾지 않으면 내내 완악하게 나를 이단자로 몰아갈 것입니다.[14]

그런 수준의 어리석음에는 제아무리 우신이라도 어떻게 할 방도가

---

14   ASD IV-3, 144:381-385.

없었던 것이다.

그런 태도는 그리스도의 인내와 대척점에 있다. 우신은 그렇게 당대 막대한 권력을 행사하던 대학과 교회 및 세속 정부 같은 조직에 도전한다. 대학은 이단자를 색출했고, 교회는 그들을 파문했으며, 세속 정부는 그들을 처형했다. 이단을 박해하는 근거를 마련한 인물은 위대한 스콜라 신학자 토마스 아퀴나스였다. 그는 이단이란 무지에서 자라나는 불신앙과 달리 교만과 공명심에서 자라나는 망상이라고 보았다. 이단은 영혼을 더럽히기 때문에 가장 죄질이 나쁘다고 할 수 있고, 따라서 사형에 처해져야 한다는 것이었다. 그런 이유로 교회는 맡겨진 신자들을 돌보기 위해 이단자들을 파문해 세속 권력에 넘겨 사형에 처해야 한다는 결론이었다. 교회법과 제국법 및 당대에 실제로 집행되는 법률에 비추어 볼 때 이는 아무런 문제가 없는 주장이었다.

그런데 우신은 토마스가 이단자에게 돌렸던 바로 그 속성을 신학자들에게 적용한다. 요컨대 그들이야말로 교만하고 자아도취에 빠져 마치 스스로가 이미 천국에 살고 있다고 생각한다는 것이다.[15]

요지는 분명하다. 우신이 이야기하는 것처럼, 모든 사람은 어리석으며 모든 신학자들은 이단자다. 잘못된 믿음을 화형을 통해 근절하려고 하는 사람은 멍청함을 몰아내려고 하는 것만큼이나 불가능한 생각을 하는 것이다. 『우신예찬』을 통해 에라스무스는 이단자들

◇◇◇◇◇◇◇◇◇◇◇◇◇

15   ASD IV-3, 146:387-390.

에 대한 관용을 부르짖는 최초의 목소리 가운데 하나로 발돋움한다. 종종 그래왔듯 에라스무스는 시대를 앞서갔고 후대의 발전을 선도했다. 『우신예찬』은 1508/9년에 집필되었다. 제5차 라테라노 공의회가 열리기 몇 해 전이었다. 제5차 라테라노 공의회는 1513년에 새로운 철학적 이단을 논의하고 1515년에 처음으로 도서 검열을 도입했다. 에라스무스는 신성 로마 제국의 여러 지역이 종교개혁 운동에 동참하고 이단 문제가 본격적으로 대두하기 전 이런 질문을 던졌던 것이다. 특히 나중에 자기 자신이 이단으로 몰리자 에라스무스는 더 강하게 관용을 부르짖게 된다. 그는 『우신예찬』을 변호하면서 이렇게 말했다. 키프리아누스나 락탄티우스는 말할 것도 없고 교부 성 히에로니무스가 쓴 글마저도 자신의 『우신예찬』에 대해 하듯이 작정하고 비판을 위해 읽는다면 이단 혐의를 받지 않을 수 없다고 말이다. 심지어 에라스무스는 그리스도조차 이단으로 몰릴 수 있다고 주장한다. 지혜롭지만 어리석은 이들이 가르쳤던 것과는 완전히 다른 새로운 가르침을 전했으니 말이다.[16] 이처럼 에라스무스는 이단을 단죄하는 것을 당연하게 여겼던 당시 사회를 뒤흔든다.

에라스무스는 1522년에 예수의 알곡과 가라지 비유(마 14:24-30)를 이렇게 해석했다. 이것은 추수 때까지 가라지를 남겨두었다가 나중에 알곡과 분리해야 한다는 예수의 가르침인데, 가라지는 이단

---

16   ASD IX-3, 176; Allen, Ep. 337:507-517.

자를 가리킨다. 그리스도는 그들이 죽기를 바라지 않는다. 가라지는 내버려 두어야 한다. 어쩌면 가라지인 줄 알았던 것이 알곡을 내는 밀 줄기일 수도 있으며, 괜히 가라지를 뽑으려다 멀쩡한 밀도 해칠 수 있기 때문이다.[17] 1530년에 에라스무스는 정통 신앙인이 이단자들과의 토론을 통해 더 배울 수 있을 뿐 아니라, 자신의 믿음에 깊이를 더할 수 있다고 주장했다. 이단적 주장을 논박하고자 형성된 것이 사도로부터 내려온 신조들인 만큼, 이단을 아는 것은 오히려 이를 더 깊이 있게 이해하는 데 도움이 된다는 것이 에라스무스의 생각이었다.[18] 그런 만큼 그는 교회가 단죄한 초기 그리스도교의 가르침을 폭넓게 활용해 그리스도교 신조들을 해석하는 면모를 보였다. 한편 루터는 그런 식의 접근을 전혀 이해하지 못했다. 그는 에라스무스가 신앙의 근간을 뒤흔드는 것도 모자라 이제 그리스도교 신앙 자체마저 확실하지 않은 것으로 만들고 있다며 격분했다.[19]

관용을 부르짖은 에라스무스는 오랜 세월 분리주의자들과 분파들의 영웅으로 남았다. 정확히는 그들만의 영웅으로 남았다. 반면 가톨릭 국가나 프로테스탄트 국가 모두 "구원에 이르는 하나의 참된 신앙"을 관철할 수 있고 또 그것을 관철해야 한다고 믿었으며, 그곳에 속한 신학자들은 그 신념을 위한 근거를 제공했다.

---

17   LB VII, 79C-80A.
18   ASD V-1, 252:368-372.
19   WA Br. 7, 31:89-97.

4장

신약성서 그리고
첫 번째 바젤 체류

『우신예찬』의 집필은 에라스무스가 뒤이어 착수한 어마어마한 작업에 비하면 오히려 잠깐 쉬어가는 시간이나 다름없었다. 그는 신약성서의 그리스어 사본들을 비교하며, 필사 과정에서 오염된 문장들을 교정할 수 있는 규칙을 정립하기 시작했다. 에라스무스는 신약성서를 주해하는 과정에서 본문 단락들을 정리하면서 헤아릴 수 없이 많은 단어와 문장들을 더 잘 이해할 수 있기를 바랐다. 그 밖에도 그는 히에로니무스의 서간에 대한 첫 "학술적" 판본 작업에 착수했다.

> 성 히에로니무스의 서간을 정리하여 사람들에게 전달하기 위해 각별한 수고를 기울였고, 기울이고 있습니다. 이보다 왜곡된 문헌은 찾기 어렵다고 봅니다. 제가 보기에 라틴 신학자들 가운데 히에로니무스의 글만큼 모든 사람이 읽어 마땅한 것이 없는데도 말입니다.[1]

이전부터 작업해온 필사본들을 자루에 잔뜩 넣은 채 에라스무스는 잉글랜드를 떠나 유럽 본토로 향하는 배에 올랐다. 신약성서 본문을 정리하고 교부 신학에 새로운 활기를 불어넣는 일, 그것이 에라스무

---

1   Allen, Ep. 308:1-5.

스가 평생 매진한 작업의 첫 결실이었다. 모든 것이 완벽해 보였다. 바다는 잔잔했고 바람은 순조로웠다. 하늘도 쾌청했다. 배가 바다 한 가운데로 나아갔을 무렵, 에라스무스는 챙겨온 짐들을 살펴보았다. 세상에! 필사본을 넣어둔 자루를 찾을 수가 없는 것이 아닌가?

> 몇 년에 걸쳐 밤을 지새운 것이 그만 물거품이 되었구나 싶었습니다. 자녀를 잃은 부모의 마음도 이보다 아플 수는 없을 것이라고 생각했습니다.[2]

육지에 도달해서야 문제의 자루를 다시 찾았다. 다른 배에 실려 있었던 것이다. 선원들이 승객들의 돈을 뜯어내는 방식 가운데 하나였다는 사실을 깨달은 에라스무스는 안도했다. 그의 경험담은 옛 제자인 몽죠이 경의 성에서 쓴 편지에 담겨 있다.

수도원을 등지다

그런데 유럽 본토로 돌아온 에라스무스에게 또 다른 장애물이 기다리고 있었으니, 그것은 수도원 시절 막역한 사이였던 동료 수사 세르

---

2   Allen, Ep. 295:4-12.

바티우스 로게리우스였다. 그는 어느덧 그곳의 수도원장이 되어 있었는데, 수도원장의 권한으로 에라스무스에게 즉각 복귀를 명령했던 것이다. 좋은 시절도 이렇게 끝나는 것인가! 다음날 에라스무스는 작별을 고하는 긴 편지를 썼다. 요컨대 자신은 수사에게 요구되는 순명의 의무를 따를 준비가 되어 있지 않을뿐더러, 겉만 번지르르할 뿐 실상은 질투와 뒷담으로 얼룩진 숨 막히는 수도원에 돌아갈 수 없다는 것이었다. 게다가 자신은 그런 외적 예식들을 수행하기에 체력도 충분하지 않다고 이야기하면서, 그런 것이 참된 경건으로 이어지지 않는다는 생각을 밝혔다. "원장님께서는 수사 중 한 명으로 삶을 마치는 것이야말로 복된 일이라 생각하실 수 있겠습니다." 그러나 이것은 그릇된 생각이라고 에라스무스는 말한다. 어느 장소에서 무슨 옷을 입고 무엇을 먹으며 어떤 예식을 치르는 가운데 죽는지는 중요하지 않다. "감히 말하건대 그리스도를 따르는 경건의 쇠퇴는 바로 사람들이 신앙의 행위라고 일컫는 것들로부터 시작되었습니다. 처음에야 경건한 열정에서 그런 것들을 도입했을지도 모르겠지만 말입니다." 수사들은 수도원의 규칙과 "정주"(*stabilitas loci*) 명령을 하늘처럼 떠받들면서도 정작 그리스도인의 삶을 사는 일에는 주의를 기울이지 않는 것 같았다. 하지만 무엇이 더 중요한지는 자명하다. 심지어 성 히에로니무스조차 은수자로 살며 "정주"한 적이 없다. 그는 로마, 시리아, 안티오키아를 옮겨 다니며 살았다.

물론 아우구스티누스 수도회의 일개 수사 주제에 감히 교부 히에로니무스를 운운하며 스스로를 같은 반열에 올리는 것은 적절하지 않다고 생각했는지, 에라스무스는 히에로니무스를 자신과 비교하는 것은 가당치 않은 일이라고 말한다. 그럼에도 불구하고 에라스무스는 은근한 자기 자랑을 잊지 않는다. 그는 거침없이 써 내려간다. 자신은 가장 명성 있는 사람들 가운데서 명성을 누리고 있으며, 가장 존경받는 사람들 가운데서 존경받고 있다는 것이었다. 에라스무스는 전 유럽의 제후와 추기경들, 학자 및 고관들이 자신에게 넘치는 선물과 감사의 인사를 전하고 있다고 말하면서, 이들의 이름을 하나하나 열거하고 그들이 얼마나 값진 선물을 전했는지 밝혔다. 이렇게 자화자찬한 후 그는 결론을 내린다. 돌아가지 않을 것이라고. 수사로 살기 위해 태어난 것이 아니라고. 또한 지난 2년간 히에로니무스의 서한들을 편집해 출간을 앞두고 있다는 사실을 이렇게 이야기한다. "그리스어와 라틴어 사본들을 대조하여 신약성서 전체를 교정했고, 1천 개 이상의 구절들을 주석한바, 이것은 신학자들에게도 도움이 될 것입니다.…성서 안에서 삶을 마치는 것이 제게 주어진 운명입니다. 여기에 제 일생 전부를 바칩니다." 그는 바젤로 갈 것이며 네덜란드로 돌아가지 않을 것이라고 말한다. 그리고 어쩌면 마지막으로 로마로 향할 것이라고 이야기한 다음 이렇게 덧붙이며 편지를 끝맺는다.

부디 저의 앞날을 위해 그리스도께 빌어주십시오. 제가 공동체로 돌아가는 것이 정말로 그리스도가 원하시는 일이라고 확신했었더라면, 저

는 지체 없이 되돌아갔을 것입니다. 안녕히 계십시오. 한때 제가 누구
보다 사랑했던 벗이자, 지금은 누구보다도 존경하는 아빠스님.[3]

프로벤

그렇게 에라스무스는 곧장 바젤로 향했다. 그곳에서는 그때까지만
해도 거의 알려지지 않았던 요한 프로벤(Johann Froben)이라는 출판업
자가 알두스 판 『격언집』을 재출간한 적이 있었다. 그런데 기술적 측
면에서 이것이 얼마나 탁월했던지, 이를 본 에라스무스는 이 판본이
알두스 판과 거의 구분할 수도 없을뿐더러 글꼴의 심미성이라는 측
면에서는 오히려 더 뛰어나다는 사실에 감탄했다. 그래서 에라스무
스는 이전에 파리의 출판업자에게 보내기 위해 잉글랜드 서점에 맡
겨두었던 원고를 그대로 바젤의 인쇄소로 보내달라고 요청했다. 그
는 콧대 높은 파리 출판업자에 대한 반감을 감추지 못하는 한편, 새롭
게 떠오르던 탁월한 인쇄업자 프로벤과 연을 맺을 수 있기를 바랐다.[4]
그리고 앞서 준비해놓은 『히에로니무스 서간집』과 『신약성서 주석』
원고를 과거에 의뢰하던 출판사들에게 맡기는 대신 바젤에서 출판하

◇◇◇◇◇◇◇◇◇◇◇◇

3   Allen, Ep. 296.
4   Allen, Ep 283:152-159. Alexandre Vanautgaerden, *Érasme Typographe:
     Humanisme et imprimerie au début du XVIe siècle* (Geneva, 2012), 239-250 참조.

는 편이 더 낫지 않을까 고심했다. 편지로 교류해오던 지식인들이 에라스무스를 프로벤에게 소개해주었고, 에라스무스는 장난삼아 자신이 에라스무스를 대신해 실무를 처리하는 사람인 것처럼 시치미를 뗐다.

> 요한 프로벤에게 에라스무스가 보낸 편지를 건네고는 "이 몸은 에라스무스와 아주 각별한 사이올시다" 하고 덧붙였지요. 몇 년을 밤새워 완성한 원고를 편집 출간하는 총 책임을 바로 이 사람이 맡았으니 "나의 뜻이 곧 에라스무스의 뜻이다" 하면서요. 게다가 나는 에라스무스와 판박이라 나를 보는 것이 곧 그를 보는 것이라고 했지요. 나중에 속았다는 것을 깨닫고는 그 양반 껄껄 웃더군요.[5]

석학 에라스무스와 전문적인 교육을 받지는 못했지만 탁월한 인쇄업자이자 유능한 사업가였던 프로벤, 이 두 사람은 막역지우가 되었다. 에라스무스는 프로벤이 세상을 떠나는 날까지 그와 함께 여러 작업을 성공적으로 이루어냈으며, 아들 히에로니무스가 인쇄소를 물려받은 뒤에도 끝까지 의리를 지켰다. 프로벤은 에라스무스가 무엇을 바라는지 알고 있었다. 덕분에 에라스무스의 작품들은 장절로 구분되고 색인, 주석, 요약이 덧붙은 상태로 독자에게 훨씬 더 쉽게 다가갈

---

5   Allen, Ep. 305:187-193.

수 있게 되었다. 또한 에라스무스는 자신에게 들어오는 비난에 곧바로 답변할 때, 또 프랑크푸르트 도서전에 앞서 논박문을 인쇄하고자 했을 때 프로벤에게 의지할 수 있었다. 그럴 때면 프로벤의 동료들과 학식 있는 조수들 모두가 한마음이 되어 재빨리 에라스무스를 돕곤 했던 것이다.[6]

프로벤과 에라스무스는 곧바로 작업에 착수했다.『히에로니무스 서간집』에서는 독자를 위해 다음과 같은 방식을 취하기로 했다.

곧 이런 규칙을 따릅니다. 우선 실제로 히에로니무스가 쓴 서신들을 배치합니다. 두 번째로는 히에로니무스가 쓴 것이라고 잘못 알려졌으나 나름대로 읽을 가치가 있는 것들을 배치합니다. 세 번째로는 웬 이름 모를 멍청이가 뻔뻔하게 히에로니무스의 글이라고 날조한 것들을 배치할 것입니다. 그리고 왜 그것들이 히에로니무스의 작품으로 보이지 않는지 설명할 것입니다. 이로써 독자들은 날조에 속지 않고 날조된 내용을 원하는 이들은 이를 찾느라 허송세월하지 않게 됨에 따라 두 마리 토끼를 잡을 수 있을 것입니다.[7]

◇◇◇◇◇◇◇◇◇◇◇◇◇

6   Vanautgarden (2012), 특히 493-495 참조.
7   Allen, Ep. 308:5-12.

1516년의 『신약성서』(*Novum Instrumentum*)

신약성서를 편찬하기 위해 에라스무스는 다시금 필사본들을 연구했다. 그가 사용한 대본은 바젤의 도미니쿠스 수도원에 보관된 필사본이었는데, 콘스탄티노플 사절단의 일원으로 교회의 개혁을 부르짖던 공의회주의자이자 명망 있는 도미니쿠스회 수사 요한네스 폰 라구사(Johannes von Ragusa, 크로아티아 원어명은 Ivan Stojković)가 바젤 공의회에 제출한 후 나중에 수도원에 유증한 것이었다. 에라스무스와 프로벤은 단을 나누어 2개 언어로 본문을 출판하기로 했다. 한쪽 면에는 정제된 그리스어 본문을 싣고, 옆면에는 교정된 라틴어 번역과 교정의 근거를 수록한 주석을 덧붙이기로 했다. 두 사람은 재빨리 작업에 착수했다.

그들은 분명 스페인 알칼라(Alcalá)의 학자들이 이미 여러 언어로 된 성서 출판을 준비하고 있다는 사실을 들어 알고 있었을 것이다. 신약성서는 이미 완성되어 조판 작업에 들어가 있었다. 엄청난 돈이 걸린 만큼 치열한 경쟁이 벌어졌다. 게다가 알칼라의 정통주의자들이 불가타 성서를 비판할 리 없다는 점에서 이는 학문적으로도 우려할 만한 일이었다. 에라스무스의 입장에서 이는 신학을 망치는 길이었다. 에라스무스와 프로벤은 이를 앞지르고자 했다. 에라스무스는 엄청난 속도로 작업에 매진했다. 유능한 동료들이 그를 도왔다. 그중에는 나중에 바젤에서 종교개혁을 이끌 요한네스 외콜람파디우스(역주:

Johannes Oekolampadius[1482-1531]는 독일 바인스베르크에서 출생했고, 하이델베르크와 튀빙겐 대학에서 수학했으며 바젤 대학에서 신학 박사 학위를 받고, 교수로서 활동하면서 츠빙글리와 함께 스위스 종교개혁을 주도했던 구약학자)도 있었다. 문제는 필사본이 불완전하다는 것이었다. 요한계시록도 누락되어 있었다. 이전에 히브리어 학자 요한네스 로이힐린이 빌려 갔던 문헌이 있었는데, 거기에 요한계시록 본문과 해설이 수록되어 있었음을 기억한 에라스무스는 로이힐린에게 즉시 이를 돌려달라고 요청할 수밖에 없었다. 그런데 여기에서조차 마지막 장이 빠져 있었다. 불과 여섯 절이었다. 결국 에라스무스는 경솔하게도 이를 불가타에서 그리스어로 역(逆) 번역하는 일을 저지르고 말았다. 물론 나중에 본문에 누락이 있었다고 해명하긴 했으나 소용없었다. 이 부분의 그리스어 사본이 어디에도 남아 있지 않다고 당당히 써두었던 만큼 더욱 그랬다. 결국 1527년에 알칼라 성서를 참조해 수정판을 내긴 했지만, 이 일로 에라스무스는 오늘날에 이르기까지 두고두고 학자들의 비난을 사게 되었다.

그러나 금전적 측면이나 명예로 보면 역 번역은 꽤나 성공적이었다. 어찌 됐거나 알칼라의 『콤플루툼』(*Complutensis*) 성서를 앞질렀으니 말이다. 에라스무스 판보다 덜 비평적이긴 했으나 더 다양하고 오래된 필사본들을 주의 깊게 연구하여 완성된 알칼라의 다중 언어 성서는 1522년에나 출판 시장에 나오게 되었다. 에라스무스의 1516년 판 『신약성서』가 우위를 선점한 것이다. 그의 그리스어 본문은 오랫동안 의심할 바 없는 공인 본문으로 자리매김했고, 번역과 주석은 신학자들에게 중요한 길잡이 역할을 했다. 에라스무스는 평생에 걸쳐 네 번의 개정판을 더 냈다. 1519년에는 더 대담한 새 라틴어 번역을 포함했고, 이어서 1522년, 1527년 그리고 에라스무스가 세상을 떠나기 1년 전인 1535년에 마지막 개정판을 냈다. 각각 모두 두드러진 변화가 있었다. 에라스무스는 성서 문헌학자의 치밀함으로 주석을 붙여 불가타 성서로부터의 이탈을 설명하고 정당화했다. 에라스무스는 새로운 판본이 나올 때마다 주석들을 증보했고, 나중에는 짧은 신학 논고로 발전시키기도 했다. 1516년 첫판에 294쪽이었던 주석은 1535년 마지막 판에 이르러 783쪽으로 늘어났다.[8] 어떤 주석들은 개정판을 새로 사는 사람들이 있었을 정도로 폭발적인 반응을 얻기도 했다.

---

8   Jerry H. Bentley, *Humanists and Holy Writ: New Testament Scholarship in the Renaissance* (Princeton, 1983), 123 참조. 또한 Christ-von Wedel (2003), 81-105; Christ-von Wedel (2013), 79-96; Christ-von Wedel, "Die Nachwirkung des Neuen Testamentes von Erasmus in den reformatorischen Kirchen", *Basel 1516: Erasmus' Edition of the New Testament* (ed. by Martin Wallraff et alii; Tübingen, 2016), 291-310.

교리의 문제

에라스무스의 주석은 몇몇 중요한 교리가 오역에 바탕을 두고 있다는 사실을 보여주기도 했다. 가령 에라스무스는 불가타 요한일서 5:7b-8a을 삭제했는데, 불가타 본문에서 "성부, 말씀, 영 그리고 이 셋은 하나이시다"라는 천상적 삼위일체를 가리키는 표현은 아무리 일러도 9세기 이후의 것이 분명했다. 에라스무스는 자신이 살펴본 어떤 필사본에서도 이런 표현이 없다고 주장했다. 그러나 바로 이 문장이 삼위일체 교리를 뒷받침하는 주된 성서적 근거들 가운데 하나였기에 이 구절을 삭제한 것은 엄청난 반발을 불러일으켰다. 아리우스주의자이자 삼위일체를 부정하는 자라는 혐의를 뒤집어쓰게 된 에라스무스는 결국 1522년 개정판에서 이를 철회함으로써 겨우 상황을 모면할 수 있었다. 다행히 이런 삼위일체 표현을 포함한 후대의 그리스어 사본을 찾았기 때문이었지만, 에라스무스는 이것이 본문을 불가타와 충돌하지 않게 하려는 의도에서 필경사가 삽입한 것이라고 생각했다. 이는 오늘날까지 정설로 받아들여진다.[9] 에라스무스는 또한 고해성사에 관한 성서적 근거조차 제대로 설명되어 있지 않다는 사실에 충격을 받았다. 예컨대 "회개하라"라는 뜻의 "메타노에이

---

9   ASD VI-4, 30-111에 대한 Andrew J. Brown의 해설 참조. Henk Jan de Jonge, "Erasmus and the Comma Johanneum," *Ehperimides Theologicae Lovanienses* 56 (1980), 381-389.

테"(μετανοεῖτε)라는 그리스어 표현은 돌이켜 반성하고 죄를 뉘우치라는 권고로 이해해야 하며, 참회와 보속으로 이루어지는 교회의 고해 관행을 따르라는 요구가 아니었던 것이다.[10] 이듬해 루터는 바로 이 해석에 근거해 95개 논조를 통해 교회의 면벌부 관행을 비난하게 된다.[11] 또한 에라스무스는 원죄에 대한 교리를 뒷받침하는 신약성서적 근거는 단 하나밖에 없으며, 그것조차도 오역에 기반을 둔 것이라고 주장했다. 불가타 성서는 로마서 5:12을 다음과 같이 해석한다. 곧 죽음이 아담을 통하여 인류에게 들어왔고, 그 안에서(in quo) 모든 사람이 죄를 지었다는 것이다. 다시 말해 교부 아우구스티누스가 주장한 것처럼, 아담의 타락으로 인해 모든 인류는 나면서부터 아담으로부터 물려받은 죄가 있다. 각자가 죄를 지었든 그렇지 않든, 모든 사람은 원죄를 타고난 죄인이라는 가르침이다. 그러나 에라스무스는 "그 안에서 모든 사람이 죄를 지었다"를 "그로 인하여(in eo quod) 우리 모두가 죄를 지었다"로 바꾸었고, 1519년에는 보다 대담하게 "그런 점에서(quatenus) 모두가 죄를 지었다"로 재차 수정했다. 에라스무스는 아담이 인류 모두에게 죄를 유산으로 남긴 것이 아니라, 모든 사람이

◇◇◇◇◇◇◇◇◇◇◇◇◇

10   *Novum instrumentum* (Basel, Froben, 1516), Teil II, 241; ASD VI-5, 110-112; LB VI, 17/18. 마 3:2과 4:17 참조. Erika Rummel, *Erasmus' Annotations on the New Testament: From Philologist to Theologian* (Toronto, 1986), 152 참조.

11   WA I, 525:24-526:4, 530:19-25. Thomas Kaufmann, *Geschichte der Reformation* (Leipzig, 2009), 193 참조.

아담처럼 죄를 지을 수 있다는 식으로 이해해야 한다고 생각했다. 바울이 원죄가 아니라 각자가 죄를 향한 경향성을 품고 있음을 이야기하고 있다는 것이었다. 이후 에라스무스는 더 긴 지면을 할애하여 자신이 이단자이며 교회의 원죄 교리를 반대하는 이 시대의 펠라기우스라는 비난에 맞선다.[12] 그러나 에라스무스는 세례받지 않고 죽은 아이가 영벌에 처해질 것이라는 입장에는 끝까지 동의하지 않았다.[13]

교회 개혁

에라스무스의 주석들 가운데 어떤 것들은 성서 구절에 대한 새로운 해석을 제시하며 종교개혁자들을 매료시켰고, 결과적으로 교회의 개혁을 촉진했다. 예를 들어 예수가 당신의 주권을 받아들이는 삶으로 제자들을 초대하는 마태복음 11:30에 대한 에라스무스의 해석을 보자. 불가타 성서는 이를 "내 멍에는 달콤하고(*suave*), 내 짐은 가볍다"라고 옮기고 있는데, 에라스무스는 불가타 성서가 달콤하다(*suave*)로 옮긴 그리스어 크레스토스(χρηστός)를 "편하다", "쓸 만하다"라는 뜻

12   *Novum instrumentum* (Basel, Froben, 1516), Teil II, 432. ASD VI-3, 70, ASD VI-7, 136-159; LB VI, 585B-C 또한 이 부분에 관한 CWE 56, 151f 각주가 유용하다.
13   LB V, 622C.

의 라틴어 콤모둠(*commodum*)으로 옮겼다. 그리고 이렇게 옮긴 이유에 관해 한 편의 글에 가까운 주석을 달아놓았다.

　에라스무스는 이렇게 주장했다. 모세의 율법은 감당할 수 없을 만큼 가혹한 것이었다. 그러나 그리스도는 우리에게 단 하나, 사랑만을 요구하신다. 사랑, 그것이야말로 모든 사람을 편안하게 한다. "그리스도의 철학" 곧 예수가 전한 기쁜 소식은 타락한 인간이 잃어버린 선한 본성을 되찾아 주고, 구약의 율법으로부터 해방시켜준다. 그런데 이제 오히려 교회가 교령들을 통해 허다한 인간적 계율들을 새롭게 부과해서 그리스도인의 삶을 다시금 구약성서의 시대만큼이나 사실상 감당할 수 없는 가혹한 것으로 만들어버렸다. 교회의 계율은 처음에는 신앙생활에 도움이 되는 간단하고 유익한 지침의 역할을 했으나, 그 항목이 점점 늘어나더니 이제는 도리어 사람을 억압하는 것이 되어버리고 말았다. 교회의 위계는 이제 더 이상 그런 관행들에 관해 고민하지 않는데, 바로 그런 관행이 교회의 권위를 뒷받침하는 수단이 되었기 때문이다. 스콜라 학자들은 그런 관행들을 신조의 수준으로 끌어올렸다. 그리스도와 사도들의 가르침은 얼마나 가볍고 부드러운가? 그런데 그런 식으로 인간적 야심을 채우기 위해 이것저것 덧붙여 온 것들은 실상 얼마나 음험하고 가시투성이인가? 그렇게 성서는 일종의 요술 책이 되어버린다. 바르게 율법을 이해하고 그 안의 규정을 모두 따르기에 인생은 너무나 짧다. 이미 아우구스티누스는 로마인들이 구약성서 시대의 이스라엘인들보다 더 많은 짐을 지고 있다며 계속 만들어지는 조항들에 진절머리를 치지 않았나? 온갖 규정과 호화찬란한 허례허식이 난무하는 오늘날 교회의 모습을 보며 교부가 뭐라고 하겠는가? 교회의 여러 성례부터가 사람들을 억누르고 억압하기 위한 도구가 되었다. 사순절 음식 규정보다 이스라엘인들의 음식 규정이 더 지키기 쉬울 정도다. 무수한 축일과 절기들 때문에 부모가 돈을 벌지 못하니, 끝내는 절기를 지키기 위해 자녀들을 굶기게 되는 것이다.

이처럼 에라스무스는 교회의 여러 잘못된 관행을 비판해나갔다. 이런 비판들은 나중에 종교개혁자들 또한 그대로 채택한 것들이다. 이를테면 번복할 수 없는 수도 서원, 온갖 금지 조항들로 가득한 교회의 결혼 규정, 면벌부, 파문 등이다. 에라스무스는 한마디로 이를 정리했다. 날마다 새로운 율법이 추가되니 억압은 끝나지 않는다. 교회에서는 복음 대신 교령과 교회법을 낭독했다. 그러나 그리스도는 당신의 피로 인류를 구원하기 위해 왔지, 인류를 착취하고 억압하러 온 것이 아니다. 에라스무스는 공의회를 열어 이런 허다한 오류들을 바로잡아야 한다고 주장했다. 자유를 다시금 확립해야 한다. 그러나 자유 또한 남용해서는 안 된다. 이는 에라스무스가 항상 견지했던 자세였다. 에라스무스의 요지는 이런 것이었다.

사도 바울이 가르친바 우리 각자는 그리스도께서 우리에게 주신 자유를 육체의 욕망을 채우는 기회로 쓰거나, 자유라는 미명으로 죄를 짓는 수치스러운 행동을 하지 않도록 서로 권면해야 한다. 오히려 우리는 인간의 무거운 멍에를 떨쳐버리고, 그리스도의 편한 멍에를 지려고 하는 것이다.

에라스무스의 주석은 단숨에 번역되었고, 독일어로 된 전단지들이 인쇄되기 시작했다. 그리고 이 전단지들은 그대로 종교개혁의 여명을 이끈 선전물이 되었다. 에라스무스는 이에 결코 기뻐하지 않았다. 그는 이렇게 당부하며 끝맺었다. 폭동이 있어서는 안 된다고, 결정권이 있는 이들이 개혁을 이끌 수 있도록 그들의 마음을 돌이켜 주십사 그리스도에게 간절히 기도해야 한다고. 이처럼 평화로운 해결을 부르짖은 에라스무스의 간곡한 맺음말은 전단지에서 삭제되었다.[14]

교회 음악

에라스무스의 또 다른 주석은 개혁 교회의 전례와 교회 성악의 발전에 큰 영향을 미쳤다. 에라스무스는 고린도전서 14:19을 주석하며 당대의 교회 음악 관행을 정면으로 비판했다. 비용이 너무 많이 들기 때

---

14   LB VI, 65D; *Herr Errasmus von roterdam/verteutschte außlegung/über das/göttlich tröstlich wort vnsers lieben Herren vnnd seligmachers Christi/Nement auff euch mein Joch/und lernent von mir* [1521].

문에 거기에 들어갈 돈으로 차라리 가난한 사람들을 돕는 편이 낫다는 것이었다. 이것은 16세기의 열띤 논쟁거리였다. 인구의 급증, 남아메리카로부터의 은 유입 등 여러 요소가 맞물려 물가가 상승했고, 이는 다시 굶주림으로 이어졌다. 빈곤이 만연했고 거리에는 구걸하는 사람들이 가득했다. 그리고 어린 시절 합창단의 기억을 되살려 보건대, 에라스무스는 소년들이 끝없는 성가 연습과 계속 이어지는 예배에 낭비할 시간을 차라리 공부하는 데 쓰는 것이 낫다고 생각했다. 그러나 당시 교회 음악은 더 본질적인 문제에 직면해 있었다. 과도한 폴리포니 사용으로(심지어 32성부의 미사곡도 있었다) 정작 가사가 전혀 들리지 않았기 때문이다. 에라스무스는 음악을 듣는 사람이 가사를 놓치지 않고 묵상할 수 있어야 한다고 보았다.

바울은 영으로 일만 마디를 말하는 것보다 이해할 수 있는 다섯 마디가 낫다고 여겼다[에라스무스는 바울이 말하는 방언을 영에 이끌려 말하는 것으로 이해했다]. 그러나 지금 예배에 들어온 어떤 형식의 음악 가사는 그 누구도 분명하게 이해하지 못한다. 노래를 부르는 사람만이 무슨 노래를 부르는 것인지 알 수 있을 정도다. 웅얼거리는 소리만 귀를 자극한다. 그런 다음 잠깐의 즐거움을 주고 사라져버리고 만다.…거의 모든 수도원과 대학, 교회에서 듣는 것이라곤 이런 소리의 남발밖에 더 있는가? 반면 바울의 시대에는 노래가 없었다. 낭송 정도가 있었을 뿐이다. 이후 노래가 허용되었으나, 이것은 다양하게 배열

된 낭송조의 선율이었다. 거룩한 방식으로 주의 기도를 노래하고 나서
도 우리 안에 계속해서 머무는 노래였던 것이다. 그리고 회중은 노래
의 언어를 언제나 이해할 수 있었고 아멘으로 화답했다.…교회에는 축
일을 위한 성가도 있어야 하지만 절제할 필요는 있다.[15]

이런 해석에 영향을 받은 인물로는 훌드리히 츠빙글리가 있다. 그는
취리히의 예배에 폴리포니 대신 일종의 서창(Sprechgesang)을 도입하
고자 했다. 츠빙글리는 그런 방식을 통해 회중이 하나님의 말씀을 더
잘 이해할 수 있을 것이라고 기대했으나 시의회는 그런 생뚱맞은 혁
신을 시도할 의사가 없었고, 결국 16세기 말에는 취리히 교회에서 음
악 자체가 자취를 감추고 말았다. 츠빙글리와 그의 뒤를 이은 하인리
히 불링어(Heinrich Bullinger)는 그리스도인은 술 취한 사람처럼 모이
지 말고 "마음으로"(ἐν τῇ καρδίᾳ) 하나님을 찬미하라는 것이 바울의
가르침이라고 강조했다.[16] 이를 불가타 성서는 복수를 사용하여 "마
음들 안에서" 노래하라고 옮겼다. 그러나 에라스무스는 이것이 단수
이며, 따라서 내적으로, 마음을 다한다는 의미로 옮겨야 한다고 주장

◇◇◇◇◇◇◇◇◇◇◇◇◇◇

15 ASD VI/8, 274:158-219, 특히 169-181. 또한 Christine Christ-von Wedel:
    "Basel und die Versprachlichung der Musik", *Basel als Zentrum geistiges Austauschs
    in der frühen Reformationszeit* (ed. by Christine Christ-von Wedel, Sven Grosse
    and Berndt Hamm; Tübingen, 2014), 127-134 참조.
16 엡 5:19, 골 3:16에 관한 에라스무스의 주석과 주해를 참조할 것. LB VII, 986C-
    D; LB VII, 1013E-F.

했고 「주해」에서도 그렇게 풀어 옮겼다. 그래서 취리히 교회는 이를 따라 예배란 내적으로 마음으로 노래하는 것이지 입술로 노래하는 것이 아니라는 결론을 내렸던 것이다. 그러나 루터는 처음에 다소 망설이기도 했지만, 이를 다행히도 다른 방식으로 해석했다.[17] "마음으로부터" 노래해야 한다고 말이다. 취리히에서 합창이 집이나 사석에서 부르는 것이 되어버리는 동안 루터는 독일어 미사곡을 비롯해 예배를 위한 수많은 코랄을 남겼다.[18]

에라스무스의 동료들이 처음에 독일어 코랄을 그렇게 탐탁지 않게 여겼던 것은 에라스무스가 에베소서 5:19과 골로새서 3:16을 근거로 츠빙글리와 불링어처럼 교회 음악을 배격하지 않았기 때문은 아니었다. 에라스무스는 이 성서의 구절을 단지 교회 음악에 개선이 필요하다는 정도로 이해했다. 교회는 수준 높은 음악을 시도할 수 있지만, 도를 넘어서지 않아야 한다는 것이 에라스무스의 지론이었다. 새롭게 만들어진 코랄은 에라스무스의 취향에도 맞지 않았을뿐더러

---

17   1519/20년에 루터 또한 이렇게 촉구한 적이 있다. "그리스도가 제정하신 것 외에 인간적 열정이 덧붙여진 것은 모두 중지해야 한다. 여기에는 미사복과 장식은 물론, 특히 노래와 오르간이 해당된다." WA 6, 354:25-355:24, 또한 WA 10, III, 333:1-15 참조.

18   Christine Christ-von Wedel, "Der Tempel im Haus. Zur Bedeutung der geistlichen Hausmusik zwischen Reformation und Idealismus," *Zeitschrift für Schweizerische Archäologie und Kunstgeschichte* 61 (2004) Heft 4, 257-272, 여기서는 258-261. Christine Christ-von Wedel, "Zum Einfluss von Erasmus von Rotterdam auf Heinrich Bullinger," *Heinrich Bullinger: Life-Thought-Influence* (ed. by Emidio Campi, Peter Opitz; Zurich, 2007), 413-416 참조.

음악적으로 그렇게 수준이 높은 것 같지도 않았다. 음악적 조예가 있는 이에게 코랄은 예술성이 부족했다. 에라스무스는 한때 합창단원으로 활동하며 야콥 오브레흐트(Jacob Obrecht)의 절도 있고 수준 높은 폴리포니 음악을 매일같이 연습했다. 그가 바젤에서 접한 코랄은 선율이 단순했으며, 연주 기법에 있어서도 그가 자라면서 접하고 배웠던 수준 높은 음악에 비할 수 없었고, 동료들과 함께 복원하려는 고전 음악 형식과도 관련이 없었다. 에라스무스는 음악을 통해 가사의 내용을 적절히 표현할 수 있기를 기대했는데, 여러 절로 이루어진 코랄은 모든 절을 동일한 선율로 무마했을 뿐 아니라 음악을 잘 모르는 사람이 열성적으로 부를 수 있을지는 몰라도 결코 예술적인 가치는 없었다. 당대 바젤의 어느 카르투시오 수사가 남긴 말이 있다. "'루터파'―여기서 그는 개신교 일반을 가리켜 말한다―는 스트라스부르 역본의 독일어 시편을 성 마르티누스 교회에서 부르는데, 마치 속된 민요를 부르는 듯하고 그마저도 너무 노골적이다."[19] 사실 코랄조차 제대로 부르지 못해 울부짖음에 가까워지는 것이 일상이었고, 이런 식으로 보수적인 설교자들을 제압하는 일까지 있을 정도였다.[20] 농

<hr />

19   *Die Reformationschronik des Karthäusers Georg* (ed. by Karl Buxtorf; Basel, 1849), 37f.

20   Christoph Johannes Riggenbach, Der *Kirchengesang in Basel seit der Reformation* (Basel, 1870), 13 및 부록 2 참조. 또한 Wolfgang Suppan, "Über Singen, Musizieren und Tanzen 1528 in der Steiermark," *Leitmotive. Kulturgeschichtliche Studien zur Traditionsbildung. Festschrift für Dietz-Rüdiger Moser* (Kallmütz, 1999),

부와 직조공이 보습과 물레를 뒤에 두고 복음서의 구절을, 적어도 일부라도 노래하는 광경을 에라스무스가 상상한 것은 아니었을 것이다. 그러나 몇 년이 지나지 않아 에라스무스와 교류하던 음악가들은 코랄 선율과 모테트들을 작곡하기 시작했고, 이는 오늘날까지 전해지고 있다. 예를 들면 식스투스 디트리히(Sixtus Dietrich), 하인리히 이자크(Heinrich Issac), 마티아스 그라이터(Mathias Greiter) 같은 인물들인데, 종교개혁자 장 칼뱅은 필경 그들의 코랄 작품들을 1536년에 바젤에서 아니면 이후 스트라스부르에서 접했을 것이다. 칼뱅은 이런 회중 코랄에서 확신을 얻었다. 얼마 지나지 않아 그는 이를 모범으로 제네바 시편을 기획한다.

에라스무스가 교회 성악 음악과 관련해 주창했던 내용은 오늘날에 이르기까지 로마 가톨릭과 개신교를 막론하고 르네상스 후기와 바로크, 낭만 시기에 걸쳐 교회 음악의 모범이 되었다. 교회 음악은 가사를 드러내야 하며, 청중이 그 내용을 이해하며 마음으로 이를 따라 부를 수 있어야 한다는 것이다.[21]

◇◇◇◇◇◇◇◇◇◇◇◇◇◇

449-452.

21   4장 각주 15의 Christine Christ-von Wedel, 127-134 참조.

마리아와 마르다

에라스무스의 번역과 주석 가운데는 교훈적인 것도 있다. 누가복음 10:38-42에 나오는 두 자매의 이야기가 대표적이다. 사려 깊고 집안 일에 능한 마르다가 예수와 제자들을 섬기고자 최선을 다하는 동안, 자매 마리아는 스승의 발치에 앉아 그분의 말씀을 경청한다. 이를 못 마땅하게 여기고 예수에게 마리아를 보내 자신을 돕게 해달라는 마르다의 불평은 이해할 만하다. 그러나 예수는 이렇게 대답한다.

> 마르다야, 너는 많은 일에 다 마음을 쓰며 걱정하지만 실상 필요한 것은 한 가지뿐이다. 마리아는 참 좋은 몫을 택했다.

이를 불가타는 "가장 좋은 몫(optimam partem)을 택하다"라는 최상급으로 옮긴다. 그러나 에라스무스는 이 대목의 그리스어 τὴν ἀγαθὴν μερίδα를 단순히 "좋은 몫"이라는 뜻의 bonam partem으로 옮겼다. 이는 새로운 해석의 가능성을 열어주는 것이다. 기존의 해석 전통은 두 자매를 철저히 이분법적으로 이해했다. 마리아가 마르다에 비해 우월하다는 것이었다. 마르다와 마리아는 각각 육과 영, 유한함과 무한함, 부차적인 것과 필수적인 것, 가시적인 교회와 영원한 성도의 교통을 상징한다. 그리고 무엇보다 둘은 활동적 삶(vita activa)과 관조적 삶(vita contemplativa)을 대변하는, 다시 말해 열등한 세상적 삶과 우월한 은수적 삶을 상징했다.

물론 그것이 유일한 해석은 아니었다. 1300년경 마이스터 에크하르트는 마르다에 관해 설교하면서, 마르다를 그저 홀로 신비적 기쁨에 빠져 있을 줄만 아는 마리아에 대비된 근면한 존재로 묘사했다.[22] 물론 이단 혐의에 시달린 인물의 해석을 일반적인 것으로 볼 수는 없다. 대중의 신심에서 마르다는 교구 교회의 요리사와 봉사자들의 성인으로서 명성을 누렸지만, 그것이 그리스도의 신부라는 마리아의 모범이나 수도자의 이상에 필적할 만한 것은 아니었다. 그러나 마리아와 마르다의 이야기는 자유로운 해석의 여지가 있었다.

마리아가 택한 가장 좋은 몫이 수도 생활이라는 주장을 물리치기 위해 에라스무스가 했던 방식의 정교한 문헌학적 연구가 필요한 것은 아니었다. 루터는 기존의 불가타 본문을 바탕으로 하면서도 두 자매의 이야기를 새롭게 해석했다. 그러나 율법 대 복음 또는 행위 대 믿음이라는 식의 이분법을 벗어나지는 못했다. 에라스무스가 새롭게 번역한 성서를 사용한 츠빙글리도 전통적인 해석에 머물렀다. 그는 마리아와 마르다가 각각 영과 육을 상징한다고 보았다.

한편 τὴν ἀγαθὴν μερίδα를 좋은 몫이라고 해석한 에라스무스의 입장은 사뭇 달랐다. 그는 전례력에 나오는 이 본문을 해석하면서 점

<hr />

22   Meister Eckhardt, *Die deutschen und lateinischen Werke* (ed. by J. Quint, vol. 3;
      Stuttgart, 1976), 481–486.

차 마르다의 가치를 더 높이 평가하게 된다. 1529년에 그는 두 자매 모두가 그리스도인의 삶에 필수적인 두 요소인 이웃에 대한 사랑과 신에 대한 사랑을 상징한다고 해석했다. 이 두 가지는 마치 동전의 양면과 같은 것이다.

> 두 자매는 사실 한 사람의 서로 다른 모습이다.…신은 홀로, 당신을 위해 사랑받으시나 인간은 신을 위해, 신 안에서 사랑받는다. 그러나 바로 그분으로 인하여 우리는 또한 원수를 사랑하며, 그분 안에서 친구를 사랑하는 것이다.[23]

신을 사랑한다는 것은 신에 대한 사랑과 이웃에 대한 사랑 모두를 포괄한다. 이는 그리스도인의 삶이란 바로 수도원이라는 고립된 세계가 아닌 도시에서, 직장과 가족 안에서 드러난다는, 새로운 인문주의적 이상을 포용하는 그의 해석이었다.

젊은 종교개혁자들은 에라스무스의 해석에 열광했다. 마르틴 부처, 하인리히 불링어, 장 칼뱅, 필립 멜란히톤, 요한네스 브렌츠는 하나같이 에라스무스의 해석을 따랐다. 이렇게 에라스무스의 작은 문헌학적 작업이 새로운 기준이 되었고 기존 해석을 대체했다.[24]

◇◇◇◇◇◇◇◇◇◇◇◇

23 LB V, 761C.
24 Christine Christ-von Wedel, "Die Perikope von Martha und Maria bei Erasmus und den Reformatoren," *Zwingliana* 27 (2000), 103-115.

비판

에라스무스는 신약성서를 주석하면서 본문에서 발견되는 모순점을 예리하게 지적했다. 예를 들어 마태가 전하는 예수의 탄생은 미가의 예언을 잘못 인용한 것이라는 식이었다. 그러나 이런 주장은 성서 언어와 주석에 정통한 신학자들조차 받아들이기 힘든 것이었다. 신앙의 기초인 성서조차 신뢰하지 못한다면 그리스도교 신앙 자체가 흔들리게 된다는 것이 아닌가? 이는 1518년에 잉골슈타트의 명민한 신학자이자 논객으로서 이미 루터와 맹렬히 대립하고 있던 요한네스 에크(Johannes Eck)가 제기한 의문이었다. 그나마 편지로 정중하게 에라스무스에게 우려의 뜻을 밝힌 에크와는 달리 대부분은 그렇게 예의 바르지 못했다. 설교단에 올라 에라스무스를 비난하는가 하면, 아예 대놓고 그를 이단이라고 말하기도 했다. 교회가 전례를 통해 암송해왔고, 성인들이 놓고 기도하던 거룩한 본문인 불가타를 무시하면서 자신의 입맛(gusto)에 맞게 신약성서를 고치는 자가 어떻게 그리스도인이라고 할 수 있느냐는 주장이었다.

에라스무스의 신약성서는 그렇게 여러 측면에서 유명세를 타게 되었다. 보수파들은 매도했고 개혁파들은 환영했다. 그리고 1529년의 한 『대화집』에서 하는 이야기에 따르면, 이런 다툼의 원인은 아래와 같다. 에라스무스의 신약성서를 손에 들고 있는 용병 폴뤼페무스에게 친구 칸니우스가 묻는다.

칸니우스: 세상에, 대체 폴뤼페무스가 복음이랑 무슨 상관이 있단 말인가?…

폴뤼페무스: 복음서를 가지고 다니는 건 거룩하지 않은가?

칸니우스: 그렇지 않네. 당나귀가 세상에서 가장 거룩하다고 하지 않는다면야.…당나귀는 혼자서 삼천 권을 짊어지고 다니지 않나.… 복음을 손에 들 뿐 아니라 입술로 고백하며 마음에 새기는 자가 진정 복음을 가지고 다니는 것일세.…

폴뤼페무스: 그러니까 자네의 눈에는 내가 복음을 따라 사는 것처럼 안 보인다는 게로군.…

칸니우스: 자주 기도하는가?

폴뤼페무스: 그런 건 바리새인이나 하는 짓이네.

칸니우스: 죄를 뉘우치며 용서를 구하고 있는가?

폴뤼페무스: 죄 문제는 그리스도께서 이미 충분히 사해주시지 않았나.

칸니우스: 그러면서 어찌 자네는 복음을 사랑한다고 할 수 있나?

폴뤼페무스: 말해주지. 프란치스코회 수사가 하나 있는데, 그 인간은 우리한테 설교한답시고 강단에만 오르면 에라스무스님의 신약 성서를 두고 함부로 지껄이더군. 하여 내 그자를 따로 불러다 왼 손으로 그자의 머리를 움켜잡고 오른손으로는 주먹을 불끈 쥐고 그자의 면상을 시원하게 갈겨 정신을 번쩍 들게 하고 왔네. 제대 로 멍들어 부어올랐더군. 내가 복음을 사랑하지 않는다고? 이거 야말로 복음을 사랑해서 한 일이 아니겠는가? 끝으로 이 성경책

을 들어 그자의 머리통을 세 번 때려주고 왔다네. 죄를 용서해야 하지 않겠나. 한 대에 성부와, 또 한 대에 성자와, 그리고 마지막 한 대에 성령의 이름으로! 아멘![25]

물론 에라스무스의 신약성서를 지키겠다며 그 정도로 든든하게 나서 주는 사람은 없었다. 에라스무스의 『대화집』은 그의 신약성서 판본에 대한 분별없는 비난뿐 아니라 개혁자들을 중심으로 일어난 새로운 유행에 대한 그의 불만을 반영한 것이다. 이제 사람들은 축성된 초 대신 성서를 무슨 성물이라도 되는 것처럼 손에 들거나 품에 안고 재앙이나 질병을 피하려고 했다. 마찬가지로 에라스무스가 바젤에서 목도한 것은 자신들의 의사를 관철하기 위해서라면 수단과 방법을 가리지 않는 사람들의 모습이었다.

신약성서의 영향

그러나 적어도 자신의 작업이 가져온 결과에 대해서는 에라스무스가 불만을 가져서는 안 되었다. 이후 각국 언어로 번역된 성서들은 거의 대부분 에라스무스의 판본을 대본으로 사용하게 되었다. 루터는

---

25   ASD, I-3, 603-608, 특히 604:21; 605:63-67; 606:89,109 119; 608:158-166.

에라스무스의 판본을 독일어 성서의 대본으로 삼았을 뿐 아니라 에라스무스의 주석을 인용해 해설을 붙이기도 했다. 츠빙글리와 그의 후계자들 또한 에라스무스의 주석에 의존했다. 칼뱅은 말할 것도 없었다. 심지어 가톨릭 교황파조차 에라스무스의 주석에 의존할 수밖에 없다는 사실을 인정하지 않을 수 없었는데, 이것이 금서 목록에 오르는 바람에 문제가 되는 내용을 없애 "정화한" 판본을 출판하여 사용하는 일도 있었다. 에라스무스의 성서 본문은 "공인 본문"(textus receptus)이 되어 18세기에 이르기까지 그리스어 신약성서의 대본으로 기능했다.[26] 오늘날에도 에라스무스의 신약성서가 가장 확실한 판본이라고 생각하는 사람들이 있다.

물론 에라스무스의 그리스어 본문은 16세기 이후 수백 년간 발전해온 현대 성서학의 기준에 많이 뒤떨어져 있는 것이 사실이다. 그럼에도 불구하고 그의 본문에서 출발해야 하는 좋은 이유는 에라스무스가 사용한 방법론 때문이다. 에라스무스는 근대 문헌 비평 방법론의 기초를 닦은 최초의 인물이다. "렉티오 디피킬리오르"(lectio difficilior), 다시 말해 본문들 중 더 어렵고 불명확하게 읽히는 것이 더 원형에 가깝다고 보는 원칙을 발전시킨 인물이 바로 에라스무스였다. 본문을 출판하거나 번역하는 과정에서, 혹은 필사하는 과정에서도 단어나 문장을 더 단순하고 명료하게 고치거나 어려운 부분을 이

---

26   4장 각주 8의 Christ-von Wedel (2016) 참조.

해되도록 풀고 거친 표현을 부드럽게 바꾸는 일이 종종 일어난다는 점에 착안한 것이었다. 16세기에 에라스무스가 세심한 판단과 숙고를 거쳐 완성한 교정 본문은 오늘날에도 상당 부분 유효하며, 어떤 부분들은 오늘날에 새롭게 발견된 문헌학적 증거들을 통해 보완되고 있다.[27]

그런데 정작 에라스무스는 사람들이 자신의 신약성서에 흥분하는 이유를 제대로 깨닫지 못했다.[28] 정확히는 신경도 쓰지 않았다. 그저 이단 시비에서만 자신을 변호했을 뿐이다. 에라스무스는 성서가 원본은 물론 번역본에 이르기까지 토씨 하나도 그릇됨이 없는, 성령의 영감으로 기록된 본문이라고 생각한 적이 없었다. 오히려 성서는 세상에 신이 역사하는 방식에 관한 증거로써 인간이 경험하고 쓴 것이었다. 성령의 선물인 신앙이 그들의 동기가 되었다는 점은 분명하지만, 그렇다고 그것이 인간을 오류가 없는 존재로 만들지는 않으며, 글은 언제나 그들이 속한 환경과 시대가 지향하는 정신과 이해의 산물일 수밖에 없다는 것이 에라스무스의 입장이었다. 그렇기 때문에 에라스무스는 성서를 읽고 해석하기 위해 새로운 방법론이 필요하다고 제안한 것이었다. 루터를 비롯한 종교개혁자들 또 그들에 앞서 신비주의와 데보티오 모데르나 전통이 그랬던 것처럼, 에라스무스 또

27   에라스무스의 문헌 비평에 관해서는 Jan Krans, *Beyond What Is Written: Erasmus and Beza as Conjectural Critics of the New Testament* (Leiden, 2006), 101 참조.
28   이와 관련해서는 Christ-von Wedel (2013), 79-96 참조.

한 성서를 이해하는 과정에서 본문을 묵상하며 이를 올바로 이해하고 삶에 적용할 수 있도록 성령의 도움을 구해야 한다는 사실에 반대하지 않았다. 그러나 동시에 성서의 본문과 독자 사이에 수천 년의 간극이 놓여 있다는 사실을 잊어서는 안 된다는 것이 에라스무스의 입장이었다. 따라서 성서를 해석하기 위해서는 먼저 성서를 기록한 언어를 공부해야 할 뿐 아니라, 누가 본문을 처음 기록했는지, 누구를 염두에 두고 기록했는지를 주의 깊게 살펴보아야 비로소 올바르게 본문을 정돈하고 그 의미를 이해할 수 있다고 보았다. 이 작업을 끝낸 후에야 비로소 시간의 간극이라는 껍질에 둘러싸인 알맹이인 성서의 본질적 가르침을 꺼내 독자 개인의 삶과 독자가 속한 사회에 적용할 수 있다고 에라스무스는 생각했다. 본문의 맥락에 관한 철저한 연구가 필수적인 이유는 모든 것을 문자 그대로 해석할 수 없기 때문이다.

> [예수의] 제자들과 그들이 살았던 시대만을 염두에 둔 단락이 있는가 하면, 모든 시대에 적용되는 단락도 있다. 혹은 특정 시대의 감성에만 호소하는 단락도 있다. 이런 단락은 다른 시대의 눈길로 보면 도저히 이해되지 않거나 오히려 웃음거리가 될 수도 있다.[29]

성서는 서로 다른 낱말과 인물, 장소와 시대적 환경에서 기록되었기

◇◇◇◇◇◇◇◇◇◇◇◇◇◇

29   H, 157:25-128:5.

때문에, 이런 요소들에 비추어 오늘날의 독자와 시대를 위한 의미를 찾아내야 한다. 이런 역사비평적 접근법은 당시 인문주의자들이 발전시키고 확립한 문헌학적 성서 비평의 수준을 훨씬 넘어서는 것이었다. 1525년에 루터는 격앙된 문장으로 에라스무스의 자세를 비판했다.

> 하나님이 우리에게 주신 말씀은 장소와 사람 및 시대를 따져가며 판단해야 하는 것이 아니다. 그리스도는 "너희는 온 세상에 가라"라고 말씀하셨지, 에라스무스처럼 "너희는 여기는 가고, 저기는 가지 말라"라고 하시지 않았다.[30]

반면 에라스무스는 적극적으로 자신의 역사비평적 접근을 옹호했다. 그는 외쳤다.

> 얼마나 놀라운가! 이전에는 무미건조하고 죽은 것만 같았던 문장들이었다. 그러나 이를 기록한 이들이 처했던 역사적 상황, 배경, 관습, 규범, 신앙, 사람 자체를 알고 나니, 그리고 사도들이 염두에 두었던 사람들의 배경을 알고 읽으니, 이 글이 얼마나 생명력 넘치게 다가오는가?

30   WA 18, 628:33-36; 마 28:19.

새로운 방법론

나아가 에라스무스는 이해할 수 없는 성서 구절은 이해할 수 있는 구절에 비추어 해석해야 한다고 주장했다. 이는 나중에 루터나 종교개혁자들도 동의했던 접근법이다. 요컨대 성서는 그 자체로 해석되어야하는 것이다. 이를 위해 신학자는 광범위한 영역에 정통해야 하며 다양하고 특수한 분야에 대해서도 세부적인 지식을 갖춰야 한다. 이런 지식들을 정리하고 이해할 수 있도록 에라스무스가 제안한 것이 이른바 주제 나열법(Loci-Methode)인데, 이 방법론은 이미 그가 여타의 제반 학문 영역에서도 적극적으로 주창했던 것이다.[31] 요컨대 인용구들과 개념을 모아 서로 유사한 것과 반대되는 것으로 구분하여 200-300개의 주제들(loci)로 정리하는 방법이었다. 그렇게 언제든 필요할때마다 사용할 수 있는 지식 창고를 만드는 셈이다.[32] 이 방식은 곧 널리 인정받았다. 그런 주제 모음집 여러 가지가 만들어져 전해진다. 백과사전식 학문이 새롭게 발전하게 된 것이다. 학자들은 각각의 주제에 관해 이런 방식의 주제 모음집들을 출판했고, 이는 오늘날까지 수백 년간 학문 발전에 공헌한 사전의 선구자 역할을 했다.

한편 대학의 스콜라 신학자들은 이런 방법론을 성서 주석에 적

---

31   주제 나열법에 관해서는 Christ-von Wedel (2013), 89-92 참조.
32   H, 158:33-159:16.

용하는 것을 자신들에 대한 정면 도전으로 간주했다. 체계적인 찬반 논법을 통해 확실하고 절대적이며 영원히 보편타당한 신앙 명제들을 논리적으로 구축하고 이를 뒷받침하는 성서의 논거들을 위계에 따라 "대전"(Summen)의 형태로 집대성하는 것이 스콜라 학문의 근간이었기 때문이다. 이들의 논리에 따르면 모든 것은 신의 존재로부터 차례대로 나오는 것이었다. 반면 주제 나열법은 알 만한 가치가 있는 내용들을 특히 인용구의 형태를 통해 자의적으로 구성한 몇 가지의 상위 주제로 묶어 새로운 맥락에 적용할 수 있도록 하는 방식이었다. 이런 방법론은 유연하고 창의적으로 지식을 활용하도록 함으로써 새롭고 대담한 생각의 발전을 이끌었다.

이런 방법론은 신학의 체계에도 작은 변화를 가져왔다. 상위 주제로부터 교리를 조직적으로 구상하는 방식이 등장한 것이다. 필립 멜란히톤은 이미 1521년에 『공통주제모음』(Loci communes)이라는 저서의 초판에서 이런 방식을 선보인 바 있었다. 1525년 초 츠빙글리는 『참된 경건과 거짓된 경건에 관한 주해』(Commentarius de vera et falsa religione)에서 멜란히톤을 따랐다. 두 신학자가 교리를 다룬 방식은 당대의 관행에 비추어볼 때 파격적이었다. 전통적인 교리 체계는 언제나 신-창조-타락-성육신-구원-은총-성례-종말이라는 순서에 따라 구성되었다. 멜란히톤은 인간의 능력에 관한(De hominis viribus) 주제에서 시작했다. 츠빙글리는 신과 인간, 복음과 회개를 먼저 다룬 후, 전통적으로 창조라는 상위 주제로 들어가던 율법과 죄를 따로 이어

분류했다.[33] 스콜라 신학의 관점에서는 완전히 개념을 뒤섞는 것이었다. 불링어는 『그리스도교 신앙 대전』(*Summa christilichen Religion*)에서 또 다른 자신만의 방식을 선보였다. 성서를 맨 앞에 놓고 여기에 신, 죄, 율법, 은총, 신앙이라는 주제를 차례로 나열한 것이다.[34] 이처럼 모든 것을 제1원인으로부터 논리적으로 도출하고 이를 다시 배열하는 방식이 아니라, 각자의 목적과 의도에 맞게 수집한 지식을 꺼내 새롭게 구성하는 방식이 효과적이라고 여겨지게 되었다. 지식을 정리하는 방법은 저자에게 달려 있었다. 쉽게 전달될 수 있는 방식이어야 한다는 것이 유일한 조건이었다. 취리히에서는 콘라트 게스너(Konrad Gessner)와 요시아스 지믈러(Josias Simler)가 에라스무스의 방법을 따라 모든 것을 반대되는 것과 유사한 것으로 구분함으로써 독자가 쉽게 다가갈 수 있도록 백과사전식의 저작들을 내놓았다. 동물을 체계적으로 분류한 게스너의 저서는 특히 인기를 끌었다.[35]

그러나 이렇듯, 특히 교리 체계를 두고 적용된 절충적 방법론은 얼마 지나지 않아 위축되고 말았다. 프로테스탄트 종교개혁과 이에 반기를 든 가톨릭 종교개혁의 결과물로 교파의 시대가 확립되자, 양

<hr />

33   Index locorum: Z III, 638 참조.

34   Heinrich Bullinger, *Summa Christenlicher Religion* (Zürich, 1558).

35   Urs B. Leu, "Aneignung und Speicherung enzyklopädischen Wissens. Die Loci-Methode von Erasmus," *Erasmus in Zürich: Eine verschwiegene Autorität* (ed. by Christine Christ-von Wedel, Urs B. Leu; Zurich, 2007), 327-342 참조.

진영은 교리 체계를 강화했고 신학자들은 더 이상 새로운 시도를 하기 어렵게 되었다. 교수들은 이제 학생들에게 직접 나름대로 설정한 주제들에 따라 인용구를 배열하도록 권장하는 대신 정해진 주제들을 제시했고, 학생들은 자신이 읽은 내용을 이에 맞게 인용해야 했다. 정통주의 시대에 이렇다 할 독창적인 발전이 없었던 이유다. 이렇듯 위축된 방법론은 계몽주의 시대에 가서야 재조명되기 시작했고, 오늘날에는 컴퓨터 기술의 발전으로 이전에는 상상조차 하지 못한 무궁무진한 가능성이 주어졌다.

1516년에는 신약성서와 더불어 『히에로니무스 서간집』도 프로벤을 통해 출판되었다. 이 책은 프로벤의 동업자로 당시 작고했던 요한네스 아메르바흐(Johannes Amerbach)가 오래전부터 작업하던 히에로니무스 총서에 포함되었다. 프로벤과 함께 에라스무스는 이제 유럽 전역에서 모여든 지식인들이 참여하는 엄청난 사업을 이끌게 된다.

황금기

신약성서와 히에로니무스 서한집이 출판된 직후인 1516년과 1517년 사이에 에라스무스는 마침내 황금기가 도래했다고 믿었다. 인문주의자들의 말에 귀를 기울이며 새로운 학문에 열려 있던 젊은 제후들이 각국의 실권을 장악했다. 마리냐노 전투에서 승리한 프랑수아 1세는 사람들의 예상과 달리 전쟁을 끝내고 평화를 추구하며 법학자 기욤 뷔데(Guillaume Budé)와 같은 에라스무스의 학식 있는 동료들을 왕궁으로 초청했다. 젊은 왕 헨리 8세는 토머스 모어에게 막중한 외교적 책무를 맡겼다. 카리스마 넘치던 헨리 왕은 거의 메시아와 같아 보일 정도였다. 마운트조이 경은 감격에 넘쳐 에라스무스에게 이야기했다.

> 하늘이 미소 짓고 땅이 기뻐합니다. 사방에 젖과 꿀과 과즙이 넘칩니다. 족벌들의 탐욕을 저 멀리 몰아냈습니다. 너그러움이 관대한 손을 뻗쳐 부를 퍼뜨립니다. 우리 국왕은 황금, 보석, 철이 아니라 덕과 명예와 영원한 것을 갈망하는 분입니다.[36]

이때까지만 해도 그가 나중에 여섯 왕비 중 두 명과 토머스 모어 같은 존경받던 인물들을 형장의 이슬로 사라지게 할 것이라고는 아무도 상상하지 못했다. 나중에 황제에 오르게 되는 칼 5세는 에라스무스를 자신의 고문으로 임명하기도 했다. 딱히 이렇다 할 책무도 없는 명예직이었지만 꽤 쏠쏠한 수입원이 되기도 했다. 봉급만 제대로 지급해 주었다면 말이다. 그를 위해 에라스무스가 집필한 작품이 『그리스도교 군주의 교육』(*Die Erziehung des christlichen Fürsten*)인데, 이것은 그의

---

36   Allen, Ep. 215:14-18.

첫 정치 서적이기도 했다. 뒤이어 에라스무스는 평화를 주제로 여러 편의 저서를 남기게 된다. 이런 서적들을 통해 에라스무스는 철인 군주가 신민의 안녕을 돌보며 평화를 지향하는 국가가 번영하는 새로운 황금의 시대를 꿈꾸었다. 학문은 물론 공공의 안녕과 경건이 함께 번영하는 세상이 도래하는 것 같았다.

당시 바젤 뮌스터의 설교자(Münsterprediger) 직을 맡고 있던 볼프강 카피토에게 에라스무스가 1517년에 썼던 편지가 남아 있다. 카피토는 나중에 스트라스부르에서 종교개혁을 이끌게 된다.

> 황금시대가 머잖아 도래할 것으로 보이네. 품위와 경건뿐 아니라 제대로 된 학문과 예술이 다시금 꽃피는 시대 말일세.

에라스무스는 감격에 차 글을 쓴다. 제후들과 주교들 모두 같은 열정으로 힘을 합치고 있지 않느냐는 것이었다. 다시금 모든 학문이 빛을 받고 있는 것 같았다. 스코틀랜드, 덴마크, 아일랜드에서는 문학이 꽃피고 있으며, 레오니체노는 로마에서, 레오니는 베네치아에서, 콥과 뒤뤼엘은 프랑스에서, 리나커는 잉글랜드에서 의학을 부흥시키고 있었다. 뷔데는 파리에서, 차시우스는 독일에서 법학을 이끌고 있었다. 바젤에서는 수학자 글라레안이 활동하고 있었다. 신학에도 새로운 변화의 물결이 필요하지 않겠는가? 에라스무스는 말한다.

세 언어[그리스어, 라틴어, 히브리어]에 대한 지식이 강단에서 널리 확립된다면, 나는 여기에서도 같은 일이 일어날 것이라고 확신하네.[37]

에라스무스는 자신이 그동안 남긴 여러 저작들 특히 『신약성서』를 통해 주창한 학문이 모두에게 유익을 준다고 확신할 수 있었다. 1516년에서 1517년 즈음 그는 명성의 정점에 와 있었다. 모든 유럽이 그를 추앙했다. 제후들과 대학들은 막대한 사례를 약속하며 그를 초빙하고자 경쟁하고 있었고 학계는 그를 가리켜 "세상의 빛"이라고 칭송했다.[38] 사람들은 오랫동안 기다려온 그리스도교 세계의 개혁을 에라스무스가 해낼 것이라고 기대했고, 실제로 얼마간은 그렇게 보였다. 에라스무스가 신약성서를 교황 레오 10세에게 헌정하자, 교황은 이를 수락하며 새로운 신학 방법론의 수호자를 자처한 것이다. 유럽의 군주와 제후들은 자신이 다스리는 지역의 대학에 이 위대한 학자를 초빙하고자 경쟁하면서 에라스무스가 지역의 스승이 되어주길 열망했다.

　당대인들은 무엇 때문에 이렇게 열광하면서 병약한 학자 에라스무스를 그토록 추앙했던 것일까? 한 가지 이유는 그의 라틴어 문체에서 찾을 수 있다. 그는 자유롭고 유창하게 글을 썼으며, 풍부한 어휘

37　　Allen, Ep. 541:1-75.
38　　Allen, Ep. 514:3.

로 모든 의미를 표현하면서도 명료하고 경쾌하게, 무거운 주제는 재치 있게 풀어내곤 했다. "에라스무스 문체"(Erasmie), 그러니까 에라스무스처럼 글을 쓴다는 말은 당시 지식인에게 최고의 찬사였다. 그러나 사람들이 열광한 것은 그의 문체만이 아니었다. 사람들은 에라스무스가 걸어온 삶과 인품에서도 매력을 느꼈다. 네덜란드의 보잘것없는 집안에서 태어나 고단한 삶의 현실에 부딪히면서도 고귀함을 잃지 않고 경건하게 기뻐하며 살던 그의 모습, 동시에 생산적이며 사람들과 어울릴 줄 알고 솔직하면서도 모든 사람에게 맞추어줄 수 있던 그의 모습을 사람들은 사랑했다. 여기에 탁월한 학문적 업적까지 겸비한 인물이었으니 더할 나위가 없었다.

나중에 종교개혁을 이끌게 된 홀드리히 츠빙글리가 1516년 4월 말 에라스무스를 추앙하며 쓴 편지를 보면 무엇이 에라스무스의 매력이었는지를 알 수 있다.

누구보다 훌륭하신 에라스무스 박사님께 글을 쓰자니, 박사님으로부터 나오는 학식의 광채, 실로 세상을 비추듯 보이는 그 광채가 두렵습니다. 그러나 박사님께서 [제게 베푸신] 참으로 부드러운 친절함이 저로 하여금 펜을 들게 합니다.

츠빙글리는 에라스무스의 인품과 분위기에 경탄했다.

[박사님에게서 풍기는 활력과 더불어] 어우러지는 박사님의 정중한 자세와 절제된 삶의 모습을 감히 우러러보며 살았습니다. 그리하여 박사님의 글을 읽을 때면 마치 제 앞에서 박사님이 말씀하시는 것을 듣는 것 같습니다. 작지만 너무나 세련되고 우아하게 거동하시던 박사님의 모습을 바로 앞에서 보는 것 같습니다. 이렇게 말씀드려도 될지 모르겠지만, 정말로 제게 박사님은 함께 대화를 나누지 않으면 잠들지 못할 것 같은 연인 같은 분이십니다.

이어 츠빙글리는 에라스무스야말로 "학문과 성서의 거룩한 신비에 누구보다 합당한 사람"이라고 하면서 "신과 인간에 대한 사랑으로 불타는", "성서를 야만과 궤변에서 구원해낸" 인물이며 "모든 사람이 그분을 위해 기도해야 할 것"이라고 덧붙였다.[39]

　여기서 츠빙글리가 이야기하는 것은 오늘날의 표현에 따르자면 "진솔함"이다. 당대 사람들은 에라스무스에게서 진솔함을 발견했다. 말과 행동이 일치하는 사람. 그가 평생을 헌신한 저작들, 그가 살아온 모습, 그의 인품, 그가 남긴 글 전부에 그의 인격이 조화롭게 어우러져 있었던 것이다.

　바젤에서 보낸 첫 해인 1516년 봄, 에라스무스의 『신약성서』는 이미 널리 보급되고 있었다. 사람들의 찬사 속에서 에라스무스

39　Allen, Ep. 401.

는 끊임없이 새롭고 대담한 생각과 계획을 품고 있었다. 이제 지천명의 나이에 이른 그는 완숙한 경지에 이르렀다. 풍부한 창조성으로 가득했던 에라스무스의 주위에는 열려 있는 좋은 생각을 지닌 사람들이 벗으로서 또는 그저 그를 한없이 선망하며 모여들었다. 대부분은 젊었지만 다방면에 탁월한 재능이 있던 이들이었다. 에라스무스에게 너무나 소중한 순간이었다. 여기에는 법학자 보니파치우스 아메르바흐(Bonifacius Amerbach), 문헌학자 베아투스 레나누스(Beatus Rhenanus), 신학자 루드비히 베어(Ludwig Bär), 나중에 종교개혁을 이끄는 요한네스 외콜람파디우스(Johannes Oecolampadius), 볼프강 카피토(Wolfgang Capito)가 있었다. 제도권 학자였던 하인리히 글라레안(Heinrich Glarean)도 에라스무스의 절친한 벗이 되었다. 두 번째로 바젤에 왔을 때는 제국사법실(Reichskammergericht) 일원으로 도시 특권(Stadtrecht)에 업적을 남긴 클라우디우스 칸티운쿨라(Claudius Cantiuncula)와 프란치스코회 신학자로 나중에 취리히에서 구약학을 가르치게 되는 콘라드 펠리칸(Konrad Pelikan)과도 교분을 쌓았다. 에라스무스 친우회, 즉 "소달리타스 에라스미아나"(*Sodalitas Erasmiana*)는 바로 에라스무스가 이들을 두고 부른 이름이었다. 1515년에 에라스무스는 한 편지에서 이렇게 썼다.

에라스무스의 벗들

라틴어를 모르는 사람 하나 없고 그리스어를 모르는 사람 하나 없네.
대부분은 히브리어도 할 줄 안다네. 역사에 해박한 이가 있나 하면 탁
월한 신학자도 있네. 수학의 대가, 고전에 대한 열정으로 불타는 이, 법
학에 정통한 이. 이것이 얼마나 드문 일인지는 자네가 잘 알지 않나. 이
렇게 행운 가득한 만남을 여태껏 경험해본 적이 없네. 게다가 다들 참
순수한 사람들일세. 다들 기뻐하고, 서로 화목하고. 저들은 사람은 여
럿이어도 영혼은 하나라고 맹세할 수 있을 것일세.[40]

인심 좋은 인쇄업자 프로벤이 자리를 만들어준 덕분에 이들은 모두
한자리에 모일 수 있었다. 여기 모인 사람들 가운데는 종종 그 유명
한 에라스무스를 한 번이라도 만나보겠다며 멀리서부터 바젤까지 온
사람들도 있었다. 나중에는 프로벤의 가족 전체가 이들을 돌보았다.
이 자리에서 에라스무스는 마음껏 이야기하며 대담한 생각들을 검
증해볼 수 있었다. 그가 얼마나 이 대화의 장을 좋아했는지 모른다.
1523년, 다시 바젤에 돌아왔을 때 에라스무스는 자신이 옛 그리스 회
의주의 철학자 카르네아데스의 흉내를 내곤 했다고 썼다. 모임에서
어떤 주장이 나오면 한 번은 찬성하는 입장에서 말하다가 다른 한 번

<hr>

40   Allen, Ep. 364:8-17.

은 반대하는 입장에서 말하는 것인데, 때로는 그저 지적 유희로 그런 적도 있지만 이를 통해 각자의 의견이 무엇인지 떠보거나 이를 통해 무언가를 배우고자 그랬던 경우도 있었다는 것이었다.

하지만 그런 대화가 상대방을 향한 언짢은 경험으로 이어지는 경우는 결코 없었다. 나는 모든 이의 입장에 귀를 기울일 수 있었다. 식사 자리나 여러 사석에서 이렇게 자유롭게 이야기를 나눌 수 있다는 사실이 좋았다. 물론 대화의 수위가 도를 넘는 경우가 종종 있긴 했다. 상대방도 나랑 같은 마음일 것이라고 너무 쉽게 생각했기 때문이다.

요컨대 이런저런 말들을 너무 조심성 없이 입 밖에 내다 보니 나중에 남이 꼬투리를 잡아 악용하면 큰일이 날 소지의 이야기들도 많이 해 버렸다는 것이다. 그러나 에라스무스는 이를 멈추지 않았다. 사실 이 대화를 결론적으로 말하면 이런 것이었다.

술잔을 들고 한 이야기는 술에 새길 뿐이다. 걸핏하면 이 제국을 율리우스 교황에게 들어 바치거나 거룩한 교황관을 막시밀리안 황제에게 가져다 바치지 않았나? 언젠가는 수사들과 수녀들에게 합동결혼식을 해준 적도 있었고, 그들 가운데서 군대를 징집해 튀르크인들과 싸우라고 보내거나 새로 발견한 섬들에 식민지를 세우도록 보내기도 했다.

한 마디로 이 세상의 모든 질서를 뒤집어본 것이다.[41]

흥겹고 편안한 분위기의 모임 속에서 함께 나누었던 생각들은 다양한 영역에 유용하게 적용되었다. 오늘날의 용어로 말하자면 그들은 "간학문적"(interdisziplinär) 접근을 시도한 것이다. 고대 미학의 규범에 따른 낭송조의 음악에 관해 이야기한 에라스무스에게 영감을 얻은 음악학자 글라레안은 이를 심화해 대작 『도데카코르돈』(*Dodekachordon*)에 집대성하여 당대 음악학의 터를 닦았다. 칸티운쿨라는 문헌 비평 방법론을 법학에 적용하면서 법률 또한 시대와 상황에 부합해야 하는 것이라고 주장했다. 펠리칸은 나중에 취리히에서 프로테스탄트 성서 주석을 집필하면서 에라스무스의 주해 방식을 응용했고, 몇몇 대목에서는 에라스무스가 남긴 주해를 그대로 인용하기도 했다.

에라스무스가 얼마 지나지 않아 바젤을 떠나야 했던 까닭은 적어도 사람들 때문은 아니었다. 문제는 다른 데 있었다. 내면적 불안, 정확히는 두려움이 그를 옥죄고 있었다. 무언가가 그의 발목을 잡고 있었다. 자신이 결국 도망친 수사라는 사실이 마치 다모클레스의 칼처럼 그를 괴롭게 했다. 재정적 상황 또한 문제였다. 마음만 먹으면 어디서든 괜찮은 자리를 얻어 성직자로 살 수 있는 상황이었으나, 에

---

41   ASD IX-1, 172:135-150.

라스무스는 이를 받아들일 수 없었다. 교황 율리우스 2세로부터 어렵게 얻은 면제 조항 덕택에 잉글랜드에서는 형편이 나았으나, 이는 유럽 본토에서는 적용되지 않았기 때문에 에라스무스는 수도 서원에 여전히 묶여 있었다. 그나마 수도복 대신 세속 학자의 옷을 입을 수 있는 관면을 얻은 정도였다.

에라스무스는 네덜란드에 잠시 머물다 잉글랜드로 향했다. 자신을 후원하던 명망 있는 인물들의 도움을 통해 관면을 얻어 수도 서원과 사생아라는 출생 신분 탓에 자신을 가로막던 여러 장애물을 해결해보려는 생각이었다. 에라스무스의 후원자들은 그를 실망시키지 않았다. 1517년 1월을 기하여 모든 일이 해결되었다. 교황 레오 10세는 두 편의 소칙서(Breve)를 통해 에라스무스를 관면하고 재속 사제로 생활하게 함으로써 그가 사생아 신분과 무관히 성직록의 혜택을 얻을 수 있도록 했다. 그렇게 오십 세가 되어 에라스무스는 비로소 자유인이 되었다. 그동안 이룩한 학문적 업적이 그에게 준 선물이었다. 이제 그는 어디에서든 원하는 대로 무엇이든 하며 살 수 있게 되었다. 그리고 그는 결코 어디에도 붙잡힐 마음이 없었다. 탐낼 만한 제안들이 들어왔지만 에라스무스는 이 모두를 거절했다. 칼 5세는 물론 그 어느 군주의 궁정에도 발이 묶이고 싶지 않았던 그는 교수직 제안도 모두 거절했다. 자유로운 저술가로 남고 싶었기 때문이었다. 그는 뢰벤 (Löwen, 역주: 벨기에 브라반트의 수도로 중세 제일의 가톨릭 대학도시로 유명함. 독어로는 뢰벤, 네덜란드어로는 뢰번, 프랑스어 발음으로는 루뱅)으로 떠났다. 그곳에서 몇 달 정도 머무르며 앞으로 무엇을 할지 차분하게 생각해보려는 마음이었다. 그런데 막상 지내다 보니 결정을 내리지 못한 채 고민만 잔뜩 하게 되었고, 처음 계획했던 그 몇 달은 그만 4년이 되어버렸다.

5장

학자들과의 갈등, 루터 문제: 뢰벤

처음에는 모든 것이 순조로웠다. 뢰벤 시는 위대한 학자 에라스무스를 예를 다하여 맞았다. 그의 친구들이 거처를 마련해주었다. 부유한 고위 성직자이자 외교관 히에로니무스 판 뷔스레이던(Hieronymus von Busleiden)의 적극적인 후원 아래 에라스무스는 이른바 세 가지 언어 학당인 콜레기움 트리링구에(Collegium trilingue)의 설립을 도왔다. 교과 과정을 편성하고 교원을 초빙하는 일이 에라스무스에게 맡겨졌다. 이곳에서는 성서의 세 언어를 가르치는 한편 에라스무스가 늘상 주장하던 방식에 따라 성서에 대한 학문적 주석에 근간을 두고 삶에 관련된 이야기를 하는 신학을 추구했다. 신학 교육 기관이었으나 관심 있는 사람이라면 청강할 수도 있었다.[1]

에라스무스는 직접 강단에 서지 않았다. 잠깐 케임브리지 대학에서 강의한 후 모든 강의 요청을 거절했다. 그는 저술 활동에 전념하고자 했다. 1517년에 그는 훗날 신성 로마 제국 황제에 오를 칼 5세의 고문 일을 하며 『평화에의 호소』(Querela pacis)를 집필했다. 이 책은 그때까지만 해도 유럽에서 지속적인 평화가 이루어질 수 있다고 생각

---

1   Admissio Collegii Trilinguis, Henry de Vocht: *History of the Foundation of the Collegium Trilingue Lovaniense 1517-1550* (Löwen, 1951), 413-415 참조.

한 그의 확신에서 나온 것이었다. 에라스무스는 열정을 다해 신약성서의 새로운 개정판과 교부 키프리아누스 문헌집 작업을 이어 나갔다. 『신약성서』에 관한 비판이 없지 않았지만, 이것이 무지한 수사들과 설교자들에게서 비롯되는 한 재치 있게 넘기거나 무시하면 된다고 에라스무스는 생각했다.

그리하여 에라스무스는 편지를 주고받던 한 벗에게 글을 쓰던 도중 웃음을 감추지 못했는데, 요컨대 자신의 신약성서가 출판되자마자 스스로를 경건하다고 자부하는 자들이 들고일어나서는 그리스도교 신앙이 커다란 위험에 처해 있고 적그리스도의 도래가 임박했다면서 열을 올려 설교하고 다니기 시작했다는 것이다. 그래서 자신의 신약성서를 읽고 검토해본 적이 있냐고 물어보니 실상은 실제로 본 적조차 없다고 한다. 심지어 어떤 이는 (에라스무스 같은 학자이자 오랜 벗이기도 했던) 토머스 모어와 리처드 페이스를 곁에 두고 잉글랜드 왕의 면전에서 에라스무스의 신약성서를 혹평했다. 자신은 비록 이를 읽지 않았으나 "우신" 어쩌고 하는 에라스무스의 다른 책을 읽어본 적이 있음을 강조했다고 한다. 이에 페이스가 말을 가로막고는 왕에게 말했다. "바로 저 사람이 우신이 말하는 그런 사람이지요, 폐하." 한편 에라스무스는 씩씩대던 한 카르멜회 수사의 설교를 들었던 이야기를 써내려간다.

내가 바로 맞은편에 서 있었기 때문에 그자도 내가 거기에 있다는 것을 알아차렸지. 그러자 그자는 쩌렁쩌렁한 목소리로 신학 박사의 자색 모자를 뽐내며 나에게 성령에 대한 세 가지 죄 중 두 가지를 뒤집어씌우더군. 하나는 나의 오만(Vermessenheit)인바,[2] 내가 무엄하게도 펜을 놀려 새로운 주장들을 하며 기존의 주장들을 비판하고는 거침없이 주의 기도와 마리아 송가도 수정했다는 이유였네. 또 내가 명백한 진리에 대적하고 있다고 하더군.[3] 그게 어떻게 된 것이냐 하면, 언젠가 두 설교자들의 설교를 듣고는 식사 자리에서 둘 다 본문을 제대로 이해하지 못한 것 같다고 말한 적이 있었는데, 설교자가 자기 설교 본문을 이해하지 못한다고 말할 때 특히 그 본문을 성서에서 가져온 것이라면, 성령에게 죄를 짓는 것이라고 하네.

터무니없게 들릴 수 있으나 이것은 심각한 비난이었다. 마태복음 12:31-32에 따르면 성령을 거스르는 죄는 결코 용서받을 수 없다고 했기 때문이다. 에라스무스는 이야기를 이어간다. 에라스무스에게 숙소를 제공한 벗 페터 길리스(Peter Gillis)는 옆에 선 채

분노로 치를 떨더군. 그런데 사실 나는 웃음을 참을 수가 없었네. 그런

---

2   하나님의 은총을 저버리는 오만(*praesumptio*)은 성령에 대한 용서받을 수 없는 죄로 여겨졌다.
3   공인된 그리스도교적 진리에 대항(*impugnatio veritatis christianae agnitae*)하는 일도 마찬가지로 성령에 대한 죄로 여겨졌다.

말도 안 되는 소리를 듣고 어떻게 안 웃을 수가 있는가?[4]

인문주의 신학자 에라스무스는 이런 스콜라 학자들이 일삼는 비난은 웃어넘기면 그만이라고 생각했다. 적어도 두려워할 것은 아니라고 생각했다. 1516년 12월에 그가 남긴 글이 있다.

들자 하니 어떤 신학자들이 내 책을 뢰벤 대학과 자매 대학인 퀼른 대학에 보내 공적 검증 절차를 거칠 것을 원하고 있다고 하더군. 그렇게 하려면 우선 2년 정도가 필요할 것이네. 그리고 이 검증 절차를 기획하는 이들은 우선 그리스어와 라틴어 실력이 좀 있는 사람들이어야 할 터인데, 둘 다 구하기 어려울 것이네. 일단 거기까지 가기도 어려운 것이, 여기서 유수한 인재들은 다 나에게 우호적인 데다 탁월한 신학자들은 적극적으로 나를 지지하고 있지 않은가.[5]

4   Allen, Ep. 948:110-140; 198-215.
5   Allen, Ep. 505:8-14.

로이힐린 문제

그런데 당시 신학자들을 들끓게 하고 유럽 절반을 격동의 도가니로 몰아넣은 문제는 따로 있었다. 도미니쿠스회는 모든 유대교 문헌을 불태우길 원했다. 그렇게 해야 유대인들이 그리스도교로 더 잘 개종할 수 있다는 이유였다. 한편 히브리어 학자 요한네스 로이힐린(Johannes Reuchlin)은 유대교 문헌들을 폭넓게 수용하며 명백히 그리스도교에 반하는 부분만 배격했다. 이 논쟁에 황제와 교황도 말려들었고 학계는 들끓었다. 히브리어에 대해 피상적인 지식만 있던 에라스무스는 히브리어의 대가인 로이힐린을 존경했다. 유대교 비밀 교리 "카발라"에 지대한 관심을 보이던 로이힐린의 입장은 도저히 동의할 수 없었지만, 유대 학문과 그 문헌학적 지식을 폭넓게 수용하는 로이힐린의 모습을 크게 존경했다. 한편 로이힐린을 반대하던 도미니쿠스회 수사들을 겨냥한 이른바 『불명인의 서간』(*Dunkelmännerbriefen*)이 등장했다. 엉터리 라틴어와 제대로 이해하지 못한 온갖 신학 인용구 및 우스꽝스러운 주장들로 점철되어 있던 이 책은 교양 독자들에게 널리 읽혔는데, 이 책을 쓴 다양한 저자들이 실제로는 에라스무스 한 사람일 것이라는 추측이 퍼지기 시작했다. 사실 에라스무스는 이 책과 전혀 관련이 없었다. 그러나 보수적인 반대파들은 유럽 전역의 유명한 대학들로 퍼져, 로이힐린과 더불어 에라스무스까지 싸잡아 똑같은 정신을 가진 인물로 폄하했다. 이 가상의 편지의 저자들이 우스꽝스럽게 이야기한 부분은 이런 반대파들이 어떤 생각을 가지고 있었는지를 뚜렷하게 보여준다. 칼 리하의 독일어 번역이 있는데 이를 인용한다.

로테르담의 에라스무스가 여러 신학 문헌들을 썼다고 하는데 나는 그가 모든 점에서 옳다고 생각하지 않네. 처음에는 신학자들을 겨냥하는 짧은 글에서 시작해 이제는 신학 자체에 관해 쓰고 있던데 참으로 거슬리는군. 독일로 가 그의 오래된 책을 하나 읽었는데 그가 오류를 범한 것이 있거나 이해되지 않는 부분 하나를 찾기만 하면 그는 신변을 주의해야 할 것이야. 그자는 그리스어로도 글을 쓰는데 그래서는 안 되지. 우리는 라틴인이지 그리스인이 아니지 않은가. 아무도 이해하지 못할 글을 쓰고 싶으면 이탈리아어나 보헤미아어나 헝가리어로 쓰면 될 것이지. 별 이상한 자를 다 봤네. 그래놓고는 악의적으로 우리 신학자들을 따라 하지 않나. 모든 신학자들이 하듯 똑같이 "우트룸"(*utrum*), "콘트라"(*contra*), "아르구이투르"(*arguitur*), "레플리카"(*replica*), "콘클루시오네스"(*conclusiones*)를 써가며. 그렇게 우리도 자기 책을 읽게 말이야.[6]

6   *Dunkelmännerbriefe: An Magister Ortuin Gratius aus Deventer* (ed by. Karl Riha; Frankfurt a.M., 1991), 126f.

『불명인의 서간』 집필에 참여하지는 않았지만 로이힐린이 사망한 후 1522년에 에라스무스는 한 『대화집』을 통해 로이힐린의 대적자들을 조롱했다. 대화에서 로이힐린의 추종자 브라시카누스는 친구에게 어느 프란치스코회 수사가 본 환상에 관해 쓴다. 그 수사는 꿈속에서 로이힐린이 천국으로 올라가는 모습을 보았는데, 지극히 고귀한 수호 성인 성 히에로니무스가 나와서 그를 맞이한다. 그런데 어디선가 끔찍하게 생긴 (그리고 도미니쿠스회 수사들의 옷처럼 시커먼) 새들이 나타나 그를 제지하려고 한다.

> 브라시카누스: …시커먼 깃털을 지닌 몇 마리의 새들이 그의 뒤를 따랐네. 날개를 치켜들자 속에는 희다기보단 창백한 깃털이 보였지. 색과 울음소리만 놓고 보면 까치인가 했지만, 그 크기가 보통 까치의 열두 배는 되어 보였네. 웬만한 독수리보다 컸고, 머리에는 볏이 나 있었네. 부리와 발톱은 굽어 있었고, 배는 불룩 튀어나와 있었다네. 셋이었다면 딱 하르퓌이아(역주: 상체는 인간, 하체는 새의 모습을 결합한 괴물)를 생각나게 하는 모습이었네.
> 폼필리우스: 그런 끔찍한 복수의 여신들이 왜 나타났단 말인가?
> 브라시카누스: 멀찍이…영웅 로이힐린 등 뒤에서 울부짖고 있었지. 할 수만 있었다면 그를 공격할 기세였네.
> 폼필리우스: 누가 그들을 막았는가?

브라시카누스: 로이힐린이 그랬다네. 몸을 돌리더니 손으로 성호를 긋고 외쳤네. "이 저주받은 새들아, 너희가 나온 곳으로 물러갈지어다. 필멸의 인간을 괴롭히는 것으로 족하도다. 나는 이미 불멸의 존재가 되었으니, 너희들의 광기는 이미 그 힘을 잃었도다." 그가 이 말을 하자마자 끔찍한 새들은 멀리 날아갔네. 다만 악취는 남아 있었는데, 마치 향신료 냄새가 나는 배설물 덩어리 같았네.[7]

그렇게 이단 사냥꾼들을 조롱하던 에라스무스였지만 1522년부터 그의 태도는 매우 신랄해지기 시작한다. 더 이상 그에게서 이전의 가벼운 희화화는 찾아볼 수 없었다. 그가 마르틴 루터나 홀드리히 츠빙글리 그리고 그들의 추종자들과 대면하면서부터 분위기가 급격히 악화되었다.

그리스도가 낮아짐으로써 인간이 존엄해졌다

에라스무스의 입장에서는 뒤통수를 맞은 것이나 다름없었다. 생각지도 못한 방향에서의 공격이었다. 친구라고 믿었던 학식 있는 인문주의자들과 학자들이 자신을 비난했다. 가령 아리스토텔레스를 주석

---

7   ASD V-3, 269:90-110.

하고 편집하는 한편 불가타 성서의 다양한 역본을 출판했으며 나중에는 성서를 프랑스어로 번역했던 학자 파베르 스타풀렌시스(Faber Stapulensis)가 에라스무스를 비판했다. 일차적으로는 번역과 관련된 문제였다. 히브리서 2:7를 "그[그리스도]를 조금 [또는 (1535년 판에 따르면) 잠시 동안] 천사들보다 못하게 하셨다"라고 에라스무스가 옮긴 반면, 파베르 스타풀렌시스는 이를 "하나님보다 조금 못하게 하셨다"라고 옮긴 것이다. 파베르 같은 사람에게 이것은 번역 이상의 문제였다. 그에게 그리스도의 낮아짐을 강조하느라 인간이 된 그리스도가 천사보다 낮아졌다는 것은 상상할 수 없는 일이었다. 천사가 비록 높은 존재이긴 하나 어디까지나 피조물이 아닌가? 한편 에라스무스는 이것이 전혀 문제가 된다고 생각하지 않았다. 에라스무스는 오히려 하나님이 예수 그리스도 안에서 뒤섞임 없이 온전히 인간의 본성을 취하시어 모든 인간처럼 목마르셨고, 굶주리셨으며, 고통을 받으시고, 죽임을 당하셨다는 사실이 중요하다고 생각했다. 오늘날에는 에라스무스의 번역이 더 타당한 것으로 수용되고 있다.[8]

이미 1503년에 에라스무스는 잉글랜드의 대담한 신학자이자 교육자로 각별한 관계를 맺고 있던 존 콜렛(John Colet)과 우호적인 교류를 하는 가운데 그리스도의 낮아짐에 관해 강조한 적이 있다. 사실 콜

---

8   LB VII, 504A. 또한 Christ-von Wedel (2003), 190-192; Christ-von Wedel (2013), 161f 참조.

렛이 바울 서신을 삶에 와닿는 방식으로 해석한 것이 에라스무스에게 깊은 영향을 주기도 했었는데, 에라스무스는 이렇게 이야기했다. 겟세마네 동산에서 그리스도가 핏방울같이 땀을 흘렸을 때, 그는 아직 늙지 않았고 살날이 많이 남은 사람들처럼 죽음을 두려워했다고. 그러나 콜렛은 하나님의 아들이 소크라테스보다 겁이 많다는 것은 있을 수 없는 일이라며 분노했다.

그리스도를 괴로워하는 약한 존재로 묘사하기를 꺼려하던 이들은 콜렛과 파베르 스타풀렌시스만이 아니었다. 이미 1세기 교부들조차 하나님의 아들이 고통을 겪는다는 사실을 불편하게 생각했다. 그들은 그리스도 안에 서로 분명히 구분되는 두 본성을 상정함으로써 이 문제를 해결했다. 신적 본성은 기적을 행하며, 인적 본성은 고통을 당하고 죽임을 당한다. 종교개혁자 훌드리히 츠빙글리도 이런 전통적 입장을 고수했다. 그는 분명히 강조했다.

신은 죽을 수 없다. 그리스도는 신적 본성에 따라 기적을 행했다. 보지 못하는 이를 보게 하고, 듣지 못하는 이를 듣게 하며, 죽은 자를 다시 살아나게 했다. 그리고 인적 본성을 따라 굶주렸고, 목말라했으며, 추위를 탔고, 고통을 감내했다.[9]

---

9   Z VI-1, 464.

루터는 대담하게 고통과 신을 더 가깝게 연결했다. 루터는 이렇게 썼다.

> 비록 두 본성은 구분되나 그럼에도 한 위격(person)인바, 그리스도가 행하거나 고통을 당하는 모든 것은, 비록 각 본성이 따로 경험하는 것이나 한 하나님이 행하고 고통을 당하신 것이다.[10]

어느 설교에서는 다음과 같이 과감히 말하기도 했다.

> 한 여인에게서 태어난 자, 즉 하늘에서 내려와 동정녀 마리아의 몸에 아홉 달을 있다 나와서는 요람에서 대소변을 누던 아기에서 시작해 나중에는 도둑과 강도처럼 십자가에 매달려 죽은 자가 어떻게 신이라고 말할 수 있느냐고 튀르크인은 말한다.

그러나 바로 그래서 그가 하나님의 아들이라는 것이 루터의 주장이었다. 루터는 그리스도 안에서 인간을 발견하지 못하는 자는 하나님도 발견하지 못한다고 강조했다.[11]

에라스무스는 더 거침없었다. 1533년에 그는 이렇게 썼다.

---

10   WA 10,I/1, 150:21-23.
11   WA 33, 155-160, 특히 157:3-11.

하나님이 고통을 당하시고, 하나님이 죽으셨다고 말하는 것은 경건하다.[12]

에라스무스는 그리스도의 두 본성을 부정하지 않았다. 그러나 그는 하나님이 바로 인간의 위치에서 하나의 인간이 되심으로써 당신의 사랑을 인간에게 보여주셨다고 생각했다. 그렇게 하나의 약한 인간이 됨으로써 전능하신 하나님은 인간의 마음을 움직여 그를 사랑하게 하시고 다른 이들을 사랑하며 존중하게 하셨다. 그들과 마찬가지로 하나님은 그들 곁의 존재같이 되셨고 그들을 사랑하셨기 때문이다. 동시에 에라스무스는 그리스도의 말이 바로 하나님의 말씀이라고 보았다. 그리스도는 하나님의 말씀을 증언하는 일개 인간이 아니다. 바로 하나님이 그리스도 안에서 말씀하신다. 하나님이 인간이 되셨다는 것은 인간이 존엄하다는 사실을 뜻한다고 에라스무스는 생각했다. 이런 확신은 바로 인성이 "그리스도의 신적 위격의 동반자"가 되어 하나님의 오른편에 앉아 있다는 사실에 근거를 두고 있었다. 하나님이 인간이 되기 전에는 천사들이 인간보다 높은 존재였다. 그래서 족장 아브라함은 그들을 극진히 대접했고, 그들은 이를 기꺼이 허락했던 것이다. 그러나 그리스도가 인간이 되어 하늘 하나님의 보좌에 오르자, 천사들은 더 이상 그런 영예를 얻으려 하지 않았다. 그렇

---

12   ASD V-1, 242:110.

기 때문에 요한이 환상 중에 천사 앞에 엎드리자, 하늘나라의 사자는 그렇게 하는 것을 금했던 것이다.[13]

에라스무스가 인간 존엄성을 정당화한 방식은 동시대인으로『인간 존엄성에 관한 연설』(De hominis dignitate)을 남긴 이탈리아인 조반니 피코 델라 미란돌라(Giovanni Pico della Mirandola)와 달랐다. 신플라톤주의자 피코 델라 미란돌라가 보기에 인간 존엄성의 기초는 인간 영혼이 신성을 품을 수 있느냐에 있었다. 이는 인간이 덕을 행함으로써 하나님께로 상승할 수 있는지의 여부에 달려 있다. 한편 에라스무스는 반대로 인간 존엄성을 하나님이 인간을 취하신 것, 곧 그리스도가 인간이 되시고 하늘로 높이신 것에 두었다. 그렇게 에라스무스는 모든 사람에게 존엄성이 있다고 보았다. 이는 그의 능력이나 행동과는 관련이 없다. 그렇게 에라스무스는 인권과 국제법의 신학적 기초를 놓았다.

◇◇◇◇◇◇◇◇◇◇◇◇◇

13   ASD V-1, 297:709-717. 창 18:1-3, 계 19:10 참조. 또한 Christ-von Wedel (2003), 190f 참조.

격론

그리스도의 낮아짐에 관한 논쟁은 1517년에 출판을 통한 공개적인 방식으로 격화되었다. 1503년에 있었던 존 콜렛과의 논쟁과는 비교도 되지 않을 정도로 이 논쟁은 심각한 불화를 불러왔다. 나중에 요크 대주교가 되는 잉글랜드 출신의 에드워드 리(Edward Lee)와 에라스무스 사이에 일어난 논쟁은 더 신랄했다. 당시 30대 중반이었던 그는 그리스어를 배우기 위해 뢰벤에 와 있었다. 에라스무스는 그를 호의적으로 도왔고, 함께 자신의 『신약성서』 개정 작업을 논의하기도 했다. 그는 노련한 학자 에라스무스가 눈감고 지나가려 했던 사소한 문제점과 오류, 혹은 오류처럼 보이는 것들을 조목조목 지적해냈다. 에라스무스가 그런 식으로 그를 놀렸던 것 같아 보이기도 한다. 어쨌든 어느 에라스무스 추종자에 따르면, 에라스무스는 『신약성서』를 개정하는 가운데 모든 이들 한 명 한 명에게 조언을 구했다고 한다. 그리고 실력은 없으면서 잘난 척하는 이들은 조용히 떠나보냈다. 그럼에도 에라스무스는 그런 식으로 지껄이는 이들을 은근히 내버려 두기도 했는데, 한편으로는 멍청한 주장들이 그 자체로 재미있었고 또 그저 인간의 본성에 관심을 갖고 다양한 생각에 귀를 기울여보려고 했기 때문이다. 그래서 그는 마음에 없는 칭찬도 매번 아끼지 않았는데, 이를 통해 미숙한 이가 관심을 가지고 공부를 계속하게 된다면 좋은 일인 데다가 미덥지 않은 친구라도 내버리고 싶지는 않았기 때문이었다.[14] 에드워드 리에 관한 에라스무스의 계산은 반만 맞아떨어졌다. 그리스어를 공부하던 이 젊고 유능하며 야심 찬 학생이 에라스무스의 은근한 조롱을 느끼지 못할 리 없었고, 자극받은 에드워드 리는 에라스무스의 오류를 더 집요하게 찾아냈다. 그런 다음 에라스무스의 오류를 조목조목 나열하기 시작했다. 모두가 이를 알고 있었다는 사실에다가 두 번째 판을 인쇄소에 맡기려는 시점까지 이를 공개하지 않았다는 것에 에라스무스는 화가 나지 않을 수 없었다. 심지어 직접 토로한 바에 따르면 에라스무스는 수단과 방법을 가리지 않고 이 목록을 구하려고 했는데, 나중에는 여러 번에 걸쳐 필사 담당자를 매수하려고 할 정도로 안절부절못했다.[15] 그러나 에드워드 리는 낌새를 채고 원고를 바로 되찾아갔다. 1519년 에라스무스의 신약성서 2판이 출판되었고, 이로부터 1년 후 에드워드 리는 에라스무스의 243개 오류 목록을 출판했다. 그리고 출판 이유를 밝히길, 에라스무스가 여러 자리에서 누구라고 말하지 않으면서 비겁하게 자신을 에둘러 비난했기 때문이라고 했다. 격분한 에라스무스는 2주 뒤 이에 대한 항변을 출판하면서 에드워드 리가 자신을 가리켜 이야기했다고 주장한 바로 그 모욕이 무엇이었는지 언급한다.

---

14   Erika Rummel, *Collected Works of Erasmus 72* (Toronto, 2005), XVf에 수록된 서론을 참조.
15   위의 책, XVII.

그런 사람이 있지요. 책략과 술수, 기만으로 형성되고 꿰맞춰지고 기워져서는 오직 거짓말과 뒷담, 아첨을 위해 태어난 사람 말입니다. 후세에 이름을 남기기 위해 온갖 술책을 마다하지 않는 자…이런 자는 영예를 얻기 위해 기가 막히게 성공적이면서도 극히 사악한 길을 택한 것입니다. 그가 누구인지, 어디 출신인지, 어느 나라에 사는지 나는 말하지 않으렵니다. 자기 입으로 말하기 전에는 아무 말도 하지 않으렵니다.

에라스무스는 시치미를 뚝 떼고 묻는다.

독자여, 이 구절에 무슨 찔리는 구석이 있기에 에드워드 리만이 그렇게 분노를 감추지 못하는 것일까요? 그렇게 저를 겨냥해 출판을 하고 싶었다면, 이걸 문장에서 힘을 좀 빼라는 권고 정도로 이해했다면 좋았을 텐데요. 그렇다면 저 문장이 자신을 겨냥하고 있다고 보이지는 않았을 텐데 말이죠.[16]

에라스무스는 또한 저작 「포르물라이」(Formulae)의 한 대목을 인용한다. 이 또한 에드워드 리가 자신을 겨냥하고 있다고 여길 수도 있는 부분이다.

---

16   ASD IX-4, 43:590-596.

아우구스티누스: 어떤가, 내가 만약 한두 개의 그림자(동행인)를 데려
　　　온다면?

크리스티아누스: 괜찮네. 검은 그림자만 데려오지 말게나.

아우구스티누스: "그 사람"을 데려온다면?

크리스티아누스: 그 스코틀랜드 사람(Scotus)? [1300년경 활동했던
　　　스코틀랜드 출신의 스콜라 철학자 둔스 스코투스를 염두에 둔 것
　　　일까? 에라스무스는 예리하지만 난해한 그의 저술이 삶과 동떨
　　　어진 조야한 사변이라며 비난하곤 했다. 아니면 정말로 단순히
　　　스코틀랜드 출신의 한 인물을 가리키는 것일 수도 있다. 어쨌든
　　　에드워드 리는 런던 출신이지 스코틀랜드 사람은 아니었다.]

아우구스티누스: 스코틀랜드 사람도. 뭐 자네가 원한다면.

크리스티아누스: 알겠네. 다만 그자의 괴물 같은 궤변과 거짓 논리, 허
　　　황됨과 오만, 악의와 냉소, 잘난 척과 자기 자랑은 집에 두고 와야
　　　할 것이네.

아우구스티누스: 그냥 집에 꼬리를 두고 오라고 해야겠구먼.

한편 에라스무스는 이 부분을 나중에 개정판에서 삭제했다. 그리고
논박하는 과정에서 라틴어로 성적인 암시가 포함된 꼬리(cauda)라는
단어를 사용했다는 사실을 극구 부인하며, 이 부분은 인쇄 과정에서
추가된 것이라고 둘러댔다. 그럼에도 그는 불필요하리만큼 이에 관
한 논의를 이어갔다.

에드워드 리 자신이 그렇게 생각하고 싶어 하지 않는 한, 이 대화에서 그를 염두에 둔 부분이 무엇인지 묻고 싶다.[17]

에라스무스가 굳이 언급한 대목 가운데는 에드워드 리가 자신을 겨냥한 것이라고 주장하며 천박하다고 비난했던 외설적인 이야기가 하나 더 있는데, 에라스무스는 이 부분도 나중에 삭제했다.

이 내용 없는 글을 어디에 쓴단 말인가?
엉덩이를 닦는 데 쓰면 되지.
이런 일을 할 만한 혀를 가진 사람을 한 명 알고 있지.
그리고 엉덩이를 닦기에 맹독성 투구꽃풀만큼이나 위험한 혀를 가진 사람도 한 명 알고 있네.
미식가일세. 투구꽃 먹어도 되겠어.[18]

얼마 지나지 않아 에라스무스는 에드워드 리를 겨냥하여 두 번째 논박문을 냈고, 동료들에게도 마찬가지로 에드워드 리를 저격하는 글을 써달라고 부추겼다. 이를 보면 에라스무스가 학자들의 비판을 감내하지 못했다는 사실을 알 수 있다. 늘 자신은 이런 식의 격론을 싫

---

17   ASD IX-4, 59:41-58.
18   ASD IX-4, 60:71-75.

어한다고 강조하고 다녔음에도 정작 자신을 변호하기 위한 반박문 안에서는 격한 심경을 자제하지 못했던 것이다. 18세기 초에 출판된 엄청난 크기의 레이던 판 에라스무스 전집에서는 그의 변론이 두 단으로 촘촘히 만들어진 두 권의 두꺼운 책에 각각 수록되어 있다.

마르틴 루터

에라스무스는 루터가 지나치게 호전적이라고 비판했다. 그러면서도 에드워드 리에게 한 것처럼 루터에 대해서도 문제의 소지가 있을 정도의 공격을 마다하지 않았다. 한편 루터와 관련된 상황은 대부분 다른 방향으로 전개되었다. 사실 루터는 에라스무스가 너무 예의바르기 때문에 아무런 변화를 이끌어내지 못했다고 비난했던 것이다.[19] 루터는 정면으로 들이받았고 거침없이 이름을 언급했다. 이미 1520년에 루터는 로마 교황의 자리를 가리켜서 소돔과 고모라보다 수치스럽다고 했으며,[20] 그해 말에는 자신을 단죄하는 교서를 철회할 의사가 없는 교황을 향해 악마 같다는 말도 모자라 하나님의 원수이자 참된 적그리스도라고 지칭하기도 했다.[21] 이런 성정은 환갑을 바라보던 나

<hr>

19   WA Br 2, 387:2-20.
20   WA 7, 5:11.
21   WA 6, 629:4-21

이에도 바뀌지 않아서, 1541년에는 브라운슈바이크 공작 하인리히를 한스 부르스트(역주: 16세기 이래로 독일 연극에 등장하는 어릿광대), 악마의 도구, 거칠게 헝클어진 털, 당나귀 중의 당나귀, 역사 이래 들어본 적이 없는 대살인마, 피에 굶주린 개 등으로 부르기를 주저하지 않았다. 나아가 그와 교황주의자들은 악마 숭배자이자 하나님과 거룩한 교회를 반대하는 거짓말쟁이고 절도범이요 살인자라고 주장했다.[22] 에라스무스도 이를 피해갈 수 없었다. 가령 이미 연로한 에라스무스를 가리켜 루터는 악마의 화신(diabolus incarnatus)이라며 비난했다.[23] 이런 식의 직접적인 모욕과 인신공격을 가능한 한 자제했던 에라스무스였지만, 그렇다고 해서 그의 주특기인 은근한 조롱과 암시적 도발이 상처를 덜 입히는 것이었다고 단정할 수도 없다.

로마 교황청의 권력욕과 부패를 향한 루터의 날카로운 공격은 특히 독일 제국에서 엄청난 반향을 일으켰다. 특히 교회의 가르침과 고해성사에 관한 가르침을 겨냥한 루터의 교리적 공격은 로마를 들쑤셔놓았다. 그리스도교 세계의 균열은 점점 걷잡을 수 없을 정도로 치달았다. 잘 알려진 것처럼 교황은 루터를 파문했고, 황제는 루터에 대한 법률적 보호를 박탈했다. 루터를 지지하거나 그의 가르침을 전파하는 행위는 이단 혐의와 마찬가지로 여겨졌고, 신변과 생명의 위

22   WA 51, 469-572, 특히 510:23; 559:24; 495:25; 475:11-13.
23   WA Br 7, 34:240.

험도 감내해야 했다.

처음에 에라스무스는 루터의 등장을 딱히 우려하지는 않았다. 그는 오늘날 종교개혁의 서막을 알린 사건으로 기억되는 문서인 면벌부에 대한 95개 논조를 반년 뒤 그대로 토머스 모어에게 보낸 적이 있다.[24] 애당초 그 자신부터가 이전부터 당시 고해 관행과 신학을 줄곧 반대하는 입장에 있었다. 특히 교황이 돈이나 다른 봉헌 혹은 교회의 보물인 선행과 참회로 죄를 사면한다거나 지옥의 형벌을 면하게 해줄 수 있다는 식의 가르침을 에라스무스는 배격했다.[25] 루터는 이 문제에 맞서 함께 싸울 반가운 동료인 것 같았다. 신학자로서 두 사람은 신앙인의 삶 전체가 참회가 되어야 한다는 점에서 일치했다. 1518년 가을, 루터는 교황의 특사 앞에서 교황이 천국의 열쇠를 가지고 있다는 주장에 도전했다. 그러자 독일 절반이 그를 환호하며 영웅으로 기렸다. 에라스무스는 말을 아꼈으나 호의적이었다. 선량한 사람이라면 모두 루터의 논제에 동의할 것이라고 생각했다. 다만 그리스도교의 공공연한 이 상처를 수사 한 명이 들쑤시는 것이 현명한 처사인지는 의문이었다. 교회 개혁을 시급히 밀어붙여야 하는 것은 교회와 정치에서 결정권을 가진 고위 인사들이 아닐까? 에라스무스는 에크가 『오벨리스키』(*Obelisci*)라는 글에서 그렇게 가혹하게 루터를

24   Allen, Ep. 785:37.
25   예를 들어 ASD IV-3, 120:953-996 참조.

힐난하며 이단자로 낙인을 찍은 까닭이 무엇인지 이해하지 못했다.[26]

칭의론

그러나 루터 문제는 날이 갈수록 그 위험성을 더해갔다. 1519년 초, 에라스무스는 점차 루터를 둘러싼 불안이 자신이 늘 중시하던 "스투디아 후마니타티스"를 해칠 것 같다고 우려하기 시작했다. 실제로 루터의 반대파들은 콜레기움 트리링구에에 관해, 특히 원어를 통한 성서 연구를 맹렬히 공격하면서, 에라스무스 또한 루터에 동조하는 사람들과 마찬가지로 이단으로 싸잡아 몰아가기 시작했다.[27] 그러나 에라스무스는 루터에 대해 우호적인 태도를 견지했다. 그가 마인츠 대주교에게 1519년에 쓴 편지를 보자.

> 분명한 것은 이들[루터의 반대파]이 루터의 저작에서 단죄한 것들 가운데 어떤 것들은 아우구스티누스와 베르나르두스의 책에 있던 것인바 그들 자신이 스스로 정통적이며 경건한 내용을 담고 있다고 인정했던 것들입니다.

26   Allen, Ep. 872:12-23.
27   Allen, Ep. 936:36-41, Ep. 967:68-104. Christ-von Wedel (2003), 114f 참조.

요컨대 같은 내용을 교부 아우구스티누스나 시토회 수사로 십자군의 영적 지도자이기도 했던 신비주의자 베르나르두스가 이야기했을 땐 정통이며 경건하다고 하고, 루터가 이야기하니 이단으로 취급한다고 지적했다. 사실 두 사람은 모두 바울의 영향을 많이 받았고, 하나님은 인간을 선행이 아닌 신앙과 하나님의 은총에 대한 신뢰에 근거하여 의롭게 하시고 구원하신다는 입장을 견지했다. 루터는 유혹과의 치열한 싸움 안에서 자신은 하나님의 법정에 설 수조차 없는 죄인이라는 사실을 깨달았다. 그러나 그는 로마서를 읽는 중 자신을 자유롭게 하는 깨달음을 얻었다. 그리스도가 십자가의 죽음으로 인간의 죄를 완전히 짊어지셨고, 그렇게 죄를 사하셨다는 사실을 믿는 이에게 하나님은 구원을 그 어떤 대가 없이 주신다는 것이었다. 그렇게 그는 이른바 "오직 은총으로", "오직 믿음으로"를 골자로 한 칭의 교리를 발전시켰다. 전적으로 타락하여 선행을 할 수 없게 된 인간이지만, 그런 인간은 오직 하나님의 은총과 자비로 의롭게 여겨진다고 루터는 주장했다. 더 이상 어떤 전제 조건이 될 만한 행동이나 고해, 미사라는 이름으로 봉헌하는 희생제사도 필요하지 않다. 필요한 것은 단 하나, 하나님을 신뢰하는 믿음뿐이다. 에라스무스도 루터와 강조점은 달랐으나 이미 1516년 『신약성서』에서 칭의가 개인의 공로가 아닌 하나님의 은총만으로 이루어지는 것이라고 언급한 바 있고, 『로마서 주해』(1517)와 『갈라디아서 주해』(1519)에서도 칭의가 오직 믿음에 근거한다는 입장을 고수했다.[28] 다만 그는 루터와 달리 인간의 전적 타락을 강조하기보다는 하나님의 무한한 선함을 찬미하기 위해 오직 믿음에 의거한 칭의라는 개념을 사용했다. 하나님은 어떤 선행 조건 없이 오직 은총으로 인간을 의롭다고 선언하시며 선행을 할 능력을 부여하신다. 행함이 없는 믿음은 죽은 믿음이라고 에라스무스는 믿었다. 에라스무스는 이런 가르침이 개인적 믿음의 영역에 해당하며 위로를 주는 가르침이라고 생각했다. 그러나 루터는 달랐다. 루터는 칭의론과 교회는 오직 성서에 입각해야 한다는 원칙을 통해 기존 교회를 뿌리부터 뒤흔들었다. 루터는 에라스무스와 개혁의 구상만 달랐던 것이 아니다. 루터가 선언한 것은 옛 교회와의 단절이었다. 참회를 새롭게 이해해야 한다고, 수도원을 해산해야 한다고, 사제 서품을 폐지해야 한다고, 기존 교회법을 무효화해야 한다고, 적그리스도인 교황에게 더 이상 충성해서는 안 된다고 루터는 주장했다.

---

28   LB VI, 556D; 558C; 576E; 577F-578C; LB VII, 786E-787B; 788B-D; 788E; 954E; 961B. 또한 LB VII, 2 B-C와 Christ-von Wedel (2013), 145-153 참조.

대혼란

1519년까지만 해도 에라스무스는 여전히 당면한 개혁의 문제를 공론화하기보다 학술적 토론의 영역에 남겨두어야 한다는 자신의 권고가 힘을 발휘할 수 있을 것이라고 기대했다. 사실 그때까지만 해도 루터의 독일어 저술들은 비록 로마에 대한 적대감이 만연해 있을지언정 평범한 사람들이 신앙을 마음 깊이 이해할 수 있도록 그리스도교적 삶을 권고하는 내용이 주를 이루고 있었다.[29] 그러나 1520년 6월, 에라스무스는 이 모든 것이 대대적인 혼란을 야기하고 말 것이라는 사실을 더 이상 숨길 수 없음을 감지했다. 그는 필립 멜란히톤에게 보낸 편지에 이런 우려를 담았다. 당시 스물세 살이었던 멜란히톤은 비텐베르크 대학에서 그리스어를 가르치던 유능한 학자였다.[30] 그럼에도 에라스무스는 계속해서 루터를 변호했다. 루터가 좀 자제할 필요가 있는 것은 사실이나 루터의 가르침도 그의 성품도 욕할 것은 아니라고 1525년의 어느 편지에 썼다. 이는 당시 영향력 있던 한 외교관이 자신을 루터파 이단이라고 단죄한 문서를 출판하지 못하게 하려고 한 것인데, 이 문서는 여전히 필사본으로만 전해진다. 그는 단적으로 이렇게 썼다.

---

29   Allen, Ep. 1033:92.
30   Allen, Ep. 1113:22.

만악의 최초의 근원이 무엇인지 터놓고 말해보라고 말씀하신다면, 제가 보기에는 이렇습니다. 비열하기 짝이 없는 일부 사제들의 삶, 일부 신학자들의 오만 그리고 더는 묵과할 수 없는 일부 수사들의 폭정이 이 혼란을 불러온 것입니다.[31]

1520년 말, 막대한 성물 수집광으로 알려진 루터의 영주인 선제후 프리드리히가 황제의 고문이었던 에라스무스에게 면담을 요청한 적이 있다. 그는 이 유명한 신약성서 편집자 에라스무스가 루터를 어떻게 바라보는지 듣고 싶었다. 그렇게 가냘프고 병약한 학자와 호방하고 힘센 거구의 영주, 대담한 언어의 마술사와 영리하고 신중한 정치인의 대담이 열렸다. 선제후를 위해 에라스무스가 남긴 루터에 대한 평가는 「악시오마타」(*Axiomata*)라는 비공식 인쇄물로 전해진다.

선제후에게 에라스무스는 말했다. 루터를 비난하는 자들이 다른 생각을 품고 있다는 의심을 완전히 내버리기는 어려운 반면 루터 자신은 "어떤 개인적 야망도 없는" 인물이므로 "이렇다 할 혐의를 두기도 어렵다"고. 루터가 교회를 비판한 것이 결코 이 모든 불행과 불화의 원인이라고 할 수는 없다고. 책임은 오히려 루터를 비난하는 자들의 "학문에 대한 그들의 증오"와 "교권주의"에 있다고. 오직 두 대학만이 루터의 가르침을 단죄했는데, 그들이 내세운 비판점마저 서로

31   Allen, Ep. 1634:85-89.

일치하지 않았다.[32] 이 대담이 프리드리히로 하여금 정치적 동기에 따른 반로마 정책을 계속하게 하고, 루터가 잡혀 제국 법정에 서지 않도록 그를 숨게 했을 수도 있다.

루터의 가르침을 단죄했던 두 대학 중 하나는 다름 아닌 에라스무스가 있던 뢰벤 대학이었다. 뢰벤 대학은 루터를 단죄했을 뿐 아니라 점점 에라스무스를 적대하기 시작했다. 에라스무스에 대해서는 더 이상 서 있을 수조차 없도록 말 그대로 맨발로 딛고 선 바닥 아래에 불을 계속 때고 있는 것이나 다름없었다. 1521년 보름스에서 루터가 단죄되자 제국 도시 뢰벤에서는 루터의 서적에 대한 분서 등 제국 의회에서 결의된 조치가 엄격히 시행되었다. 이에 에라스무스는 황궁과 자신을 적대시하는 뢰벤 대학 신학부에서 멀리 떨어진 제국의 자유도시 바젤로 이사할 마음을 굳히게 된다.

32 *Erasmi Opuscula* (ed. by Wallace K. Ferguson; Den Haag, 1933), 336-337.
    Christ-von Wedel (2013), 168-171 참조.

복음과 개혁: 바젤

프로벤은 에라스무스에게 제발 바젤로 돌아와달라고 부탁했다. 바젤에서 신약성서 제3판을 준비하자는 이유였다. 그렇게 다시 돌아온 에라스무스는 우선 다시 프로벤의 인쇄소인 "하우스 춤 제셀"(Haus zum Sessel)에 머물게 되었다. 그러나 이제 에라스무스는 자신의 집을 구할 만한 금전적인 여유도 어느 정도 있었고, 프로벤은 그를 위해 인접한 집을 하나 구해주었다. 그리고 전용 굴뚝도 하나 만들어주었는데, 이 병약한 학자 에라스무스가 화덕에서 나오는 공기를 견딜 수 없어 했기 때문이었다. 프로벤은 이 집을 무상으로 제공하려 했지만 에라스무스는 집세를 직접 지불하겠다며 사양했다. 담장이 둘러진 정원 딸린 커다란 집에서 에라스무스는 가정부와 집사 그리고 그가 초대한 수많은 손님들과 더불어 살았다.

바젤은 자유로운 정신이 지배하는 곳이었다. 그러나 그런 분위기가 종교개혁과 관련된 문제도 해결해주는 것은 아니었다. 에라스무스는 프로벤에게 더 이상 루터의 저작을 인쇄하지 말라고 권했지만, 이토록 수익성이 높은 사업이 사라질 리 만무했다. 당시 요한네스 프로벤, 안드레아스 크라탄더(Andreas Cratander)와 더불어 바젤의 3대 인쇄업자 가운데 하나였던 아담 페트리(Adam Petri)가 곧바로 이 사업을 인수했다. 게다가 이 세 인쇄업자들은 서로 우호적인 관계로 연결되어 있었다.[1] 물론 바젤은 에라스무스를 추앙했고, 시의회는 루터 문제에 관해 그에게 자문을 구했다. 심지어 인접한 취리히에서 에라스무스는 신학 문제에 관한 "궁극적인" 권위자로 통했다.

츠빙글리는 에라스무스의 책을 탐독했고, 1519년부터는 더 이상 옛 성서 정과(Perikopenordnung)에 따라 설교하지 않았다. 성서 정과는 교회력에 따라 매 주일 관련된 성서 단락을 할당한 것으로, 오늘날에도 사용된다. 한편 츠빙글리는 마태복음에서 시작해 사도행전을 거쳐 바울 서신과 베드로 서신을 강해하는 식으로 설교했다. 루터 또한 일련의 연결된 설교 방식을 추구하기 시작했다. 이는 에라스무스가 자신의 신약성서 서문에서 제안한 바를 따른 것이다.

초심자에게는 전체적인 시각에서 그리스도교의 원리를 제시할 필요가 있다. 처음에는 복음서로부터, 다음에는 사도들의 서신으로부터 보여주어야 한다.[2]

취리히에서 학교 교장을 하던 뮈코니우스(Oswald Myconius)는 학생들과 에라스무스의 글들을 읽어 나가기도 했다. 아마도 에라스무스는

1   발렌티나 세바스티아니 선생은 바젤 출판업자 간의 우호적인 관계에 관해 일러주었다. 이에 감사의 뜻을 전한다.
2   H, 156:14-17. 또한 에라스무스와 종교개혁자들간의 관계에 관해서는 Christ-von Wedel (2007), 77-165 참조.

미소를 감추지 못했을 것이다. 나중에 바젤에서도 교육자로 명성을 떨치게 되는 뮈코니우스는 1516년 당시 교육자로서는 건조하기 이를 데 없는 인물이었는데, 그의 제자들 가운데는 홀바인(Holbein) 형제도 있었다. 이들은 뮈코니우스가 소장하고 있던 에라스무스의 우신예찬에 그림을 그려 놓았다. 우신이 자신의 제자로 극찬하는 에라스무스의 모습을 스케치한 것이었다. 이 그림을 본 에라스무스는 외쳤다.

아, 에라스무스가 아직 이렇게만 생겼다면 당장 내일이라도 아내를 구해볼 텐데.[3]

뮈코니우스는 이를 웃어넘기지 않았다. 제자들에게 에라스무스의 반응을 알려주자, 한스 홀바인은 곧바로 다음 수업 시간에 젊은 미인을 쳐다보다 실수로 시장에서 계란을 팔던 부인의 계란 바구니를 밟는 에라스무스의 모습을 그렸다.[4] 뮈코니우스가 취리히에서 『우신예찬』만 읽고 있던 것은 아니다. 그는 또한 에라스무스가 성서 연구 방법론에 관해 쓴 『방법』(*Ratio seu methodus*)을 읽었다. 뮈코니우스와 츠빙글

3   Ernst Gerhard Rüsch, "Vom Humanismus zur Reformation: Aus den Randbemerkungen von Oswald Myconius zum 'Lob der Torheit' des Erasmus von Rotterdam," *Theologische Zeitschrift* 39 (1983), 72.
4   Erwin Treu, *Die Bildnisse des Erasmus von Rotterdam* (Basel, 1960), 40.

리의 벗으로 아인지델른에 있던 레오 유드(Leo Jud)가 이 책을 독일어로 번역했다. 이때까지만 해도 에라스무스는 개혁에 대한 자신의 이상이 점점 더 받아들여지리라고 믿을 수 있었다.

『주해』

성서 인문주의자 에라스무스는 커다란 열정을 품고 성서를 해설해나갔다. 1517년엔 이미 로마서 작업을 시작했고, 다른 서신서들은 이미 마무리한 지 오래였다. 바꾸어 쓰는 작업은 그에게 어려운 일이 아니었다. 그는 신약성서를 풀어 쓰는 한편, 거의 알아볼 수 없게 자신의 주석을 덧붙였다. 그렇게 등장한 것은 에라스무스 식으로 훌륭하게 완성된, 시대를 위해 새롭게 태어난 성서이자 읽기 편한 신앙 서적이었다. 『주해』(*Paraphrases*)는 커다란 성공을 거두었다. 에라스무스는 본문을 신선하고 삶에 친숙한 모습으로 만들기 위해 노력을 기울였다. 예를 들어 서구 미술사에 "나를 만지지 말라"(*noli me tangere*)로 잘 알려진, 열린 무덤 앞 막달라 마리아의 모습을 다루는 요한복음 20:1-18의 장면을 몇 부분 삭제하여 재구성했다.

에라스무스는 예수의 제자들이 스승의 무덤을 돌보지 않았다고 하면서 이렇게 쓰고 있다.

한편으로는 두려움 때문에, 다른 한편으로는 의심 때문이었다. 바로 주님의 죽음이 그들에게서 부활의 모든 희망을 앗아갔다. 오직 몇몇 여인들만이 예수의 시신을 걱정했다. 그들 중 하나가 열린 무덤을 발견한 막달라 마리아다. 그는 제자들에게 자신이 본 것을 일러주었다. 그러자 베드로와 요한은 그와 함께 무덤으로 달려가 안으로 들어갔다. 그 안에 값비싼 수의만 남은 것을 보자, 그들은 다시 묘지를 뒤로한 채 떠났다. 그러나 막달라 마리아는 달랐다. 주님을 향한 믿을 수 없을 정도의 사랑과 그리움으로, 무덤의 비석이 무슨 말을 하든, 자신이 생전에 사랑했던 분의 시신을 찾으려고 했다. 그래서 생명이 떠나간 몸에라도 그분이 살아 있을 때 다하지 못한 헌신을 하고자 했던 것이다. 그리하여 마리아는 그저 눈물을 흘리며, 어디선가 시신을 찾을 수 있지 않을까라는 희망을 붙들고 무덤 입구에 서 있었던 것이다. 감히 무덤 안에 들어갈 용기가 없이 눈물을 흘리던 마리아는 몸을 기울여 무덤 안을 바라보았고, 그때 두 명의 천사를 보았다.…그들의 기뻐하는 모습과 선한 표정은 무덤이, 밤이, 외로움이 불어넣은 마리아의 두려움을 조금이나마 덜하게 해주었다. 천사는 또한 슬퍼하는 마리아를 위로하며 말했다. "여자여, 어찌하여 우는가?" 그러나 마리아는 넘치는 사랑에 스스로를 가누지 못하고 마치 술에 취한 것처럼 대답했다. "사람들이 제 주님을 빼앗아갔습니다. 그들이 어디에 제 주님을 놓아두었는지 모르겠습니다." 여기서 마리아는 그를 주님이라고 부르며 죽은 주님조차 사랑했지만, 부활에 대한 희망은 없었다. 마리아가 천사들의 시선을 따라 몸을 돌리자, 그녀는 그곳에 서서 천사들의 경배를 받고 있는 예수를 보았다. 그러나 마리아는 그가 예수인 줄 알아보지 못했다. 자신을 갑작스럽게 본 마리아가 놀라지 않게 몸을 낮추고 있었기 때문이다. 마리아가 다시 용기를 찾을 수 있도록 예수는 그녀에게 친근하게, 천사가 했던 바로 그 말을 건넨다. "여자여, 어찌하여 우는가? 여기서 누구를 찾는가? 무엇을 그렇게 둘러보고 있는가?" 마리아는 그가 묘지 관리인이라고 생각하고는 여인의 단순함으로 말한다. "어르신, 만약 어르신께서 그분을 다른 곳으로 옮기셨다면, 어디인지 말씀해주십시오. 제가 그분을 다시 모셔오겠습니다."…마리아의 커다란 사랑에 기뻐한 예수는 마리아에게 익숙한 음성으로 말을 건넨다. "마리아야." 친숙한 음성을 듣고는, 앞서 천사들에게로 몸을 돌리고 있었던 마리아가 다시 몸을 돌린다. 터질 듯한 마음을 부여잡고, 그녀는 마침내 예수를 알아본다. 갑자기 기쁨에 사로잡혀, 제자는 스승을 부른다. "랍비님."…그리고는 예수 앞에 엎드려, 옛 정을 생각하고는 발에 입을 맞추려고 한다. 그러나 예수는 마리아가 비록 그를 순전하고 온 마음을 다해 사랑하고 있음에도 아직 자신이 얼마나 초월적인 존재인지 제대로 이해하지 못하고 있다는 사실을 알고는 신체 접촉을 금한다. 마리아는 살아 있는 예수를 보았으나, 죽은 그가 다시 살아난 것이 이전에 그가 다른 사람에게 보인 것처럼 그 또한 살아난 것이라고 생각했던 것이다. 그녀는 예수가 이미 다른 방식으로 경배해야 할 불멸의 몸을 입었다는 사실을 몰랐다. 예수는 이 새 몸을 결코 불신자에게 내어주지 않았으며, 그 누구도 이를 만지지 못하게 했던 것이다. 예수는 인간이 외적이고 육적인 사랑으로부터 점차 벗어나기를 바랐다. 그는 말했다. "나를 만지지 말라. 이 몸은 비록 십자가에 달렸던 그 몸이나, 이제 죽지 않을 영광을 찬란히 입었다. 그대의 열망 그리고 지금 그대를 근심하게 하는 것은 나의 육신을 향한 것이다. 나는 아직 아버지에게로 가지 않았으나, 그 일이 일어나면, 나는 너희들에게 위로의 영을 보낼 것이라. 그 영은 너희들을 완전하게 할 것이며, 나와 영적으로 함께하기에 합당하게 할 것이다. 지금으로선 네가 나를 보았고, 나의 말을 들었다는 것으로 충분하다. 그러나 너는 먼저 나의 형제들에게 가야 할 것이다. 그들은 나의 죽음에 절망하고 있다. 나의 눈길이 너에게 선사한 기쁨, 바로 그 기쁨을 가장 먼저 그들과 나누어라. 그들에게 내가 부활하였으며, 며칠간 그들 곁에 머무르다 나의 그리고 너희들의 하나님께 올라갈 것이라는 이 말을 전하여라."

에라스무스는 복음서 저자가 했던 것처럼 이야기를 단순하게 끝맺지 않았다. 그는 이야기를 풀어 쓰는 동시에 해설을 덧붙였다. 요한에 따르면 예수는 마지막에 그가 아직 아버지에게로 돌아가지 않았다고 밝히며 마리아에게 당신의 나타남을 전하라고 말한다. 그러나 에라스무스는 여기에 머무르지 않는다. 에라스무스의 그리스도는 이렇게 덧붙인다. 마리아는 제자들에게 자신의 기쁨을 나누어야 한다고. 그리고 마리아에게 위로의 말을 전하는데, 이는 또 다른 성서 구절(요

14:26)을 암시하고 있다. 요컨대 그가 아버지에게로 돌아가고 나면, 성령을 보낼 것이니 바로 그 성령이 용기를 줄 것이라고.[5] 그런데 무엇보다 한 가지가 눈길을 끈다. 예수는 마리아를 근심과 슬픔으로부터 부활을 기뻐하는 믿음으로 부드럽게 이끈다. 조금씩, 조금씩 예수의 인도를 따라 마리아의 신앙과 지식이 성장한다. 마리아의 지식은 가장 먼저 육적인 예수를 향해 있었다. 이것이 틀렸다는 것은 아니나, 아직 완전한 통찰에 도달하지 못했을 뿐이다.

한편 루터는 이 이야기를 다른 방식으로 해석한다. 그의 한 설교에 따르면 마리아는 예수를 잘못 이해했으며 비난받아 마땅하다. 루터는 이렇게 말한다.

그리스도는 이 말씀(나를 만지지 말라)을 통해 마리아가 옳지 않고 틀린 생각을 가졌음을 지적하고 이를 고치려고 하셨다.[6]

5   LB VII, 642f.
6   WA 28, 455:34f.

신앙은 성장해야 한다

여기서 우리는 루터와 에라스무스 사이의 매우 중요한 간극을 보게 된다. 루터는 압도적인 회심의 경험 안에서 자신의 개혁 신앙을 다듬었던 인물이다. 그에게 신앙의 문제는 언제나 분명한 선택을 요구했다. 신앙이란 언제나 예, 아니요, 혹은 맞다, 틀리다의 문제였다. 당시 사람들은 신앙 교육의 문제를 입교자의 지식 성장에 맞추고자 했고, 루터를 비롯한 종교개혁자들은 교리 문답집의 형식을 통해 이런 과제에 괄목할 만한 모범을 남겼다. 신앙이란 항상 동일한 것이었다. 신앙은 개인의 삶에서나 역사 안에서 발전되지 않았다. 프로테스탄트 교리 문답은 그런 전제에 따라 구성되었다. 교사 혹은 가장은 이미 답이 정해진 질문을 던졌고, 이는 간결하며 분명하게 하나의 단일한 믿음으로 연결되었다. 루터는 전능한 창조주로부터 신앙의 물음을 던졌다. 아이에게 신앙에 관해 물으면, 아이는 이렇게 대답한다.

나는 하나님이 나를 창조하셨음을 믿으며, 그분이 나를 모든 악에서 구하시고 지켜주신다는 것을 믿으며, 이 모든 것은 나의 공로나 가치가 아닌 오직 아버지 하나님의 선하심과 자비로우심을 통한 것임을 믿습니다. 이 모든 것으로 인하여 하나님께 감사하고 찬미를 드리며, 하

나님을 섬기고 그분께 복종하여야 한다는 사실이 참임을 믿습니다.[7]

칼뱅은 이렇게 물었다.

어떤 의미에서 하나님을 전능하신 분이라고 부르는가?

아이는 대답한다.

그분이 하실 수 없는 것을 하실 수 있는 힘이 있기 때문이 아니라, 모든 것을 그분의 권능과 손아래 두셨다는 의미입니다. 그분은 당신의 섭리에 따라 세상을 다스리시며, 그분의 의지에 따라 모든 것을 결정하시고, 정해진 바대로 만물을 주관하십니다.

교리 교사는 이렇게 묻는다.

그렇다면 전능하신 하나님은 가만히 계시지 않고, 그분의 손을 언제나 움직일 수 있도록 들고 계시는가? 그리하여 모든 것은 그분의 의지와 명령에 따라 일어나는 일이라고 생각하는가?

---

7   BSLK, 510f.

아이는 대답한다.

"그렇습니다."[8]

에라스무스의 교리 문답은 완전히 다른 방식으로 진행된다. 배움을 갈망하는 젊은이가 묻고 교리 교사가 대답한다. 질문은 또 다른 질문으로 이어진다. 그렇게 신앙의 깊이를 늘려가는 것이다. 신앙의 배움에는 최종적인 완성도 검증도 없다. 그러나 신앙은 언제나 자라나고 성숙한다. 교리 교사는 학생을 격려한다.

> 내가 씨를 뿌리고 물을 주었으니, 이제 하나님께서 좋은 결실을 맺도록 성장시켜주시기를 빈다.[9]

신앙이 신앙인 개개인의 삶 가운데 자라나야 하듯, 그것이 그리스도를 향한 구원사 안에서 자라나야 한다고 에라스무스는 생각했다. 구약성서의 족장들과 예언자들은 하나님을 어슴푸레 인식했을 뿐이다. 그리스도가 세상에 오고 나서야 하나님의 사랑이 온전히 드러났다. 그리스도는 역사와 신앙의 중심에 위치한다. 모든 것은 그리스도로

---

8   BSRK, 118:40-48.
9   ASD V-1, 236:904f.

부터 나와 그리스도에게로 향한다. 그래서 교회사 속의 신앙은 언제나 그리스도와 새롭게 만나야 했고 지금도 그렇다. 이미 복음서 저자들이 신앙을 각자 자신의 방식으로 표현했다. 에라스무스는 이를 들어 요한복음 저자가 왜 이미 존재하는 세 복음서와 다른 방식으로 또 하나의 복음서를 기록했는지 설명했다. 이유는 이러하다. 다른 복음서 저자들은 예수의 신성을 단지 모호하게 이해했다. 그리고 그것이 "그들의 시대에는 타당했다." 그들의 시대에는 삼위일체 하나님을 고백하는 것이 다신교를 수용하는 것처럼 보이기 쉬웠다. 요한에 이르러서야 그리스도의 신성을 공개적으로 고백하게 되었다.[10] 더 오래된 복음서들이 보이는 조심스러운 태도는 전혀 유감스러운 결점이 아닐 뿐더러, 오히려 하나님의 구원 의지에 부합하는 것이라고 에라스무스는 생각했다.

> 복음을 믿는 믿음이 점차 굳건해지기 위해 하나님께서는 먼저 시대의 진보와 인간이 이를 받아들일 수 있는 범위를 따라 필멸하는 인간에게 믿음을 허락하셨다.[11]

종교개혁자들의 입장은 완전히 달랐다. 그들은 신앙이 불변하며 언

---

10   LB VII, 497E.
11   LB VII, 498B.

제나 같은 것이라고 생각했다. 이런 입장은 교부 아우구스티누스의
전통을 따르는 것이었다. 아담은 이미 낙원에서 완전히 그리스도교
적 신앙을 가지고 있었다. 루터의 말을 빌리면 이렇다.

아담은 이미 우리와 같은 한 사람의 그리스도인이었다. 즉 그는 바로
우리가 믿는 그 그리스도를 믿었다. 왜냐하면 시간은 신앙의 차이를
만들지 않기 때문이다.[12]

츠빙글리의 뒤를 이어 취리히 교회의 담임목사(Antistes)가 된 하인리
히 불링어는 "그리스도교 신앙은 태초부터 지속되어왔다"는 주제만
으로 책을 한 권 썼다. 그에 따르면 아담에게는 이미 "우리 주 그리스
도에 대한 믿음과 지식이 있었고, 그는 그리스도 안에 깃든 신성과 인
성을 인식했다."[13]

그래서 루터는 1534년에 에라스무스가 용서할 수 없는 죄를 지
었다고 비난했는데, 바로 그가 (오늘날의 역사가들같이) 교부 힐라리우
스 시대까지 다시 말해 기원후 4세기 중반까지 삼위일체 교리가 완전

◇◇◇◇◇◇◇◇◇◇◇◇

12   WA 24, 100:3-11, 22-24.
13   Heinrich Bullinger, *Das der Christen gloub von anfang der waelt gewaert habe, der
       recht waar alt vnnd vngezwyflet gloub sye, klare bewysung* (Zürich, 1539), folio B6v.
       또한 라틴어 성서 *Biblia Sacra utriusque Testamenti* (Zürich, 1539), folio A2r 및
       A3v에 나온 불링어의 서문을 참조할 것.

히 전개되지 않았다고 주장했다는 이유에서였다.[14] 에라스무스는 종교개혁자들을 비난했다. 16세기의 교회 공동체의 방향을 사도 시대에 두는 등 어떤 역사 인식도 없이 역사의 바퀴를 거꾸로 돌리려 한다는 점에서였다. 에라스무스의 비판에 관해서는 앞으로 살펴보게 될 것이다.

에라스무스는 1522년과 23년에 걸쳐 조속히 출판한 복음서 주해를 유럽에서 가장 영향력이 큰 네 명의 통치자에게 헌정하면서 서문을 통해 그리스도교 지도자로서 그들이 어떤 책임을 지고 있는지 일깨웠다. 에라스무스가 가장 강력하게 호소한 것은 평화였다. 군주의 가장 큰 의무란 전쟁을 피하고 공공의 자유에 가해지는 공격을 막으며 백성을 지켜 굶주리지 않게 하는 것이라고 그는 말했다. 좋은 가르침이었다. 그러나 야심 가득한 젊은 제후들이 귀를 기울일 리 없었다. 그들은 하나같이 이를 따르지 않았다. 연로한 황제 막시밀리안이 사망하자마자 두 젊은 통치자인 합스부르크 왕가의 계승자 칼 5세와 프랑스 왕 프랑수아 1세가 이탈리아의 지배권을 놓고 격렬한 투쟁을 시작했다. 그렇게 유럽 절반을 끔찍한 전쟁으로 몰아넣을 전쟁의 서막이 올랐다.

14   WA Br. 7, 34f.

개혁 운동

바젤은 전쟁의 피해를 피해갔다. 그러나 교회 개혁을 둘러싼 투쟁에 휘말리기 시작하는 것은 피할 수 없었다. 이 투쟁은 사회·정치적 문제와도 위험하게 결합된 것이었다. 처음부터 시의회가 문제에 개입했다. 시의회는 1521년에 첫 루터파 설교자를 해임하였으나,[15] 모든 성직자들에게 루터의 주장대로 오직 성서에 입각해 설교할 것을 요구하는 한편 논쟁에서 손을 떼라고 주문했다.[16] 1522년 종려주일에 한 의사가 누구나 알 법한 성직자들과 함께 사순절 계율을 어기고 새끼돼지 통구이를 먹어 추문이 일었다. 그들은 에라스무스도 생선 알러지 때문에 사순절에 닭고기 수프를 먹지 않았느냐며 항변했다. 사실 에라스무스는 이 문제로 교황의 관면을 받아 놓은 상태였다. 에라스무스는 곧바로 대응했다. 그는 글을 통해 사순절의 계율을 어긴 이들의 경솔함을 비판했다. 하지만 원칙적으로 그는 그들과 입장을 같이했다. 사순절 계율은 해소되어야 한다. 다만 그런 개혁은 교회 내 결정권을 가진 자들과 함께, 그들을 통해 추진해야 한다는 것이었다.[17]

〰〰〰〰〰〰〰

15 *Die Amerbachkorrespondenz* (ed. by Alfred Hartmann; Basel, 1943), vol. II, Nr. 879, 388:18-20; *Chronik des Fridolin Ryff* (ed by. Wilhelm Vischer, Alfred Stern; Leipzig, 1872), Basler Chroniken I, 33f. 또한 Rudolf Wackernagel, *Geschichte der Stadt Basel* (Basel, 1924), vol. III, 328 참조.

16 BRA I, Nr. 104, 38; Nr. 105, 38-40; Nr. 129, 48-50.

17 ASD IX-1, 19-50, 특히 48:915-947. 같은 책 3-12의 Cornelis Augustijn의 서

취리히에서도 사순절 계율을 어기는 일이 발생했고, 1522년 여름 츠빙글리는 한 소책자를 통해 콘스탄츠 주교와 결별했다. 콘스탄츠 주교는 영향력 있던 인물로, 에라스무스는 그를 통해 자신의 개혁안을 실행에 옮기고자 기대하고 있었다. 충격을 받은 에라스무스는 젊은 날 자신을 존경해 마지않던 츠빙글리에게 편지를 썼다.

> 영광스런 복음의 이름으로 자네에게 간청하네. 자네가 오직 이를 사모한다는 것을 알고 있네. 그리스도인으로 불리는 누구든 그렇게 하는 것이 마땅하네. 앞으로 무언가를 할 일이 있거든, 진지한 사안은 진지하게 다루시게. 복음을 따라 자제력 있고 신중하게 언급하시게. 무언가를 대중 앞에 내놓기 전에 학식 있는 동료들과 상의하시게. 자네의 변론서가 커다란 위험을 끌어들이고 복음을 해칠까 두렵네. 조금만 읽어보았는데도 여기에는 내가 자네에게 경고하고 싶었던 것들이 많이 보인다네. 자네는 현명한 사람 아닌가. 이를 긍정적으로 검토해볼 것이라고 믿네. 자네를 깊이 생각하는 마음으로 늦은 밤까지 썼네. 잘 있으시게.
>
> _자네의 벗 에라스무스가, 누구보다 사심 없는 취리히의 사제 홀드리히 츠빙글리 선생에게.[18]

론을 참조.

18   Allen, Ep. 1315.

에라스무스의 격앙된 감정이 드러나는 편지지만, 한편으로 친구 사이인 연상의 인문주의자와 연하의 취리히의 사제 간의 이견이 얼마나 허물없이 논의될 수 있는지 보여주는 것이기도 하다.

편지는 에라스무스가 기대한 효과를 거두지 못했다. 11월 취리히에서는 한 무명의 문서가 등장했다. 제국이 교황 하드리아누스 6세에 맞서 봉기하도록 부추기는 내용이었는데, 에라스무스를 이단으로 몰고 있다는 속설이 돌았다. 실제로 로마에서는 어느 스페인 인문주의자가 에라스무스를 고발했으나 실패했다. 에라스무스를 후원하던 권력자들이 그를 보호했기 때문이다. 그런데 이 글을 쓴 사람이 홀드리히 츠빙글리였다. 에라스무스는 다시 펜을 들었다. 네덜란드 출신의 동향인으로 오래전부터 알고 지냈던 새 교황에게 루터 문제의 조언자로 나섰던 차였다. 인격적으로 나무랄 데 없는 사람으로서 교회의 우두머리가 된 그를 통해 자신의 개혁안을 추진해볼 수 있을 것 같았다. 그런데 츠빙글리가 교황을 도발한 것이다. 격분한 에라스무스는 곧바로 취리히로 보내는 편지를 썼다.

안부를 전하네. 친애하는 츠빙글리, 자네의 인간성에 부응하여 열정을 다해 충언하고자 하네. 많은 사람이 나의 조언에 귀를 기울이지 않네. 이 문제가 학문과 선한 사람들 그리고 복음의 일을 악화시키지 않는다면야 다른 이들의 경솔함 따위는 쉽게 넘겨버릴 수 있네. 그들은 어리석게 복음의 일을 지지한답시고 결국 이를 가로막는데, 그리스도의 가르침을 사라지게 하려는 사람조차 이보다 더 잘할 수 없을 지경으로 만들고 있네. 교황에 관해 참으로 말도 안 되는 또 다른 이야기가 나왔네. 이 글을 쓴 사람이 자신의 이름을 밝혔더라면 단단히 정신이 나간 사람이었겠지. 그래서 이 위험천만하고 어리석은 이야기를 무명으로 만들어낸 것이네. 만약 루터를 따르는 이들이 모두 이런 식이라면 나와는 끝장이 난 것이네. 몇 명이 되었든 간에. 이런 어리석은 짓거리보다 정신 나간 행동을 나는 여태껏 본 적이 없다네. 겨울의 추위가 나를 여기에 묶어두고 있는 게 아니었다면 차라리 어디로든 떠났을 것일세. 이런 타령을 듣고 있기보단 말일세. 잘 있게, 츠빙글리. 현명하게 그리고 용기 있게 복음을 따라 행동하게. 에라스무스가.[19]

놀라운 점은 에라스무스가 문제의 글을 쓴 사람이 누구였는지 분명히 알고 있었다는 것이다. 더 놀라운 점은 츠빙글리가 이처럼 뾰족한 편지를 받고서도 에라스무스와의 교우 관계를 유지했다는 것이다. 오히려 그는 계속하여 관계를 유지하고자 애쓰며 편지를 주고받았다.[20] 그러면서도 그의 개혁 노선을 고수했다. 1523년, 츠빙글리는 자신의 독자적인 개혁 성명이라고 할 수 있는 67개의 신앙 조항을 출판했다. 여기서 그는 오직 성서, 오직 그리스도라는 두 표어 아래 자신

---

19   Allen, Ep. 1327.
20   Christ-von Wedel (2007), 97 참조.

의 입장을 정리했다. 성서만을 인정해야 하고, 교회 전통에 따른 가르침은 폐지되어야 하며, 그리스도만이 구원의 중보이고, 성인 숭배는 우상숭배이며, 사제들은 구원을 중재할 수 없고 다만 말씀을 전할 뿐이라는 주장이었다. 에라스무스의 개혁안은 과격화되어 호전적인 투쟁의 구호로 탈바꿈하였다.

한편 황궁으로부터도 어두운 소식이 들려왔다. 칼 5세가 에라스무스를 매우 못마땅하게 생각하고 있다는 것이었다. 황궁에서 "황제의 고문"으로 활동하기는커녕 세계 도처를 떠돌며 하필이면 자유 도시 바젤에 정착했다는 이유였다. 보름스 의회가 단죄하고 저서를 소각한 루터파에 동조하고 있으니 당연한 것이 아니겠냐는 소문이 돌았다. 황제는 격노했고 에라스무스는 다시는 브라반트로 돌아가지 못했다.

에라스무스가 항변하다

1523년 에라스무스는 마르쿠스 라우리누스에게 편지를 보내 자신의 입장을 종합적으로 항변했다. 라우리누스는 뢰벤의 참사회원 중 하나로, 에라스무스의 가까운 벗일 뿐 아니라 황궁과도 우호적인 관계에 있던 인물이었다.[21] 에라스무스의 편지는 그가 어떤 사람이었는지 많은 것을 알려준다. 그는 자신이 방문했던 장소 모두를 정확히 나열했다. 그리고는 자신이 브뤼셀 가까이에 살고 있었을 때 황궁으로 가길 간절히 원했으나, 해야 할 일도 많았고 몸도 좋지 않아 그러지 못했다고 주장했다. 그리고 황제와 제국의 인사들이 자신에 대한 지지를 철회했다는 풍문도 사실과는 거리가 멀다고 덧붙였다. 실상은 오히려 정반대여서, 자신이 도처에서 교회와 제국의 권력자들에게 존경 어린 예우를 받고 있다는 것이었다. 일례로 황제가 자신이 『마태복음 주해』를 헌정한 것에 대해 매우 우호적인 사의를 표했다고 이야기한다. 늘 그렇듯 여기에서도 에라스무스의 자화자찬은 자신이 보기에도 지나치다고 느꼈을 정도로 과한 면이 있는데, 자수성가한 인물로서 어쩔 수 없는 부분이었다. 편지를 읽는 입장에서는 우스울 수 있지만, 에라스무스는 적대자들의 비방에 그렇게 대응할 수밖에 없었다.[22]

에라스무스는 항변을 이어간다. 보름스 제국 의회로 나오라는 명을 받고 가지 않은 것은 사실이다.[23] 에라스무스는 자신이 모든 질병을 예방할 수 없다는 걸 잘 알고 있으며 그런 건강 염려증 때문에 불참했다는 식으로 둘러댔고, 그 정도면 충분한 핑계라고 생각했다.

---

21   Allen, Ep. 1342.
22   Allen, Ep. 1342:264.
23   Allen, Ep. 1342:45-50.

6장 | 복음과 개혁: 바젤   183

선제후와 민중이
내 편일세!

유럽이 내 안마당이네.
왕들이, 황제와 교황이
나를 지지하지.
이보게, 마르틴,
자네는 왜 그렇게
지방 촌구석을
못 벗어나는가?

그렇게 사람들이 모인 장소에서 감염병이 돌곤 하는 법이라고, 자신의 병약한 몸을 감염병에 노출시키고 싶지 않았다고 그는 변명했다. 실제로 에라스무스는 툭하면 몸져누웠고 신장 결석까지 앓고 있었다. 문제는 이를 가지고 소설을 쓴 것이다. 그는 자신이 겪는 고통을 출산의 고통에 비유하면서 자신이 돌을 낳는 것 같은 통증에 시달리고 있다고 했다.[24] 이 편지 외에도 그는 도처에서 자신이 겪는 고통에 관해 장황하게 나열했다. 에라스무스는 신체와 관련된 문제들을 과도하게 걱정하곤 했다. 바젤에서 일흔 살의 나이로 품위 있게 세상을 떠난 그였지만, 그랬던 만큼 때 이른 죽음을 극도로 두려워했다. 죽어가는 이웃 곁에 머무르며 그들을 도와야 하는 성직자임에도 불구하고 감염병이 유행하기만 하면 이를 피해 달아났다. 또 잘못하면 사형 선고를 받을 수 있는 이단 심문에 걸려들지도 모른다는 두려움을 평생 떨치지 못했다. 상황이 불리하다 싶으면 가장 친한 친구도 배반했고 환대의 의무도 내팽개쳤다. 일례로 그는 세속 권력과 교회 권력 양쪽으로부터 쫓기다가 중병에 걸려 자신을 찾아온 울리히 폰 후텐을 끝내 외면했다. 물론 교회를 상대로 전쟁을 벌이다 실패하여 바젤로 온 후텐과 평화주의자 에라스무스 사이에 이렇다 할 접점이 있었던 것도 아니긴 했다. 그러나 에라스무스는 자신과 뜻을 같이하던 인문주의자 후안 비베스의 경우에도 그의 부모가 스페인에서 박해를

24   Allen, Ep. 1342:231-240.

받는다는 사실을 알고는 등을 돌렸다. 또 막역한 사이였던 콘라트 펠리칸과도 절교했다. 그가 개혁 진영에 가담한 후 성찬 논쟁에 걸려들었기 때문이었다.

보름스 회의에 불참하고 황궁으로도 가지 않았던 이유에 관해 에라스무스는 감염에 대한 공포 말고도 또 하나의 이유를 댔다. 황제가 자신에게 루터와 싸우라고 요구할까 두려웠다는 것이었다. 그러고 싶지 않았다고, 자신은 모든 반목과 투쟁을 싫어한다고 그는 강조했다. 그리고 싸움은 그리스도의 가르침에도 어긋날 뿐 아니라, 갈등을 피하려는 성향 자체가 자신의 "자연스러운 본능"이자 "극복할 수 없는 자연스러운 힘"이므로 이를 설명할 수는 없다고 해명했다.[25] 지금 개인적 영역과 공적 영역 모두에서 증오가 만연해 있고 전 세계가 반목으로 찢어지지 않았는가? 자신이 누구보다도 평화를 사랑한다고 자부하던 에라스무스는 이렇게 많은 변론을 써야 하는 자신의 처지에 대해 유감을 토로했다. 강요에 못 이겨 쓰는 것이라고 했다. 이런 단죄를 당하는 것에 대한 두려움, 수치를 당하는 것에 대한 두려움, 죽음에 대한 두려움, 저작물을 잃을 것에 대한 두려움에는 근거가 있었다. 자신을 추종하던 사람들 대다수와 달리 에라스무스는 평화롭게 눈을 감을 수 있었다. 그러나 그가 세상을 떠난 후 7년 뒤 그의 저작물은 로마 가톨릭 교회의 금서 목록에 올랐고, 프로테스탄트 정통

---

25   Allen, Ep. 1342:281-286 및 704-712행.

주의자들은 그의 책을 경멸했다.

자신이 직접 쓴 편지들을 다룬 방식을 보면 에라스무스가 얼마나 평판에 목을 매던 인물인지 알 수 있다. 1518년부터 에라스무스는 자신이 쓴 편지들을 출판하기 시작했다.[26] 친구였던 베아투스 레나누스가 프로벤의 인쇄소에서 출판 작업을 관리해주었다. 서로 주고받은 편지를 출판하는 것은 인문주의자들 사이에서 흔한 일이었다. 특정 주제를 놓고 두 학자가 주고받은 편지는 오늘날의 학술 논문 혹은 인터넷 토론과 크게 다르지 않았다. 하지만 에라스무스가 편지를 편집해 출판한 데는 다른 개인적인 목적도 있었다. 1529년부터 에라스무스는 직접 편집을 도맡아 하기 시작했는데, 학자들이 관심을 가질 만한 주제 말고도 다양한 주제의 편지들을 망라해 수록했을 뿐 아니라 무엇보다 명망 있고 널리 이름이 알려진 인사들과 주고받은 편지들을 포함시켰다. 그렇게 함으로써 명성을 높이는 한편 식자층 엘리트들이 원하던 수다거리를 제공해주었다. 이런 행위는 동시대인들에게조차 너무 심하다는 눈총을 받기도 했다. 어쨌든 에라스무스의 편지는 시장에서 꽤나 인기가 있었다. 워낙 문장력이 뛰어난 까닭에 실력이 부족한 사람들이 이를 예시로 참고하여 편지를 쓸 수 있었기 때문이다. 앞서 살펴본 마르쿠스 라우리누스에게 썼던 편지는 적어도

<hr />

26   Christ-von Wedel, "Briefe des Erasmus," *Schatzkammern der Universität Basel* (ed. by Martin Wallraff, Sara Stöcklin-Kaldewey; Basel, 2010), 70 참조.

두 통의 서로 다른 편지를 에라스무스가 결합한 것으로 보이는데, 답장으로 보일 만한 편지는 전해지지 않는다. 편지에서 에라스무스는 논란이 될 법한 물음들도 남겨두었다. 그만큼 대담했거나 적어도 별 신경을 쓰지 않았던 것 같다.

　오늘날의 독자들은 에라스무스가 루터파 이단이라는 혐의에 항변하기 위해 루터가 지옥에 떨어져야 한다는 식으로 악담을 했을 것이라고 생각할 수 있다. 적어도 루터의 가르침이 잘못되었다며 비판하지 않았을까? 그러나 에라스무스는 그렇게 하지 않았다. 그는 두려움이 많기는 했지만 신념을 저버리는 인물은 아니었다. 하지만 에라스무스는 편지를 쓰면서 이런 요소들을 그럴듯하게 말로 얼버무리는 데 능했고, 그렇게 해서 상대방이 꼬투리를 잡기 어렵게 만들었다. 라우리누스에게 보낸 편지의 출판본에 따르면, 에라스무스는 자신이 루터파라는 사실을 부인하면서도 루터가 교회를 치유하기 위해 많은 오류들을 지적해낸 공헌은 분명하다고 썼다.[27] 그는 가상의 루터파를 등장시켜 그와 함께 루터를 두고 이야기하는 방식으로 논의를 전개한다. 마치 『우신예찬』에서 우신을 두고 했던 것처럼, 가상의 인물이 이런저런 말을 하게 함으로써 자신은 책임을 피하는 방식이었다. 놀랍게도 에라스무스는 루터에 대해 옳다 그르다는 식의 판단을 하지 않는다. 루터파는 에라스무스가 두려움과 명예욕 때문에 루터의 선량한

27　Allen, Ep. 1342:712-714.

명분을 배반했다고 비난하곤 했는데, 에라스무스는 가상의 대화를 통해 이런 비난에 맞선다. 자신은 루터가 개혁을 추진했던 방식에 대해 늘 경고했으며, 교회 내부 문제를 성급히 판단하지 말고 모욕적인 언사를 사용하지 말라고 매번 권하고자 노력했다는 것이었다. 그런 저열한 인신공격으로는 사람들과 척을 질 뿐이라고 말이다. 즉 그는 루터의 명분을 해치려고 한 것이 아니라 오히려 그를 도우려고 했다는 것이었다. 안타깝게도 그 일은 실패하고 말았지만 말이다.[28] 독자를 위한 결론은 이렇다. 루터는 이단자가 아니다. 다만 그는 평화를 저버렸고, 그런 점에서 에라스무스는 루터에게 실망했다고 말한다.

자유의지 논쟁

루터의 주장 가운데 에라스무스가 지적한 부분은 단 하나, 의지에 관한 것이다. 의지는 신학적으로 늘 논란의 여지가 있는 주제였는데, 그는 이듬해 이를 더 확대하여 지적하게 된다. 에라스무스는 루터에 대해 입장을 분명히 하라는 압력을 받았고, 특히 교황의 압력을 더 이상 회피하기 어려웠다. 의지는 서구 철학과 신학에서 언제나 열띤 주목을 받던 문제였고, 21세기에 이르러서도 신경과학의 발전과 더불

◇◇◇◇◇◇◇◇◇◇◇◇◇

28   Allen, Ep. 1342:734-834.

어 새로운 반향을 일으키는 문제다. 물론 오늘날은 이런 물음이 내면의 영역에 국한되고 있다. 인간이 의식적으로 자유의지에 따라 행동하는지, 그리고 얼마나 자신의 행동에 책임을 진다고 할 수 있는지에 관한 물음이다. 한편 에라스무스와 루터는 인간이 자신의 구원에 관여할 수 있는지, 있다면 어느 정도까지인지에 관한 문제에 관심을 가졌다. 전통적인 교리에 따르면 인간은 구원을 받기 위해 하나님의 은총이 필요한데, 이 은총은 인간에게 선을 행할 능력을 부여한다. 다시 말해 인간은 하나님의 은총에 힘입어 스스로의 의지에 따라 선을 행할 수 있게 되고, 그렇게 구원을 얻는다는 것이었다. 루터는 선행이 아무것도 가져오지 못한다고 주장했다. 의지와 실천은 오직 하나님에게 달려 있을 뿐이다. 에라스무스와의 논쟁을 통해 루터는 자신의 입장을 극도로 강화했다. 인간은 자신이 원하는 방향으로 나아가는 것이 아니라, 악마나 하나님 둘 중 하나를 따라 이끌릴 뿐이라고. 인간은 삶을 통해 자신의 구원에 어떤 것도 기여할 수 없다. 이미 영원 전부터 영벌이나 구원 가운데 어느 하나로 예정되어 있을 뿐이다.[29]

　　에라스무스는 이 문제를 설명하는 설득력 있는 해결책은 없다고 주장했다. 그리스도의 탄생 이전에도 철학자들은 운명을 두고 설전을 벌였고, 예정과 자유의지 및 인간의 책임에 관한 문제를 둘러싼

◇◇◇◇◇◇◇◇◇◇◇◇◇◇◇

29　　WA 18, 635; 782. 의지 문제에 관해서는 Christ-von Wedel (2003), 167-181과 Christ-von Wedel (2013), 169-182 참조.

난관에 봉착했다는 것이었다. 에라스무스는 이 문제에 너무 많은 시간을 들이지 말아야 한다고 권고했다. 어떤 사람도 확답을 줄 수 없는 문제였기 때문이다. 차라리 모든 상황에서 최선을 다하지만 모든 공로는 자기 자신이 아닌 하나님께 돌리라고 권하는 것이 제일 낫다고 그는 생각했다. 에라스무스는 섬세한 비유 하나를 들어 설명한다. 한 아버지가 아직 제대로 걷지 못하는 어린아이를 이끌어주고 있다. 아버지는 아이를 팔에 안고 사과 하나를 보여준다. 아이는 사과 쪽으로 걸어가 보지만 이내 넘어지고 만다. 그러자 아버지는 아이를 사과가 있는 곳까지 데리고 가서 사과를 선물로 준다. 여기서 무언가 유의미한 일을 한 것은 아버지뿐이다. 하지만 아이 또한 무언가 의지를 보여주었다.[30] 의지를 이런 방식으로 이해하는 시각은 (비록 논쟁의 여지가 있었으나) "선한 의지"와 함께 루터의 칭의론에 부합할 수 있는 것이었다. 실제로 에라스무스는 얼마 후 기도에 관한 한 짧은 논고에서 루터의 주장과 동일한 방식으로 이야기한다.

구원이 행위에 달려 있다고 주장하는 것은 하나님을 찬미하는 것이 아니다. 하나님은 인간이 자신에게서 나오는 것은 아무것도 없다고 인정할 때 영광을 받으신다.[31]

◇◇◇◇◇◇◇◇◇◇◇◇

30   LB IX, 1215-1218C; 1244E.
31   ASD V-1, 122:36-40.

나아가 바울이나 루터와 마찬가지로 에라스무스는 인간이 오직 믿음으로만 의롭게 될 수 있다고 주장했다.[32]

1527년에 에라스무스는 이렇게 썼다.

자유의지가 없다고 주장하면 사람들에게서 선행을 할 의지를 빼앗을 수 있는 우려가 있다. 우리는 스킬라(역주: 그리스 신화에 나오는 좁은 해협에 사는 괴물로서, 카리브디스와 함께 2대 괴물로 불린다)를 마주하고 있다. 그런데 이를 피하려니 맞은편엔 더 무시무시한 카리브디스가 있다. 하나님이 전적으로 관대하게 베푸신 것을 우리 자신의 것처럼 여기는 것이다.

이처럼 에라스무스는 이 논쟁의 양편에서 각각 어떤 점이 유익하고 어떤 점이 우려할 만한 것인지를 모두 이해하고 있었다. 인간은 하나님의 은총 대신 자기 자신을 신뢰하면서 자신의 선행에 기대어서는 안 된다. 그러나 그렇다고 어차피 모든 것이 예정되어 있으니 실컷 즐기다 죽자는 식으로 무책임하게 방종의 노예가 되어서도 안 된다. 에라스무스는 언제든 문제를 단순하게 바라보지 않으려고 애썼다. 그리고 논쟁에서 관찰자의 입장을 견지하고자 했다.[33]

32   5장 각주 28 참조.
33   Allen, Ep. 1804:97-99. Christ-von Wedel (2013), 169-180 참조.

루터에 맞서 처음으로 쓴 논쟁 문서에서 인문주의자 에라스무스는 루터가 체면을 살리면서 답변할 수 있도록 탈출구를 열어놓았다. 에라스무스는 이를 루터가 아닌 멜란히톤에게 보냈다. 자신의 의도를 아는 멜란히톤이 이를 루터에게 전달하면서 잘 설명해줄 것이라고 생각했다. 멜란히톤도 이에 루터가 정도를 지키며 답변할 것이라고 약속해주었다. 그러나 막 결혼한 직후 일어난 농민 전쟁으로 한껏 심기가 불편해 있던 루터는 으레 그렇듯 당장이라도 물어뜯을 것처럼 신랄하게 대응했다. 루터의 답변을 읽고 에라스무스는 한숨을 쉬었다.

루터가 이렇게까지 누구에게 적대적인 글을 쓴 것은 처음이다. 언젠가 여자가 길들일 수 없는 남자는 없다고 썼는데 제대로 착각했던 것 같다. 밀월을 보내며 이렇게 독기 가득한 글을 쓰다니.

게다가 루터는 옛 우정을 생각해 이 정도에서 자제한 것이니 에라스무스가 "그에게 고마워해야 한다"고 했다.[34]

34   Allen, Ep. 1697:7-15.

회의

에라스무스가 루터에게 고마워해야 할 이유는 전혀 없었다. 루터는 신약성서의 편집자로 이미 명성을 날리던 에라스무스를 가리켜 신학적으로 자질이 없는 무신론자에 신성 모독자라고 맹비난했다. 루터는 특히 "에라스무스는 누가 뭘 믿든 상관하지 않는다"며 비난했다. "생명, 명성, 재산, 평판이 위협받는다면" 에라스무스는 곧바로 물러서 진리를 부인할 준비가 되어 있는, 원칙 따위는 안중에도 없는 이교 회의주의자라는 것이었다. 심각한 모욕이었다. 당시 그리스 회의주의 학파를 두고 만들어진 평판은 에라스무스의 시대까지도 이어져서, 꺼려야 할 것, 실로 반그리스도적인 것, 무엇보다 무신론적이라는 악담으로 이어졌다. 물론 이런 비난은 에라스무스가 어느 정도 자초한 부분도 있다. 그는 고대 회의주의자들이 권고한 것처럼 한 가지 주제를 여러 측면에서 바라보곤 했다. 신학 문제라고 예외는 아니었다. 의지의 문제에 있어서도 마찬가지였다. 에라스무스는 명시했다.

> 나는 융통성 없는 명제가 달갑지 않다. 침해할 수 없는 성서의 권위와 교회의 교령들이 허락한 부분에 대해서는 회의론자의 방식을 따를 것이다.[35]

---

35   LB IX, 1215D.

이에 루터는 분명히 대답했다.

> 성령은 회의주의자가 아니다. 그분은 의심이나 단순한 의견을 우리 마
> 음에 새기지 않는다. 성령은 삶 그 자체나 모든 경험보다 더 확실하고
> 분명한 굳건한 명제를 새긴다.[36]

인간의 이해 능력을 두고는 루터 또한 에라스무스와 마찬가지로 회
의적이고 대범했다. 그는 인간 이성과 성서에 대한 믿음 사이의 간극
에 관해 이야기한다. 믿음의 문제, 이를테면 성부, 성자, 성령 하나님
의 삼위일체에 대한 신앙적인 물음과 관련해서는 이성의 눈을 도려
낼 수 있다.[37] 모든 인간적인 것이 오류에 의해 왜곡되어 있다는 점에
는 두 사람 모두가 동의했다. 당대에 이미 혁명적인 주장이었다. 에라
스무스는『우신예찬』에서뿐만 아니라 그의 신학 방법론 기초를 담은
『방법』에서도 "인간적 지혜"를 가리켜 "어리석음"이라고 부른다.[38] 두
사람은 또한 확실한 앎은 오직 하나님의 말씀에서 찾을 수 있고, 인간
이 성서를 이해하기 위해서는 성령이 필요하다고 주장했다. 그러나
실천적인 측면에서 그들의 결론은 상이했다. 루터는 자신의 양심과
성서에 호소하며 교회의 가르침의 권위가 인간적 권위라고 배격했

◇◇◇◇◇◇◇◇◇◇◇◇◇

36   WA 18, 605:15-34.
37   WA 46, 545:18-22.
38   H, 234:7-10.

다. 그리고 성령이 명확하고 절대적인 해답을 제시한다고 주장했다. 그러나 기존 교회가 그의 주장에 동의하지 않고 오히려 그를 이단으로 단죄하자, 그는 교회에서 분리해 나왔고, 이는 교파 분열이라는 엄청난 결과로 이어졌다. 에라스무스는 신앙의 문제에서 자신의 판단도 잘못되었을 수 있다고 생각했다. 그래서 온 유럽을 혼란에 빠뜨리게 될 도화선에 불을 붙이느니 차라리 다수의 견해인 교회의 전통을 따르는 것이 낫다고 생각했다. 양심을 따를 것인지 말 것인지, 성서가 최고의 권위인지 아닌지는 너무나 자명한 문제였다. 이 점에 있어서는 루터와 마찬가지였다. 다만 에라스무스에게 문제가 되었던 점은 연약한 인간이 성령의 도움을 구한다고 하더라도, 성서 안에는 쉽게 이해하기 어려운 모호한 부분이 너무 많다는 것이었다. 그런 경우에 그는—신앙이 허용하는 한—고대 회의주의자들처럼 답변의 가능성을 열어놓고자 했다. 아니면 그리스도인으로서 수백 년 동안 교회가 합의해온 바를 받아들이는 편이 낫다고 생각했다.[39]

진리를 찾는 과정을 두고 루터와 에라스무스가 벌인 대결은 이후 수백 년간 신학자들 사이에 회의주의 논쟁을 불러일으켰다. 가톨릭 진영은 루터와 칼뱅이 교회의 전통과 권위를 거부하고 개인의 양

---

39   Christine Christ-v. Wedel, *Das Nichtwissen bei Erasmus von Rotterdam: Zum philosophischen und theologischen Erkennen in der geistigen Entwicklung eines christlichen Humanisten* (Basel, 1981), 특히 101-105 참조. 또한 Christ-von Wedel (2007), 104-106 참조.

6장 | 복음과 개혁: 바젤   197

심에 호소하는 바람에 진리를 신자 개인의 불확실한 주관성에 종속
되게 만들었고, 그 결과 파괴적인 회의주의와 교파주의의 문을 열어
젖혔다며 프로테스탄트 진영을 비난했다. 프로테스탄트 진영은 가톨
릭 진영이 교회의 권위를 내세워 하나님의 진리를 임의적 판단에 맡
기고, 이를테면 교황의 판단에 내던졌다며 그들이야말로 회의주의를
끌어들인 장본인이라고 비난했다. 사실 이는 교회가 오류를 범할 수
있는지의 여부와 연결된 문제였다. 그러나 이를 교회가 판단할 수는
없지 않은가? 이성적인 사람은 교회가 주장하는 진리를 의심해야 한
다는 것이 그들의 주장이었다.[40] 계몽주의자들에 이르러 이런 회의주
의적 사고는 더욱 힘을 얻었고 계속 발전했다.

　　에라스무스는 루터의 비난에 큰 상처를 받았다.[41] 그는 계속해
서 장문의 변론 두 편을 작성했다. 여기서 에라스무스는 회의주의로
그리스도교를 위협했다는 비난에 맞섰다. 그리고 자신은 그리스도
교 신앙인이며, 신앙을 위해 서슴지 않고 **목숨도 버릴 수 있다**고 주장
했다. 그러나 해결할 수 없는 물음에 관해서는, 즉 미심쩍은 해석밖에
없는 경우에는 회의주의자로 남기를 원한다며 고집스러운 모습을 보
였다. 성서가 분명한 해답을 내놓는 물음에 대해서는 어려움이 없다.
한편 교회가 결의한 것에 관해서라면 많은 사람들이 받아들인 전통

40　　Richard H. Popkin, *The History of Scepticism: From Savonarola to Bayle* (Oxford, 2003) 참조.

41　　WA 18, 605:1-20.

을 존중하도록 양심의 목소리가 명하는바, 수많은 교리 문제는 성서에 명확한 답이 없을뿐더러 이성의 힘에 의지하기도 어렵기 때문이다.[42]

에라스무스는 어떤 개혁을 원했나?

비텐베르크의 젊은 학자 멜란히톤에게 보낸 편지에서 에라스무스는 종교개혁 운동의 경과에 관해 분통을 터뜨렸다. 동시에 자신이 생각한 개혁이 어떤 것인지에 관해서도 밝혔다. 루터는 너무 공격적으로 접근해 모든 것을 극한으로 몰고 갔다. 루터의 불손함이 그의 선한 양심을 드러내는 것이며 그의 신랄함보다는 그리스도교의 타락을 탓해야 한다고 생각할 수 있겠으나, 에라스무스 자신은 언제나 솔직하면서도 도를 넘지 않게 행동하려고 애썼다는 것이었다. 그렇게 해야지만 주교들과 군주들의 호의를 얻을 수 있다고 했다. "그것이 언제나 나의 목표였다"라고 에라스무스는 썼다. 바젤에서 개혁을 주장하던 사람들에게 에라스무스는 꼭 캄페지오 추기경을 만나보라고 조언했다. 그는 정당한 문제 제기에 귀를 기울일 준비가 되어 있는 사람이었

---

42   LB X, 1258A-1263B; Allen, Ep. 1737:14-26. 또한 Christ-von Wedel (2013), 129f 참조.

다. 그리고 교황조차 생각하는 것만큼 그렇게 꽉 막힌 사람은 아니라고 에라스무스는 주장했다. 하지만 개혁자들은 "무언가 다른 계교"를 써서 그들의 명분을 몰아붙이려 했고, (몇몇은 차라리 수도원 담벼락 바깥으로 나오지 않는 것이 나을 것 같은) 수사들이 수도복을 벗어던지고, 사제들이 아내를 맞아들이며, 교회에서 성화상을 제거하면 복음의 가르침이 회복될 수 있다고 단순히 믿었다는 것이었다. 자신은 사제들이 품위를 지키면서 생활을 개혁하고, 악인들이 마음대로 죄를 짓게 하는 구실을 주지 않으면서 경건한 사람들을 교회 관행의 멍에로부터 자유롭게 해주고 싶었다고 에라스무스는 토로했다.

나는 이미 오랜 세월 너무나 당연한 것으로 익숙하게 행해온 것들을 점진적으로, 혼란 없이 개혁함으로써 모든 이들이 복음의 자유에 이를 수 있기를 바랐네.

루터는 눈에 거슬리는 모든 것들을 상대로 싸웠다. 그것이 어떤 상처를 입힐지는 돌아보지 않은 채 그렇게 했다. 교황은 적그리스도며 주교들은 악마고 교회법은 이단이라는 주장을 무지한 이들이나 멋모르는 젊은이가 들었을 때 얼마나 파괴적인 결과를 야기할지 생각이라도 했었을까.

지금 교회가 찢어지고 있는데 이보다 더 파멸적인 모습이 어디에 있는가? 얼마나 많은 지역이 끔찍한 혼란으로 빠져들고 있는가?

교회에서 성화상을 없애고 미사 형식을 조금 바꾸려고 이런 결과를 초래한 것은 그럴 만한 가치가 있는 일이었을까? 1524년 12월, 에라스무스는 그런 의문을 품고 있었다. 모든 것이 더 악화될 것 같다는 두려움이 그를 사로잡았다.[43]

에라스무스는 루터와 츠빙글리 그리고 바젤과 스트라스부르에서 종교개혁을 주도하던 이들이 더 많은 것을 바라고 있음을 너무나 잘 알고 있었다. 복음을 따라 사회 구조 전체를 급진적으로 뒤집어 놓기를 원할 것이라는 점이 눈에 선했다. 그러나 에라스무스가 보기에 이는 불가능했다.

하나님이 직접 세상을 바꾸시려고 할 때조차 불평거리는 끊이지 않을 것이네. 거슬리는 점을 개선할 수는 있지만, 완전히 없앨 수는 없는 법이지. 바다로 얼마나 많은 강줄기가 흘러들고 얼마나 많은 빗방울이 떨어지는가? 그러나 바닷물의 맛은 언제나 그 특유의 맛 그대로라네. 약이 때로 질병 자체보다 더 나쁘다는 사실은 말해서 무엇하겠는가?[44]

43   Allen, Ep. 1523:24-62.
44   같은 책 54-57행.

에라스무스는 여기서 종교개혁자들이 목표를 이루고자 사용한 수단을 약에 빗대고 있다. 요컨대 에라스무스는 하나님 나라가 이 세상에 속하지 않으며 급진적인 방식으로는 이 땅에 실현될 수 없을 것이라고 생각했다. 목적이 수단을 거룩하게 하지는 않는다. 인간은 이 세상에서 하나님 나라에 가까이 다가갈 수 있을 뿐이다. 그렇기 때문에 에라스무스는 온건한 방식의 투쟁을 택한 것이다.

편지의 서두에서 에라스무스는 인간이 어지럽힌 것을 그리스도가 가장 좋은 방향으로 이루어주실 것이라는 사실을 신뢰한다면서 "이 비극에 관여하고 싶지 않다"고 쓰지만, 한 가지 조언을 덧붙인다. 그는 "복음의 의무"를 저버리고 싶지 않다고 했다. 그러나 "혼란"의 선동자가 되고 싶지는 않았다.[45] 에라스무스의 조언은 그가 느끼던 무력감을 여실히 드러낸다. 이상적인 국가를 꿈꾸던 플라톤은 대중을 기만 없이는 통치할 수 없다고 생각했다. 그러나 에라스무스는 그렇게 하고자 하지 않았다. "그리스도인은 거짓말을 해서는 안 된다." 그는 외쳤다. 그러나 그는 또 이렇게 이야기했다.

대중에게 아무렇게나 모든 것을 사실대로 다 이야기하는 것도 적절하지 않다.[46]

---

45   같은 책 12-16행.
46   같은 책 84-87행.

참이나 거짓을 가리지 않고 정보를 순식간에 유통시키던 인쇄술의 시대에 에라스무스의 조언은 의심스러운 것이었다. 그리고 비현실적이었다. 루터와 마찬가지로 에라스무스도 이 인쇄술을 활용하는 데 그 누구보다 능한 인물이었다. 플라톤과 마찬가지로 정치와 사회를 뒤흔드는 진실을 억압할 수 있다고 여기던 에라스무스의 모습은 점차 극단적으로 치닫는 개혁 운동 앞에서 그가 얼마나 동요하고 무력감을 느끼고 있었는지를 드러낸다. 멜란히톤에게 보낸 편지에서 에라스무스는 자신이 개혁을 위해 했던 모든 노력을 과거형으로 표현했다. 온건한 방법으로는 바라는 결과를 얻을 수 없다는 사실이 점차 분명해진 것일까?

성상 파괴

에라스무스의 두려움은 현실이 되었다. 콘스탄츠 호수 남부에 있는 스위스의 공동 통치령(gemeine Herrschaft) 투르가우에서 어떤 사건이 발생했다. 투르가우 지방관(Vogt)이 야간에 한 설교자를 긴급 체포했다. 그는 개혁에 동조하던 인물로 사람들에게 인기를 얻고 있었다. 그를 지지하는 이들이 그를 구출하고자 했으나 실패로 돌아갔고, 그들은 인근 수도원으로 향해 그곳을 점령했다. 그리고 이팅엔의 부유한 카르투시오 수도원을 공격해 불을 질렀다. 취리히와 바젤의 설교자들은 더 이상 주교의 지침을 따르지 않았다. 주교의 명시적인 금지 명령이 있었고 또 바젤에서는 대학의 금지에도 불구하고 그들은 문제를 공론화했으며, 바젤에서는 시의회 곧 평신도회가 직접 논란이 된 교리 문제를 주교나 대학을 대신해 판단했다. 취리히 시의회도 미사를 폐지하고 수도원을 해산하면서 같은 방향을 따랐다. 취리히에서는 시정부 주관으로 교회에 대한 통치가 실행되었다. 사제들은 결혼했고 금식 규정은 철폐되었다. 바젤에서는 교회에 대한 급진적인 목소리가 담긴 서적들이 등장했다. 어떤 책들은 성찬례가 상징일 뿐이라고 주장하는 등 루터보다도 더 과격한 입장을 숨기지 않았다. 진영 간의 대립은 극도로 격화되었다. 1524년 3월, 취리히에서 성상을 파괴한 클라우스 호팅어가 루체른에서 참수형에 처해졌다. 6월 말부터는 곳곳에서 농민들의 봉기가 일어났다. 9월에는 이팅엔 사태를 두고 몇몇 명망 있던 이들이 새로운 가르침에 동조한다는 죄목으로 처형되었다. 그들은 단지 동요하는 교구민들을 진정시키려 했을 뿐 사태에 가담한 것도 아니었는데, 개혁의 필요성에 동의한다는 이유만으로 죽임을 당한 것이었다. 동요는 더욱 커졌다. 연방 안에서 내전이 일어날 것 같다는 두려움이 확산되었다. 바젤에서는 에라스무스의 열렬한 추종자이자 한때 신약성서를 같이 편집했던 소중한 동료 외콜람파디우스가 성인 및 성화상 숭배를 비난하는 설교를 시작했다. 취리히 시의회는 이미 성화상을 교회와 공공장소에서 철거했다. 에라스무스는 늘 그렇듯 익살로 의구심을 가린 채 이런 모습을 한 대화에 담아 평했다.

이 대화는 순례지 중 하나인 바젤 남서부의 한 마을에 자리한 슈타인 교회의 성모상이 글라우코플루투스라는 이에게 보내는 편지로 구성되어 있다. 글라우코플루투스는 그리스어로 올빼미라는 뜻의 글라우코스와 부(富)라는 뜻의 플루토스라는 두 단어를 결합해 라틴화한 이름인데, 이를 다시 에라스무스 시대 바젤 지역의 독일어로 읽으면 올리크 곧 울리히(츠빙글리)를 염두에 둔 언어유희가 된다. 성모의 편지는 이렇다.

루터의 추종자여, 그대는 실로 나에게 큰 봉사를 해주었구려. 성인을 부르는 것이 무익하다고 그렇게 사람들을 애써 설득하고 있으니 말이오. 지금까지 나는 저 부끄러운 줄 모르는 인간들의 기도 때문에 죽고 싶을 지경이었소. 내 아들이 이렇게 내 품에 안겨 있는 것으로 묘사되어 그런지, 아들은 언제나 아기일 뿐 모든 일은 어머니가 하는 것이라 생각하고 나에게 온갖 요구를 다 했었소.…날 처녀라고 부르더니 내가 부끄러워 입에 담지도 못할 일들을 청했소. 멀쩡한 젊은이라면 나이 든 중매인에게도 그런 말은 감히 못 하오. 어느 무역상은 스페인으로 장사하러 가면서 정부가 정조를 지키게 해달라며 기도하지를 않나, 학살을 위해 고용된 사악한 군인은 나에게 "거룩한 성모여, 전리품을 크게 한몫 챙기게 해주소서!"라고 외치지 않나, 도박사는 나를 불러 "좀 도와주십시오! 이번에 딴 돈 일부는 성모님께 바치겠나이다!"라고 하지 않나.

이 외에도 다양한 기도가 있다. 딱히 사악하지는 않지만 참으로 단순한 기도들이다. 잘생긴 남자를 만나게 해달라, 아기를 순산하게 해달라, 걱정 없는 노년을 보내게 해달라 등.

그러니 한 여인, 동정녀인 내가 홀로 선원들, 군인들, 상인들, 도박사들, 결혼하는 자들, 출산하는 자들, 관리들, 왕들, 농부들의 일을 다 신경 써야 한다는 말이오.…이제 이런 짐이 한결 줄어들었으니 그대에게 감사할 따름이오. 만일 이 편안함 뒤에 더 큰 불편함이 딸려오지 않았다면 말이오. 물론 요즘은 숨 돌릴 틈이 많아졌소. 그러나 사람들이 나를 공경하지 않는다는 것은 나에게 들어오는 것도 없다는 뜻이라, 한때 그들은 나를 "세상의 모후, 하늘의 여왕이시여!"라고 불렀지만 이제는 성모송 하나도 바치지 않소. 눈길조차 주지 않는단 말이오.…그러나 이런 것들은 아무래도 좋았소. 그대가 더 끔찍한 일을 꾸미고 있다는 사실을 몰랐다면 말이오. 듣자 하니 교회에서 마지막 성인 하나까지 끌어내리려고 한다지. 현명한 선택인지 잘 생각해보시오. 그대의 만행에 다들 속수무책일 줄 아는가? 이전에 끌어내린 베드로는 당장 천국의 문을 잠가버릴 수 있소. 바울은 검을 가지고 다니지. 바르톨로메오는 단도로 무장했지.…창과 막강한 검으로 무장한 기사 게오르기우스는 어떻게 맞설 요량이오?…나야 뭐 아무런 무장도 없긴 하오. 그런데 나를 내던질 수는 없을걸. 내가 품 안에 안고 있는 내 아들도 같이 내던져버리는 것이 될 텐데.[47]

혁신에 관한 의견

모든 사람들이 사태를 그렇게 웃어넘긴 것은 아니다. 바젤시의회는 갈수록 난관에 봉착했다. 연방은 취리히에서 일어난 사태에 관해 확실한 입장을 취하라며 바젤을 압박했다. 의회는 에라스무스에게 의견을 구했다.[48] 에라스무스는 고사하려고 했지만 바젤에 머무는 손님으로서, 더군다나 매우 정중한 요구를 거절할 수는 없었다. 그는 자신이 황제의 고문이었음에도 타당한 이유가 있어 입장을 표명하지 않았다고 강조했다. 평화를 사랑하는 지식인으로서 유럽 전역을 양 갈래로 찢어놓은 이 분쟁에 개입한다면 추가적인 대립과 불화만 야기하고, 자기 자신의 신변도 위험에 처할 수 있다는 까닭이었다. 이런 민감한 문제를 두고서는 어떤 진영도 만족시킬 수 없다는 것이었다. 하지만 그는 몇 가지 조언을 덧붙였다. 시의회가 일차적인 책임을 지는 질서

---

47 ASD I-3, 473:80-474:126
48 Christine Christ-von Wedel, "Das Selbstverständnis des Erasmus von Rotterdam als 'Intellektuelle' im städtischen Kontext des 16. Jahrhunderts," *Documenta Pragensia XXVII* (2008), 243-254. 여기서는 243-248.

유지에 관한 문제들이었다. 그는 문제를 세 가지로 압축했다. 출판 관련 문제, 사순절 규정 문제, 사제와 수사의 서원 문제였다. 이는 의회 뿐 아니라 에라스무스 자신과도 관련이 있는 문제들이었다. 우선 에라스무스는 나중에 프랑스어권 스위스에서 활동하게 되는 호전적인 종교개혁자 기욤 파렐(Guillaume Farel)이 쓴 어느 책을 금서로 지정해 달라고 시의회에 요청한 적이 있었다. 이 책이 그에 대한 인신공격을 담고 있었기 때문이다. 사순절 규정 문제와 관련해서는 이전에 사순절 규정을 어긴 사람들이 자신을 지목한 적이 있었다. 그리고 서원 문제와 관련해서는 한때 수사였던 자기 자신이 지금 수도원 대신 바젤에서 재속 사제로 자유롭게 살고 있다는 문제가 걸려 있었다.

도서 검열과 관련해서, 에라스무스는 인신공격성 도서와 혼란을 조장하는 도서만 검열의 대상으로 삼도록 권고했다. 그는 루터의 저서를 모두 금서로 지정하는 조치에 대해 공개적으로 반대 의사를 표명했다. 그렇지 않으면 비슷한 기조를 취하는 다른 책들, 이를테면 바젤 대학의 저명한 교수이자 성 마르티누스 교회의 사제였던 외콜람파디우스의 저서들도 금지해야 한다는 이유였다. 과도한 검열은 수많은 교회 예식을 둘러싼 견해 등 "상당수의 유용한 것들도 상실하게 할 수 있다"고 에라스무스는 주장했다. 양 진영은 논점을 둘러싸고 모두 유익한 것들을 남겼다. 인간이 만든 규정에 너무 의존하는 것이든, 현존하는 관습과 관행 전체를 부정하는 것이든 해롭고 그릇되다는 의견이었다. 전통적으로 수용되어 온 관습과 규범 및 예식 없이 국가의 안정을 도모하기는 불가능하다고 에라스무스는 주장했다. 그리고 구 미사 형식을 재도입하도록 취리히를 움직이라고 시의회에 권고했다. 그러면서도 동맹 도시와의 전쟁을 불사하는 방식으로 나아가서는 안 된다고 덧붙였다. 1525년 1월 9일에 열린 회의에서 바젤시의 회가 대표들에게 부여한 지침은 이를 따르고 있다. 성찬례의 거행과 관련된 문제는 교황에게 문의하도록 했다. 종교개혁자들은 성찬례를 거행할 때 빵과 포도주를 모두 받는, 양형 영성체의 방식을 취해야 한다고 강조했다. 그리스도가 수난 전 성찬을 제정했을 때 빵을 두고 자신의 몸이라고, 포도주를 두고는 자신의 피라고 말하면서, 제자들에게 자신을 기억하여 먹고 마시라고 명하였기 때문이다. 그러나 중세에 이르러 축성한 포도주를 흘리는 것을 꺼리는 풍조가 점차 확산됨에 따라 미사 시 포도주는 사제들에게만 제공되고 회중은 성체만 받는 관행으로 굳어졌다. 평신도에게도 포도주를 주어야 한다는 요구는 이미 후스파에 의해 본격적으로 제기되었고, 종교개혁자들도 이를 따랐다. 에라스무스는 이를 로마에 중재를 요청하면 간단히 해결될 문제라고 생각했다. 에라스무스는 또한 사순절 기간 중 고기를 사거나 먹는 것을 처벌해서는 안 된다고 강력히 권고했다. 이탈리아에서는 사순절 규정을 어긴 것을 문제 삼을 생각조차 하지 않는다는 것이었다. 자신이 한 행동이 공공의 평화를 어지럽히지 않는 한 양심에 맡기고 교황에게 금식 규정과 관련한 새로운 지침을 요청해야 한다. 그리고 이 문제에 관해 확신이 없거나 걱정되는 사람은 관할 주교에게 관면을 청하면 된다. 또한 사제의 독신 규정 폐지와 관련해서 에라스무스는 공의회의 결의나 교황의 교령을 얻어야 한다고 권했다. 모든 성직자에게 독신을 요구하는 것은 혼외정사만 조장할 뿐 의미가 없다고 보았다. 사목자로서는 좋은 사람인데 독신 생활을 할 수 없다면 결혼하는 것이 마땅했다. 하지만 수도원의 규칙을 많은 사람이 지키지 못한다는 이유로 또 성서에 없다는 이유로 수도원을 해산하는 것에는 반대했다. 수도 규칙이 필요한 사람들이 있었다. 이런 사람들은 괜히 세상에 나가 살게 하는 것보다 수도원에 가두어 두는 것이 모두를 위해 좋다고 에라스무스는 생각했다.

에라스무스의 조언을 요약하면 다음과 같다. 새로운 가르침이 하나님에게서 온 것인지 그렇지 않은지 확실해지기 전까지 세속 정부는 온건한 입장을 원칙으로 하되 소요를 조장하는 행태는 억눌러야 한다는 것이다.[49]

바젤에서도 개혁의 요구는 종교적인 것뿐만 아니라 사회적인 것이기도 했다. 시의회는 교회의 관할권을 간섭하여 성직자들 또한 시민법의 적용을 받도록 했다. 그렇게 함으로써 시의회는 교회의 재산을 통제할 수 있게 되었다. 1525년 5월 3일, 교외의 농부들이 도시 앞에 몰려와 복음의 자유를 부르짖으며 장원제와 농노제 폐지를 요구했다. 수공업 길드는 농민들과 연대했다. 시의회는 가까스로 봉기를

---

49   Allen, Ep. 1539.

막고 있었고 급진파들은 물러설 의향이 없었다.[50]

성찬 논쟁

그러는 동안 에라스무스는 또 다른 논쟁에 사로잡혔다. 루터의 옛 동료로 한때 루터와 함께 투쟁하다 갈라서고 작센 선제후령에서 추방당한 안드레아스 칼슈타트가 바젤에서 집필한 한 편의 성찬론이 도화선이 되었다. 이 문서에서 칼슈타트는 미사에서 빵과 포도주의 실체가 그리스도의 성체와 보혈로 변화한다는 화체설에 반대했다. 성찬 논쟁은 언제나 이 "실체"를 둘러싸고 벌어지곤 했다. 교회는 성체의 변화에서 우발성 곧 외적 형질은 그대로 남아 있다고 가르쳤다. 성체를 받는 이에게 그 실체는 그리스도의 몸이지만, 그것이 빵과 포도주라는 사실 또한 그대로였다. 그런데 칼슈타트는 여기서 한 걸음 더 나아가 실체 변화란 없으며, 이는 그저 그리스도의 영적 현존을 가리키는 표지일 뿐이라고 주장했던 것이다.[51] 이 문서가 바젤에서 출판되자마자 곧 성찬에서 그리스도의 현존을 상징적으로 이해해야 한다고 주장하는 문서들이 츠빙글리와 외콜람파디우스에 의해 잇따라 출판되었

50　　BRA I, Nr. 400-410.
51　　성찬 논쟁에 관해서는 Christ-von Wedel (2007), 115-134 참조.

다. 이것은 지식인 사회만 들쑤셔놓은 자유의지 논쟁과는 달랐다. 모든 그리스도인에게 해당하는 문제였기 때문이다. 성인 그리스도인이라면 누구나 연 1회 성체를 받고 조배해야 하는 의무가 있었다. 교회는 1215년 라테라노 공의회에서 화체설을 정통으로 승인한 바 있었다. 성체 변화를 부정한 문서들은 이에 상응하여 주목을 끌었다. 시의회는 이 문제 역시 바젤시의 존경받는 신학자인 에라스무스에게 조언을 의뢰했다. 지금은 에라스무스의 답변 가운데 일부만 남아 있는데, 이 내용을 통해 에라스무스가 어떤 사람이었는지를 알 수 있다.

> 존경하는 의원 여러분, 여러분의 요청에 따라 성찬례 제정에 관한 외콜람파디우스의 책을 읽어보았습니다. 저는 이 책이 학식 있고 분명하며 철저하다고 생각합니다. 저는 교회의 선언과 합의에서 이탈하는 것은 매우 위험하다고 여깁니다. 그러나 교회의 선언과 합의에 반하는 것이 경건할 수 있다면, 저는 이 책 또한 경건하다고 덧붙입니다.[52]

1525년 10월의 일이었다.

얼마 지나지 않아 에라스무스 자신이 성찬 논쟁에 휘말려들었다. 에라스무스의 가장 가까운 벗이자 그를 크게 존경하던 인물 중 하나이며 바젤 프란치스코 수도원장이었던 콘라트 펠리칸이, 이 위대

---

52   Allen, Ep. 1636.

한 인문주의자를 동경하다가 나중에 종교개혁자가 되는 폴란드의 귀족 청년 얀 라스키(Johannes à Lasco)에게, 에라스무스는 성찬례에 대해 츠빙글리와 외콜람파디우스와 같은 입장이라고 이야기한 것이다. 에라스무스는 소스라치게 놀랐다. 하지만 『주해』에서 성찬례의 상징적 해석을 부추긴 장본인이 바로 에라스무스인 것은 사실이었다. 『요한복음 주해』에서 에라스무스는 요한복음서 6장에 나오는 예수의 말씀을 이렇게 옮긴 바 있다.

> 나는 내 살과 피를 이 신비로운 연합의 상징으로 너희에게 남겨둔다. 이를 영적으로 먹지 않으면, 그 자체로는 아무것도 아니다.[53]

그뿐만이 아니었다. 이를테면 『마태복음 주해』에서 에라스무스는 성찬례에 대해 이렇게 썼다.

> 그리스도의 죽음을 가리키는 상징으로, 이를 통해 그리스도의 헤아릴 수 없는 사랑에 대한 영원한 기억이 제자들 가운데 새롭게 되도록 하는 것이다.[54]

---

53   LB VII, 551C.
54   LB VII, 133E.

또 고린도전서 11:25-26을 두고 에라스무스는 이렇게 썼다.

그리스도는 이 만찬이 당신의 죽음에 대한 기억과 영원한 연합의 상징이 되길 원하셨다.[55]

하지만 에라스무스는 츠빙글리나 외콜람파디우스와는 달리 조심스러웠다. 그는 결코 빵과 포도주의 성체 변화에 공개적으로 반대하지 않았다. 그렇게 했더라면 에라스무스는 로마뿐만 아니라 개신교에 반대하는 대학들, 황제, 모든 구교 제후들과 척지는 상황을 피할 수 없었을 것이다. 에라스무스는 이런 위험천만한 혐의를 받기 전에도 자신은 이미 "모든 신학자의 무리와 전쟁을 하는" 상황이었다며 자신을 끌어들인 펠리칸을 원망했다.[56] 프랑스에서는 에라스무스의 추종자 한 명이 이단으로 몰려 투옥되었다. 에라스무스의 저술 두 개를 번역했다는 이유였다. 파리 대학은 에라스무스의 저술에서 이단 혐의가 있는 부분들을 정리해 목록을 만들고 있었고, 스페인과 로마에서도 에라스무스의 저술이 단죄 위협에 직면해 있었다.[57] 에라스무스는 곧바로 펠리칸에게 구두와 편지로 대화를 시도했고, 결국 펠리칸은 입장을 철회했다. 한편 에라스무스는 부주의하게도 펠리칸과 교환한

◇◇◇◇◇◇◇◇◇◇◇◇◇

55   LB VII, 897B-C.
56   Allen, Ep. 1737:23.
57   또한 Allen, Ep. 1692; Ep. 1717:19-30 참조.

서신을 다른 사람에게 읽으라고 건네주었는데, 그 편지가 어느 날 출판되어 퍼져나갔고 에라스무스는 격노했다. 이제 논쟁은 공개적으로 확산되기 시작했다. 그리고 곧바로 에라스무스가 펠리칸에게 자신은 교회의 가르침에서 벗어나지 않았다고 주장한 편지가 날조라는 익명의 문서가 등장했다. 에라스무스가 그랬을 리 없다며, 에라스무스가 무엇이라고 썼는지는 모두가 알고 있지 않느냐는 것이었다. 이 문서의 저자는 츠빙글리였다. 그사이 펠리칸은 몸담고 있던 수도원을 떠나 프로테스탄트 도시 취리히로 향했다. 취리히에 새로 설립된 학교 "스콜라 티구리나"에서 구약성서를 가르치게 된 것이었다. 얼마 지나지 않아 1526년 봄에는 취리히에서 같은 주제의 문서가 익명으로 출판되었다. 에라스무스는 한때 가까웠던 벗 펠리칸이 이 문서의 배후에 있다고 생각했지만, 사실 이것은 에라스무스의 저작들을 열정적으로 번역하고 당시 취리히에서 목사로 시무하던 레오 유드가 쓴 것이었다. 그는 츠빙글리와 외콜람파디우스의 성찬 이해는 에라스무스 및 루터와 같다고 주장했다. 게다가 루터의 경우와는 달리, 유드는 에라스무스와 관련해서 상당히 그럴듯한 논거를 대기까지 했다. 어쨌든 이 글이 펠리칸의 저작이라고 생각했던 에라스무스는 매우 깊은 상처를 받았다. 그리고 이제 그는 개혁파도, 자신의 가까운 옛 벗들과도 결별한다. 레오 유드가 자신의 저작임을 밝히고 나섰으나, 에라스무스는 마음을 돌리지 않았다. 개혁자들에게 깊이 실망한 그는 더 이

상 그들과 관계를 맺으려 하지 않았다.[58]

바젤에서의 삶

그러나 에라스무스는 바젤에서의 생활에 만족했다. 이 라인강변의 도시는 아직 종교개혁에 명확한 찬성 입장을 밝히지 않았다. 그리고 에라스무스가 권고한 대로 중도 노선을 견지하고 있었다. 시의회는 다양한 형식의 예배를 모두 허용하되 오직 성서만 설교의 근거 자료로 삼도록 했다. 사제의 결혼은 허용되었다. 수도원은 시의회의 통제 아래로 들어갔지만, 해체되지는 않았다. 금식 또한 폐지되지 않았지만, 금식 규정을 지키지 않는다고 해서 불이익은 없었다. 이처럼 바젤 시의회는 다른 지역의 정부와는 근본적으로 다른 입장을 취했다. 한편 1524년 3월에 제국 의회는 금식 규정을 어길 시 투옥과 벌금으로 다스리기로 결의했다. 이에 투르가우의 지방관이 1524년 2월에 금식 규정을 어긴 세 명을 투옥하자 취리히 시의회는 이에 맞서 그들의 석방을 추진했다. 취리히는 한 걸음 더 나아가 금식 규정을 지키지 않도록 권장했을 뿐 아니라 아예 복음의 정신에 어긋난다는 이유로 금식

---

58   Allen, Ep. 1644. 한편 이 편지는 1527년 3월 18일자로 되어 있다. 또한 CWE 12, 485 참조.

규정을 지키지 못하도록 했다. 1529년 취리히 시의회는 몇몇 의원들을 추방하기까지 했다. 마침 신년 첫날이 금요일이었는데 그날 옛 가르침대로 금식 규정에 따라 생선을 먹었다는 이유였다.[59] 반면 바젤시의회는 에라스무스의 권고를 따라 1527년과 1528년에 법령에 이를 명시했다.

> 이에 관해서는 각기 신념대로 자유롭게 행할 것이다. 누구도 미사에 참석하거나 참석하지 않도록, 또 이 설교나 저 설교를 듣도록 강요받지 아니한다. 이는 각자의 양심에 따를 것이다.[60]

바젤시민들 사이에서 타오르던 종교적 문제에 관한 논쟁이 에라스무스가 1524년에 쓴 한 『대화집』의 내용처럼 우호적으로 흘러가기는 어려웠을 것이다. 이 대화에서 구교 신자 아울루스는 개혁을 주장하는 바르바티우스의 초대에 응하는 것을 두려워했다. 비록 그가 이미 자신의 정통성을 거의 설득하긴 했지만 말이다. 사실 그는 긴 대화를 통해 자신의 선량한 사도적 신앙을 입증했던 것이다. 이제 바르바티

◇◇◇◇◇◇◇◇◇◇◇◇◇

59   *Actensammlung zur Geschichte der Zürcher Reformation in the Jahren 1519-1533* (ed. by Emil Egli; Zurich, 1879), nrr. 499, 975, 1532, 1535; Alfred L. Knittel, *Die Reformation im Thurgau* (Frauenfeld, 1929), 35 참조.

60   BRA II, Nr. 740, 721:8-11. 또 같은 책의 Nr. 728; BRA III, Nr. 60, 50f; Nr. 87, 68 참조.

우스는 아울루스의 두려움을 진정시키고자 한다.

아울루스[교황파]: 하지만 내가 두려워하는 것은 누군가 내가 이단자의 편을 든다고 생각하는 것일세.

바르바티우스[개혁파]: 그러나 잘못된 신앙을 가진 이를 편드는 것처럼 경건한 일은 없네.

아울루스: 어찌하여 그런가?

바르바티우스: 잘못된 길을 가는 사람을 바른길로 돌리고, 죽은 사람을 살아나게 하는 일은 그 사람을 편드는 것이 아닌가?

아울루스: 실로 그러하네.

바르바티우스: 그러니 내 편을 들어주게. 그러면 자네의 두려움은 아무것도 아닌 것처럼 사라질걸세.

아울루스: 병든 이가 대답 하나는 기가 막히게 하는구먼. 알겠네, 가세. 자네와 함께 가지.

바르바티우스: 자네를 의사로 여기며 대접하겠네. 그것이 환자의 도리가 아니겠는가. 우리의 영혼이 이야기를 잘 나눌 수 있도록 우리의 배를 불려봄세.

아울루스: 길조가 있어야 할 것일세.

바르바티우스: 냄새나는 생선은 어떤가? 오늘 금요일인 것을 잊었는가?

아울루스: 이건 신앙고백을 벗어나는구려.[61]

마지막에 둘은 각자의 역할을 바꾼다. 종교개혁 지지자는 금식 규정을 존중하고, 교황 지지자는 관대하게 이것이 신앙고백의 문제가 아니라고 선언한다. 이처럼 에라스무스는 동시대 많은 이들과는 달리 서로 단죄하던 다양한 교파가 우호적으로 공존할 수 있을 것이라고 상상했다. 나아가 그는 이웃 종교인들과도 우호적인 관계를 도모해야 한다고 호소했다.[62]

유대인과 무슬림

1527년, 에라스무스는 교부 크리소스토모스의 짧은 글 몇 편을 그리스어에서 라틴어로 옮겨 『유대인에 대한 여덟 편의 설교』(*Acht Reden gegen die Juden*)라는 제목으로 출판했다. 그는 이 책을 포르투갈 왕인 주앙 3세에게 헌정했다. 포르투갈은 상대적으로 관용적인 국가라는 인식이 있었다. 많은 유대인들이 스페인을 떠나 포르투갈로 이주했다. 그러나 수도회들의 압박에 직면하고 스페인의 영향력도 의식하지 않

---

61   ASD I-3, 334-348.
62   6장 각주 63, 73, 80 참조.

을 수 없던 포르투갈에서 이런 친유대적 법률은 20여 년에 걸쳐 서서히 제한되었다. 에라스무스가 이런 변화를 알아차렸는지는 확실하지 않다. 그러나 이미 어려운 상황에 있던 유대인들의 처지가 더 악화되었다는 사실을 알고 있었음은 분명하다. 그는 헌정의 글에서 이와 같은 상황을 다루었다. 유대인과 공존해야 하는 이유는 사도 바울이 "온 이스라엘이 구원을 받게 되리라"(롬 11:26)고 확신했기 때문이다. "이 희망 안에서 우리는 그들(유대인들)을 보호합니다." 하나님은 당신이 선택한 백성을 결코 버리시지 않는다. 오히려 그들의 몰락으로 인해 옛 이방인이 구원을 얻게 되었다. 그러나 하나님은 마지막에 우리와 그들 모두에게 자비를 베푸실 것이다. 따라서 유대인을 그리스도교로, 구원의 길로 이끄는 책임은 이제 그리스도인이 된 옛 이방인에게 있다. 따라서 에라스무스는 막 식민지 개척의 길로 들어서던 이 신생 제국의 수장에게 이 책을 헌정하면서, 그리스도인들은 "반쪽짜리 그리스도인"인 튀르크인, 무슬림, 사라센인들을 친절하게 대하고 환대함으로써 그들이 온전히 복음을 받아들이도록 해야 한다고 호소했다.[63]

16세기에 그런 시각은 아직 널리 퍼지지 않았다. 크리소스토모스의 설교도 그런 내용을 지지하지 않았다. 애초에 이는 점차 많은 그리스도인들이 유대교로 개종하던 안티오키아의 상황을 지적하며 비

◇◇◇◇◇◇◇◇◇◇◇◇

63   Allen, Ep. 1800:234-280. 또한 롬 11:25-32 참조.

판하던 것이었다. 거칠고 신랄한 표현도 많았다. 에라스무스는 특히 유대인에 대한 적대적 수사로 가득했던 첫 세 편의 설교를 제외했지만, 나머지 다섯 편이라고 크게 다르지 않았다. 따라서 에라스무스의 헌정사는 본문이나 당시의 반유대 정서에 비추어서도 완전히 다른 어조를 보였다. 고대 이후 유대인들은 언제나 차별과 박해를 받아왔다. 중세 후기에 이르러서는 더 끈질기고 파괴적인 유대인 박해가 재개되었다. 유대인들은 도시와 국가에서 추방되었다. 바젤에서도 마찬가지였다. 무슬림의 처지도 별반 다르지 않았다. 유럽에서 무슬림은 악마로 취급되었다. 수백 년에 걸쳐 스페인에 정착했던 무슬림들은 개종과 이주 중 하나를 선택해야 했다. 1526년에 오스만 제국이 헝가리를 점령하면서 신성 로마 제국을 날이 갈수록 위협하자, 튀르크인과 그 종교에 대한 증오도 격화되었다. 비그리스도인 특히 유대인에 대한 우월감에 젖어 있던 16세기 사상가 대다수에게 관용이란 요원했다. 사실 이는 콘스탄티누스를 기점으로 제국에서 그리스도교와 유대교의 처지가 완전히 뒤바뀐 이래 이어져온 뿌리 깊은 정서였다. 크리소스토모스의 연설에도 이런 정서가 드러난다.

종교개혁 초창기의 루터도 이웃 종교에 관한 태도에 있어 다른 이들과는 다른 더 낙관적인 자세를 보였다. 1516년에 그는 로마서를 강의하면서 유대인을 개종하는 사명을 고취했다. 루터도 에라스무스와 같이 유대인 또한 하나님의 은총에서 제외되지 않는다는 바울의 구절을 인용했다. 물론 바울의 말에 모호한 점이 있다고 생각했지만 말이다.[64] 1523년에도 루터는 그리스도가 유대인으로 태어났다는 점을 들며 유대인에 대한 온건한 자세와 선교의 필요성을 호소했다.

> 유대인을 돕고자 한다면 교황의 법이 아닌 그리스도의 사랑의 법으로, 친절함으로 그들을 대하고 맞이해야 한다. 호소하고 간청하여 그들이 우리 곁에, 우리 안에 머물며 그리스도의 가르침과 삶을 듣고 보며 판단할 수 있도록 기회를 주어야 한다. 완고한 사람들이 있다지만 무슨 상관인가? 우리도 모두가 선량한 그리스도인은 아니다.

에라스무스와 마찬가지로 루터는 유대인이 사람이 아닌 개나 짐승처럼 취급받는 현실을 개탄했다.[65] 루터는 이미 종말이 도래했다고 믿고 있었다. 유대인도 돌아올 것이라고 바울이 예언한, 바로 그 마지막 날을 살고 있다고 믿었다. 이제 하나님의 말씀이 순전하게 선포되고 있으므로 유대인도 그리스도에게 돌아올 것이라고 루터는 확신했다. 루터의 주장은 상당한 반향을 불러일으켰다. 일부 학식 있는 유대인들도 루터에게 관심을 보일 정도였다. 그러나 유대인들은 그리스도교로 개종하지 않았다. 대신 루터의 말에 따르면 "완고하게" 뜻을

---

64   WA 56, 436:25-439:29. 츠빙글리 또한 롬 11:25-32에 대해 비록 모호하게 기록되어있기는 하나 유대인들 또한 구원받을 것이며 그리스도인들을 모방하며 믿음으로 이끌릴 것이라고 강조했다(Z 21, 74:14-75:30).
65   WA 11, 336:30-34; 315:3.

굽히지 않았다.[66] 그 결과 루터와 그를 따르던 사람들은 교황파 및 튀르크인과 함께 유대인도 세상의 종말에 하나님 나라에 저항하는 적그리스도의 도구라는 결론에 이르렀다. 우호적이었던 루터의 자세도 유럽인의 오랜 증오의 태도로 되돌아갔다.[67] 1526년부터 루터는 신랄한 언사와 비방을 동원하며 유대인들을 몰아갔다. 루터가 사용했던 악명 높은 수사법은 나중에 나치에 의해서도 똑같이 사용된다.[68] 1543년에 루터는 모든 그리스도인은 유대인과 상종하지 말아야 할 뿐 아니라 모든 그리스도교 국가는 유대인을 추방해야 한다며 열변을 토했다. 불행히도 루터의 주장은 모든 그리스도교 국가까진 아니어도 일부 프로테스탄트 국가에서 지지를 얻었다.[69] 루터의 성서 해석도 변화했다. 1543년에 루터는 바울이 마지막 날에 이스라엘이 구원받을 것이라고 의도하지는 않았다고 주장했다. 서신서의 분명한 언급에도 불구하고 말이다. 루터는 이렇게 썼다.

어떤 이들은 로마서 11장에 근거하여 모든 유대인이 세상의 종말에 돌아오리라는 환상을 품고 있는데 이것은 틀렸다. 성 바울은 결코 그

꼬꼬꼬꼬꼬꼬꼬꼬꼬꼬꼬

66   WA 8, 89-91.
67   루터교에서 유대인에 대한 태도에 관해서는 Thomas Kaufmann, *Luthers Juden* (Stuttgart, 2014), 특히 63-98 참조.
68   WA 19, 595-610.
69   WA 53, 417-552, 특히 538:1-13. 또한 6장 각주 67의 Thomas Kaufmann, 137 참조.

렇게 생각하지 않았다.[70]

루터가 보기에 이스라엘은 더 이상 "하나님의 백성"(Gottes volck)이 아니었다. 물론 실망하여 16세기에 다수가 공유하던 반유대 정서로 돌아선 루터는 혼자가 아니었다. 이런 정서는 지식인들 사이에도 널리 퍼져 있었다. 루터의 반대파로 위대한 학자였던 요한 에크는 1541년에 출판한 『어느 유대 소책자에 대한 반박』(Ains Judenbüechlins Verlegung)이라는 문서에서 한 발짝도 물러서지 않았다. 이 문서는 루터파 안드레아스 오지안더가 무명으로 출판한 어느 책자를 겨냥한 것이었다. 오지안더는 에라스무스를 따라, 아니 에라스무스보다 더 나아가 유대인에게 악의적 비방을 해선 안 된다며 열정적으로 호소했다.[71] 한편 에크는 오지안더에 대한 수사뿐 아니라 설교에서도 유대인에 대한 악담을 삼갈 줄 몰랐다.[72]

에라스무스는 달랐다. 그는 1523/24년에 쓴 짧은 자서전적 글 『생애 요약』(Compendium vitae)에서 유대인과의 우정을 꿈꾸기도 했다. 그때까지만 해도 근본적으로 차이가 없었던, 루터파와 루터 반대파 모두를 대하던 방식을 두고 에라스무스는 자신이 유대인을 대하는

70   WA 53, 580:7-9; WA 50, 336:13-17.
71   Heiko A. Oberman, *Wurzeln des Antisemitismus* (Berlin, 1981), 44-47 참조.
72   Johann Eck, *Christenliche außlegung der Evangelien* (Ingolstadt, 1532), 특히 folio
      CLr-CLIv, CXLVIIIr.

태도를 이야기했다.

나는 나보다 루터와 더 가깝다는 이유로, 혹은 더 멀다는 이유로 누군
가와 우정을 끊은 적이 없다. 호의적인 동료이자 벗이며, 내가 듣는 앞
에서 그리스도를 비방하지 않는다면, 유대인이라도 사랑할 수 있다.
나는 그런 사람이다. 분쟁을 끝내는 데는 그런 수완이, 그런 친절함이
더 도움이 된다고 생각한다.[73]

에라스무스가 실제로 그렇게 살았는지는 불확실하다. 그의 벗들 가
운데 유대인은 하나뿐이었고 그마저도 세례를 받은 사람이었다. 에
라스무스도 그 시대의 인물이었다. 유대인을 두고 에라스무스가 남
긴 적잖은 악평들이 전해진다. 가령 1516년에 에라스무스가 쓴 글에
따르면 프랑스만이

이단에 영향받지도, 보헤미아의 분파주의자들이나, 유대인, 혹은 [역자
삽입: 그리스도교로 개종한] 반쪽짜리 유대인 마라노에 감염되지도 않
았으며 튀르키예 인접 지역 사람들의 입김에도 영향을 받지 않았다.[74]

〰〰〰〰〰〰〰〰〰

73   Allen I, 17:34-39.
74   Guido Kisch, *Erasmus' Stellung zu Juden und Judentum* (Tübingen, 1969), Heiko A.
      Oberman (6장 각주 71), 48-51에서 재인용.

무언가를 머리로 주장하는 것과 실제로 그렇게 행동하면서 이미 박혀 있는 사고의 틀과 표현 방식을 고치는 일은 다른 문제라는 사실을 보여준다. 물론 상반된 표현도 언급될 수 있다. 3년 뒤 그는 보헤미아 분파를 매우 긍정적으로 묘사한다.[75]

에라스무스가 당대인과는 다르게 유대 종교와 문화를 나름대로 존중했다는 뜻은 아니다. 그는 유대교를 따르는 이들을 어디까지나 "반쪽짜리 그리스도인"(halbe Christen)으로 생각했다. 물론 그것도 당시 대다수의 시각에 비하면 진일보한 입장이었지만 말이다. 에라스무스는 유대교의 의례주의와 율법주의를 비난했다. 그는 지속적으로 그리스도교의 "유대교화"(Judaisieren) 곧 외적이고 형식적이며 율법적인 경건에 머무는 것을 지적하며 비판했다. 이 점은 크리소스토모스가 『유대인에 대한 여덟 편의 설교』에서 신랄하게 지적한 것과 더불어 루터가 초창기에도 나중에도 줄곧 주장하던 입장과 다르지 않았다. 다만 에라스무스는 4세기 교부 에우세비오스 이래 루터를 거쳐 계몽주의 시대에 이르기까지 서구 사회에 널리 퍼져 이어져온, 유대인들이 영원하고 참된 믿음에서 떨어져 나갔다는 입장에는 반대했다.[76] 에우세비오스는 구약성서의 족장들과 모세 및 예언자들은 이미 그리스도를 믿었으나 유대인들은 그런 참된 믿음을 저버렸다고 주장

75　　Allen, Ep. 1039.
76　　WA 7, 600:1-25 및 6장 각주 67 참조.

했다. 그래서 그들은 "그리스도를 박해한" 자신들의 죄에 대해 고통과 파멸이라는 정당한 형벌을 받고 있다는 것이었다.[77] 유대인은 저주의 상속자인 반면 그리스도인은 하나님의 약속의 상속자라는 결론은 당시에 매우 흔한 생각이었다.

에라스무스의 입장은 달랐다. 그는 선택받은 백성인 유대 민족이 하나님의 오랜 구원사에서 일역을 담당하고 있다고 생각했다. 구약성서의 유대인들의 경건은 그 시대에 하나님이 새기신 경건이었다. 모세와 예언자들의 가르침은 어떤 이방 철학자와 입법자의 가르침보다도 확실하고 안전하다. 그러나 이는 단 한 민족만을 위한 것이었고 "그 시대의 이해"에 맞게 "예형과 그림자로 가려진" 것이었다. 참된 구원으로 이끌기에는 아직 부족했다. 참된 구원은 그리스도에 이르러서야 실현되었다.[78] 그리스도의 가르침은 지상의 모든 사람과 민족을 향했기 때문이다. 그리스도의 기쁜 소식은 이스라엘 바깥에서 먼저 받아들여진 반면, 유대인은 그리스도를 믿는 것을 거부했다. 그러나 구원사는 이스라엘이 그리스도께로 돌아설 때 끝날 것이다. 에라스무스가 주앙 3세에게 쓴 헌정사는 이런 내용이었다. 그렇다고 에라스무스가 유대 종교를 그리스도교와 동등하게 두고 이해한 것은 아니다. 그러나 창조주는 모든 사람을 구원하고자 하며, 그렇기 때문에 모두가 형제자매라는 이해, 그렇게 공존할 수 있다는 이해는 획기적이었다. 유대인을 대하는 에라스무스의 자세에 특별한 점이 있다면 바로 이것이었다. 에라스무스는 유대인과 무슬림 등 이웃 종교인과 우호적인 공존이 가능하다고 생각했고 또한 이런 것을 소망했다. 그는 누군가를 만날 때 인간을 먼저 보았다. 종교는 다음 문제였다. 1530년에 에라스무스는 사람들이 튀르크인을 그리스도의 적으로 취급하면서 개처럼 대하고, 그들이 인간이라고 먼저 생각하지 않는다며 개탄했다. 종교와 관계없이 모든 사람을 인간으로 존중하고 호의를 베풀어야 한다고 그는 생각했다. 이는 특히 유럽인들이 새롭게 발견한 아메리카 대륙의 원주민에 대한 태도에 적용되었다. 에라스무스는 그리스도인을 자처하며 아메리카 원주민에게 도움과 발전이 되는 방식으로 그들을 대하기는커녕 수탈과 학대에만 급급하던 유럽인들의 모습을 비난했다. 그는 아메리카 토착민의 입장에서 정복자들을 묘사하면서 우월감에 도취되어 그들을 야만인 취급하던 유럽인의 모습을 폭로한다.

얼마 전까지만 해도 존재조차 몰랐던 사람들, 이제 우리가 총칼로 정복한 땅에 살며 우리가 약탈하는 부를 누리던 사람들이 우리를 어떻게 바라볼지는 상상하기 어렵지 않네. 그들에게 그리스도를 전하겠다면 이런 식으로 하지는 않을 것이네. 그렇다면 다르게 행동해야지. 우리는 그저 우리의 세력과 권력을 확장하고 부를 축적하려고 하는 것이네. 우리가 하나님보다 더 위에 두는 것들 말일세. 그리스도의 십자가를 고백하며 이토록 탐욕과 악행과 잔혹한 짓거리를 서슴지 않는 우리의 모습을 이 사람들은 똑똑히 보았네. 따라서 그들은 우리를 그리스도인은커녕, 인간도 아닌 짐승 보듯 할 것일세. 인간인 그들에게 달려드는 짐승 말일세.[79]

에라스무스는 사람들이 유대인과 무슬림 같은 "반쪽짜리 그리스도인"을 왜 그렇게 경멸하는지 이해하지 못했다. 그리스도인처럼 행동하는데 그리스도인이 아니라는 이유로 배척하는 태도도 이해할 수 없었다. 이 점에 관해서는 다른 곳에서도 언급한 적이 있다.[80]

바젤에서 보낸 세월은 많은 결실로 돌아왔다. 앞서 다룬 저작 말고도 에라스무스는 여러 편의 신앙 서적을 썼다. 『위로의 편지』, 『마리아 전례』, 『기도』, 『고해』, 『결혼』, 『그리스도인 과부』, 『수녀를 위한 책』 등이 그것이다. 『격언집』과 『대화집』에도 더 많은 내용을 추가했다. 1522년과 1527년에는 『신약성서 주해』도 증보했다. 1526년에는 교부 이레나이우스의 저작을 출판했으며, 1527년에는 암브로시우스와 아타나시오스의 저작들을 내놓았다. 1529년에는 아타나시오스 전집을 완성했다. 키케로와 세네카, 플리니우스와 플루타르코스와 같은

79   ASD V-1, 122-123, 특히 123:78-85.
80   ASD V-3, 52:393-398. 또한 62:614-620, ASD-3, 251:619 참조.

고전작가들의 비평집도 계속해서 출간했다.

신정론

신앙 서적이라고 해서 논란이 많은 민감한 문제를 다루지 않았던 것은 아니었다. 에라스무스는 1528년에 쓴『위로의 편지』에서 고트프리트 빌헬름 라이프니츠 이래 이른바 신정론(神正論, Theodizee)이라는 이름으로 불리는 문제를 다루었다. 이는 선하고 정의로운 하나님이 왜 이 세상에 악과 고통과 불행을 허락하시냐는 질문인데, 그 저서는 에라스무스가 경건을 어떤 방식으로 이해하였는지 많은 점을 알려준다.

이 문제는 이미 자유의지에 대한 루터와의 논쟁에서 중요한 역할을 했다. 루터는 하나님이 모든 것의 장본인이라는 것을 부정할 수 없었다. 고통과 불의도 마찬가지였다. 그러나 만물을 창조한 하나님이 악이나 잔인함과는 무관하다고 한다면, 이는 루터의 표현을 빌려 "우스꽝스러운"(lächerlich) 하나님을 믿는 것이었다. 그런 하나님은 전능하지도 않고 초월적이지도 않다고 루터는 생각했다. 그리고 그런 하나님은 경배할 필요도 없었다. 그러나 하나님이 악을 창조했다는 생각은 받아들이기 어려웠다. 루터도 이를 인정했다.

나는 이를 수차례 곱씹고는 절망의 늪으로 빠져들었다. 차라리 태어나

지 말았어야 했다고 생각했다. 그러나 이 절망이 얼마나 유익한 것인
지 그리고 얼마나 은총에 가까이 있는 것인지를 깨달았을 때, 모든 것
이 바뀌었다.[81]

이 비텐베르크의 개혁자는 성서에서 하나님이 자신을 잔인한 분이
아닌 사랑이 많으신 분으로 계시했다는 사실을 깨달았다. 그래서 루
터는 진노하고 파괴하는 하나님, 숨겨진 하나님(Deus absconditus)이라
는 교리를 도입했다. 당신의 말씀 안에서 계시된 하나님의 모습, 죄인
을 영벌에서 구원하려는 하나님의 모습 이면에 죄인을 영벌로 예정
하는 어둡고 가늠할 수 없는 하나님의 모습을 상정한 것이다.[82]

그러나 이것은 에라스무스가 상상도 할 수 없는 주장이었다. 그
는 통렬하게 비판했다. 악을 만들고는 악을 행했다는 이유로 자신의
피조물을 벌하려 하고 실제로 벌하는 하나님을 누가 사랑할 수 있겠
는가?[83] 하나님이 전지전능하다는 이유로 만사가, 즉 "선한 일뿐 아니
라 악한 일도" 하나님에 의해서 일어난 일이라고 믿는 사람은 "하나님
을 대놓고 잔인하고 불의한 분으로 묘사한 것으로 보인다. 경건한 이
가 듣기에 이보다 더 소름 끼치는 말은 없다(오류를 범할 수 있다거나 불

---

81   WA 18, 719:4-12.
82   WA 18, 685:25-686:2.
83   LB IX, 1217F; 1226B; 1228B-D, 특히 D; 1229A; 1230A; 1242F; 1246C-D 참
      조.

완전한 데가 있다면 신이 아니므로).”[84] 이는 자유의지를 다루며 했던 말이다. 에라스무스는 루터가 내적 갈등 끝에 도달한 결론 이면에 놓인 사고를 이해할 수 없었다. 루터는 철저한 절망의 경험과 하나님의 “가늠할 수 없는 진노”에 대한 깨달음이 도리어 하나님에 대한 전적인 신뢰로 이어진다고 생각했다. 절망은 하나님의 아들이 인간에 대한 순전한 사랑으로 인간을 대신하여 십자가에서 하나님의 진노를 받았다는 깨달음으로 이어졌던 것이다. 그러나 에라스무스는 루터를 끊임없이 괴롭힌 문제 자체를 경험한 적이 없었던 것으로 보인다. 오히려 그는 하나님이 그리스도의 수난과 십자가를 통해 이 세상의 모든 불행과 역경, 잔인함 가운데서도 사랑하시는 분이라는 확증을 주셨다는 믿음에서 출발했다. 그리스도의 십자가는 그리스도의 부활, 그리스도의 영광과 불가분의 관계였다. 그리고 당신의 영광으로 그리스도는 모든 신자를 이끌 것이었다. 『위로의 편지』에서 그는 이렇게 썼다.

사람들은 선량한 그리스도인이 전쟁으로 고통받고, 재산을 잃고, 방랑하며, 고문을 받고 때로는 죽임을 당하기까지 하는 모습을 봅니다. 그러면 불신자들은 “너희의 신은 어디에 있는가?”라고 묻습니다. 때로 그리스도인들도 이런 물음을 던집니다. 더 큰 문제는 이런 목소리가 우리를 끊임없이 괴롭힐 때, 그리하여 때로 하나님을 모욕하게 될 때

84   LB IX, 1245C-D.

최후의 심판에 하나님이 하실
마지막 말씀은 이것이라고 난 확신하네.
"모든 사람의 모든 잘못을 용서하노라."

에라스무스,
자네는 죄를 진지하게
여기지 않는군. 어느 날 크게
경을 칠 거이야. 지옥은 존재하네.
모든 불신자와 의심하는 자,
바로 자네 같은 자들을 위해
말일세!

입니다. 슬픔에 사로잡혀, 의기소침해져서, 하나님을 무자비한 분이라고, 불의한 분이라고, 인간의 고난에 관심 없는 분이라고, 선인들보다는 악인들을 더 살피시는 분이라고 생각하게 될 때가 있습니다. 악인들이 경건한 사람들보다 더 큰 성공을 누리곤 하니 말입니다. 그러나 이렇게 생각할 때 우리는 주님이 수난과 치욕을 지나 영광에 이르셨다는 사실을 이해하지 못합니다. 디모데에게 편지를 통해 "그리스도 예수 안에서 경건하게 살려고 하는 사람은 모두 박해를 받을 것입니다"라고 한 바울의 말도 잊어버리고 맙니다. 그렇게만 말했다면 우리는 영원히 절망 가운데 있어야 할 수 있겠으나, 바울은 고난이 장차 끝날 것이며 구원이 다가올 것이라고 말했습니다. 바로 이 시대에 말입니다.[85]

에라스무스는 이 세상의 고통과 악에서 하나님의 정의를 변론하기 위해 (또 하나님의 존재를 증명하기 위해) 그리스 철학이나 교부, 종교개혁자, 근현대 신학자들이 제시한 변증의 시도들을 필요로 하지 않았다. 교부 이레나이우스처럼 하나님이 예수 그리스도를 통해 개입하기 위해 악이 필요했다고 본 것도, 아우구스티누스와 중세 신학자들을 따라 악은 선의 부재라고, 최고선인 하나님에 참여하지 않으므로 악은 아무것도 아니라고 생각한 것도 아니었다. 츠빙글리를 따라 하

---

85   LB V, 610F-611A(시 79:10과 딤후 3:12 참조). 또한 ASD V-1, 235:881-899.

나님은 인간의 법률과 판단에 종속되지 않는 존재라고 주장하며 하나님의 "불의"를 해명하려고 하지도 않았다. 개보고 문란하다며 비난하지 않듯 하나님도 인간적 정의의 잣대로 판단할 수 없다는 것이 츠빙글리의 주장이었다.[86] 나중에 라이프니츠가 주장한 것처럼 악은 선을 보완하여 최상의 것을 이루기 위해 필요하다는 식의 설명도 하지 않았다.

에라스무스에게 하나님의 정의에 관한 골치 아픈 물음은 그리스도의 수난과 죽음으로 이룩한 영원한 구원에 대한 믿음으로 해결되는 것이었다. 에라스무스는 이를 하나님 당신의 수난으로 이해했다. 하나님은 우리를 위해, 우리와 함께 고난을 받으셨고, 이를 통해 당신의 사랑을 입증하셨다. 더 이상 설명할 것도 없었다. 신정론의 문제란 오히려 믿음으로 자신의 고난을 이겨내고 그리스도와 함께 이웃의 고난을 돌아보며 그들이 고난을 이겨낼 수 있도록 돕는 것에 관한 물음이었다.

에라스무스가 보편 구원을 주장하고 하나님의 심판을 가볍게 여긴다고 비판한 루터의 주장은 정곡을 찌른 것이었다. 이것은 루터만큼이나 로마 가톨릭교회도 반대한 교리였다.[87] 인문주의자 에라스무스는 보편 구원을 대놓고 가르치지는 않았다. 그러나 하나님의 선한

---

86   Z III, 842:30-843:15.
87   WA 18, 708:4.

자비에 대한 약속을 뒤흔들 준비도 되어 있지 않았다. 에라스무스에게 심판은 모호한 개념이었다. 죄인에게 하나님의 자비를 보여주는 교육 수단 정도였다.[88] 그리스도가 십자가에서 박해자들을 용서하고 그들을 위해 기도하지 않았나? "아버지, 저 사람들을 용서하여 주십시오. 저 사람들은 자기네가 무슨 일을 하는지를 알지 못합니다." 루터도 그랬고, 대다수 주석가들이 그랬던 것처럼, 에라스무스도 이 말을 근거로 예수를 따르는 사람은 다른 사람을 용서해야 한다고 주장했다. 그러나 에라스무스는 한 걸음 더 나아갔다. 그는 하나님의 자비에 희망을 거는 일을 결코 포기해서는 안 된다고 덧붙였다. 무슨 잘못을 저질렀든, 절망 끝에 밧줄을 선택한 유다의 길을 밟아서는 안 된다는 것이었다. 에라스무스의 해석은 모든 민족과 시대로 확장되는 용서에 대한 찬양으로 그 절정에 이른다.

우리의 대제사장을 보라.
그분은 당신 스스로를 참된 희생제물로 바치심으로
세상 만민의 죄를 사하셨고 모든 시대의 형벌을 짊어지셨다.
그러므로 이제 순전한 믿음으로
그분이 모든 이에게 주시는 것을 받아들이자.
우리의 불의를 고백하고, 우리를 향한 그분의 형언할 수 없는 선하심

88   Christ-von Wedel (2003), 172f.

을 찬미하자.[89]

결혼에 관한 이해

결혼도 치열한 쟁점이었다. 교회는 결혼에 관한 관할권이 있었다. 그 결과 약혼도 결혼과 동일하게 취급되었다. 이로 인해 중세 초기에는 결혼에 대해 가족이 지나친 영향력을 행사하는 것을 제한하는 이점도 있었다. 그러나 다른 문제도 생겨났다. 비밀로 결혼하면 그만이었다. 약혼이란 어차피 공적 행위가 아니었기 때문에 여러 곳에서 비밀리에 결혼하는 경우가 생겨났다. 또 결혼하겠다고 약속하면서 성관계를 요구하기도 쉬웠다. 그리고 그렇게 관계를 갖게 되면 그대로 결혼은 확정되고 취소할 수 없는 것이 되어버렸다. 결혼을 약속했다고 주장하는 젊은 여성과 친자 확인을 요구하는 소송 기록은 중세 판례에 많다. 이런 것은 증거도 없었기 때문에 여간 어려운 문제가 아니었다. 비밀 결혼은 심각한 사회 문제였다.

　여기에 결혼을 가로막는 여러 장애물도 있었다. 교회는 7촌 이내 친족과의 혼인을 금기시했다. 즉 고조부모가 같으면 결혼할 수 없었다. 이 규정은 친척뿐 아니라 사돈 관계 같은 인척에도 적용되었다.

89　　LB VII, 462E.

심지어 영적 친척 관계, 예를 들어 대부, 대자의 관계에 있는 사람들도 이 규정에 포함되었다. 재산이 있는 경우에야 돈을 내고 비교적 쉽게 관면을 얻을 수 있었으나, 그렇지 않다면 관면을 얻기 위해 오랜 시간 돈을 모아야 했고, 이마저도 어렵다면 포기하고 사실혼 관계로 지내는 수밖에 없었다.

게다가 교회는 결혼을 성례로 보았고, 그 결과 결혼이란 해소할 수 없는 것이 되어버렸다. 이혼하고 재혼하는 것은 불가능했다. 한번 이루어진 결혼은 배우자의 사망을 제외하면 해소할 수 없었다. 교회는 결혼 후에 침대와 식탁을 따로 쓰는 것은 허용하였으나, 재혼은 허용하지 않았다. 그 결과는 불행한 결혼 생활과 문란함이었다.

여기에 더 근본적인 문제가 더해졌다. 교회는 결혼을 성례로 보면서도 이를 독신 생활보다 열등한 것으로 여겼다. 1139년 이래 교회는 성직자에게 독신을 요구했다. 물론 "독신" 성직자의 방탕한 성생활은 공공연한 비밀이었다.

에라스무스는 이 모든 문제를 진지하게 다루었다. 그는 계속하여 비밀 결혼의 문제를 지적했다. 『결혼』에서 그는 비밀 결혼을 반대했다. 그리고 결혼이란 부모의 동의하에 공개적으로 이루어져야 하는 것이라고 주장했다. 당연히 결혼 당사자의 뜻을 거슬러서도 안 되었다. 1526년에 그는 이렇게 썼다.

물론 교회는 비밀 결혼을 인정하지 않는다. 그러나 이 시대에는 더더욱 그래야 한다. 당사자 부모의 동의가 없는 모든 비밀 결혼 계약은 일어나지 않은 것으로 간주해야 한다. 로마 시대에 공개적으로 감찰관 앞에서 했던 것처럼, 당사자 양편은 공식적으로 서약해야 한다. 나는 성서 어디에서도 자녀나 피후견인이 부모나 후견인의 뜻에 반해 비밀리에 결혼하는 예를 본 적이 없다.

그렇다고 부모가 마음대로 자녀에게 독신이나 사랑 없는 결혼을 강요할 권리가 있다고 주장한 것은 아니다.

후견인이나 부모는 피후견인이나 자녀의 의사에 반해 배우자를 지정할 권리가 없다. 다만 이 무모한 시대에 결혼이, 교회의 성례가, 술기운에, 사랑의 속삭임에, 포옹하며 던지는 세 마디 말에 좌우되는 지경에 이르러서는 안 된다는 뜻이다. 옛날엔 혼인 당사자에게 이렇게 물었다. "당신은 온 정신을 다해 이 사람이 당신의 배우자가 되기를 원합니까?" 그러나 마음이 사방에 흩어져 있는데 어떻게 온 정신을 다할 수 있겠는가?[90]

결혼의 장애물

마찬가지로 에라스무스는 결혼을 가로막는 요소를 줄이기 위해서도 싸웠다. 그가 이 문제를 다룬 방식은 흥미롭다. 종교개혁자들도 결혼을 가로막는 요소를 줄여야 한다고 주장하고 있었다. 그들은 성서를 근거로 "하나님의 법"을 들었다.[91] 레위기 18장에 따르면 결혼은 4촌 이내의 경우만 금기시되므로 이를 넘어서는 친족 사이의 결혼에는 문제가 없다는 것이었다. 이것은 "하나님의 법"이므로 그리스도인은 이를 따라야 한다. 아우구스티누스 이래 "하나님의 법"이란 신약성서가 증언하는 그리스도와 사도들의 가르침은 물론 (통용되는 자연법에 어긋나지 않는 범위에서) 구약성서의 도덕법을 포괄했다. 이는 어떤 상황에서도 변할 수 없으며, 모든 상황에서 관철해야 하는 것이었다. 전통적으로 공의회의 결의도 이에 포함되었는데, 종교개혁자들은 이에 동의하지 않았다. "하나님의 법"은 성서의 법만을 가리킨다고 그들은 주장했다. 레위기 18장은 더욱 그랬다.[92] 1540년에 하인리히 불링어

<hr />

91   "하나님의 법"을 비롯한 단락 전반에 관해서는 Christ-von Wedel (2013), 203-
       224 참조.
92   마르틴 루터와 관련해서는 WA 6, 553:22-555:30. 하인리히 불링어에 관해서는
       De sanctae scripturae authoritate (Zürich, 1538), folio 41r; 56v-63v, 특히 57v와
       62r. 전통과 관련해서는 토마스 아퀴나스,「신학대전」(*Summa theologiae*) I, 2, 93
       및 94, 특히 94a 5. 또한 Christine Christ-von Wedel, *Zum Einfluss von Erasmus
       von Rotterdam auf Heinrich Bullinger* (각주 91), 416-418 참조.

는 결혼에 관해 쓰면서 친족 범위에 관해 레위기 18장을 특별히 언급하며 상세히 설명한 바 있다.[93]

에라스무스는 다른 방식으로 다가갔다. 그 또한 물론 성서를 논거로 사용했다. 그러나 그는 이를 비평적이고 역사적으로 다루며 완전히 다른 유연한 방식으로 "하나님의 법"을 이야기했다. 에라스무스에 따르면 결혼은 1촌 관계에서나 금지된 것이다. "세상이 창조되었을 때는 남매 사이에서 자녀를 낳아야 할 수밖에 없었다. 그런 맥락에서 아버지를 범한 롯의 딸들도 용서받을 수 있겠다.[94] 그러나 인류가 늘어나자 결혼할 수 있는 범위는 줄어들었다. 그러나 레위기 18장이 전하듯…가까운 친족 범위에서만 금기시된다."[95] 사도 시대 이후 이런 금기는 더 확장되어 교회법의 광범위한 규정에 포함되었다. 에라스무스는 여기서 나오는 모든 복잡한 문제들을 다룬다. 그리고 그 안에 놓인 모순도 숨기지 않는다. 그의 결론은 다음과 같다.

아직 순결을 향한 열망이 그리스도인들을 이끌던 시대를, 아직 악이 창궐하지 않고 사랑이 식지 않았던 시대를 돌아본다면, 교황이 가르치는 결혼 규정은 적절했으며 경건했다고 할 수 있다. 그러나 우리 시대의 현실 곧 허다한 이들이 결혼이라는 족쇄에 발목이 잡혀 있는 그리

---

93 Heinrich Bullinger, *Der Christlich Eestand* (Zürich, 1540), folio C1v-D4v.
94 창 19:30-38과 Petrus Lombardus, 「명제집」(*Sententiae*) 4, 33c1 참조.
95 LB V, 637E.

스도교 세계의 오늘을 바라본다면, 자녀의 양육을 위해 노심초사하고 어떤 자녀의 멸망도 바라지 않는 어머니 교회는 모두가 바라고 희망하는 사랑의 이름으로 약간의 배려를 해야 할 것이다. 아주 조금만 규정을 바꾸는 것이다. 학식 있고 믿을 만한 의사가 환자의 상황이나 나이와 기질에 따라 처방을 바꾸듯 말이다.[96]

사실 결혼에 관한 인식은 변화한 지 오래였다.[97] 젊은 세대는 가문의 이익을 따라 결혼할 의사가 없었다. 너도나도 연애 결혼을 원했다. 수도원들도 청원자가 줄어들어 어려움에 빠져 있었다. 온 가문의 재산을 수도원에 기부하던 시대도, 세상을 등지고 봉쇄된 공간에서 수도자의 삶을 택하던 시대도, 자발적인 독신 신자회를 이루며 살아가던 시대도 모두 지나갔다. 에라스무스는 이제 옛 교회의 규정을 폐지해야 할 때가 되었다고 생각했다. 결혼 법규를 수정함으로써 결혼에 긍정적인 새 시대에 발을 맞추어야 한다고 그는 주장했다. 에라스무스도 성서에 근거해 새로운 결혼 규정을 만들어야 한다고 생각했다. 그러나 인문주의자 에라스무스가 보기에 성서의 규정 자체가 손댈 수

---

96   LB V, 643A/B.
97   결혼에 관한 이해와 여성상에 관해서는 Christine Christ-von Wedel, "Erasmus als Promotor neuer Frauenrollen," *Hör nicht auf zu singen* (ed. by Rebecca Gieselbrecht, Sabine Scheuter). 또한 Christine Christ-von Wedel (2003), 226-242과 Christine Christ-von Wedel (2013), 237-249 참조.

없는 "하나님의 법"은 아니었다. 1535년에 에라스무스는 이렇게 강조했다.

> 하나님의 법은 언제나 한결같다. 이것은 하나님의 의지가 변하지 않는 것과 마찬가지다. 그러나 그 형태는 시대와 사람에 따라 다르다.[98]

따라서 각종 규정은 (복음이 가르치는 사랑과 같은) 그리스도의 가르침에 담긴 정신 전반에 어긋나지 않는 선에서, 사목의 필요에 따라 시대와 대상에 부합하게 제정될 수 있으며 제정되어야 한다는 것이었다. 그리스도가 한 말씀도 무조건 문자 그대로 법제화할 필요는 없다고 에라스무스는 생각했다.

독신 생활에 대해 우호적이었던 젊은 귀족 마운트조이 경을 위해 쓴 『결혼 예찬』에서 에라스무스는 결혼이 동정과 독신 생활보다 열등하다는 견해에 처음으로 의문을 제기했다. 에라스무스가 1522년에 이를 출판하자 정통 신학자 진영에서 가혹한 비난이 쏟아져 나왔다. 반론을 포함해 수사학 교재처럼 편집해 출판하긴 했으나, 에라스무스가 은근히 독신 생활을 비판하고 있다는 비난이 쇄도했다. 실제로 에라스무스는 사제의 결혼은 전적인 자유라고 공공연히 주장했다. 그는 (성직자의) 독신 규정이 옛 시대의 "과도한 열정"에 따른 것이

---

98   ASD V-5, 320:190f.

라고 썼다. 그러나 오늘날에는 적어도 결혼이 도덕적 순결에 해를 입히지 않는다는 것이었다.[99]

에라스무스는 결혼의 가치를 결정적으로 제고하고자 시도했다. 그는 독창적인 방식으로 접근했다. 종교개혁자들은 사제들의 결혼을 훨씬 더 강력히 촉구했고 스스로도 결혼했다. 동시에 독신 수도 생활이 하나님을 거역하는 것이라며 배격했다. 그러나 그들은 결혼을 성사에서 제외함으로써 결혼의 영적 요소도 제거해버리고 말았다. 루터는 결혼이 "외적·육신적인 일"이라고 보았고 "결혼의 의무를 죄 없이 이행하는 일"은 불가능하다고 주장했다.[100] 결혼이란 자녀를 기르고 건전한 방식으로 성생활을 하는 데 필요한 것이었다. 하나님이 제정하고 명령한 일이지만, 결혼은 지극히 현실적이며 어려움을 동반하는 일이었다. 아이가 태어나면 더 그랬다. 이는 "고약한 냄새 견디기, 밤에 잠 못 이루기, 생떼 쓰는 것 들어주기, 발진과 상처 돌보기"를 의미했다. 그래서 사람들은 말했다. "자유롭게 살며 걱정 없이 조용하게 사는 것이 낫다. 나는 사제나 수녀가 되겠다. 내 자녀도 그렇게 하도록 하겠다."[101]

◇◇◇◇◇◇◇◇◇◇◇◇◇◇

99   ASD I-5, 392; 400.
100   WA 10, 2, 283:8 또한 304:6-9.
101   WA 10, 2, 294:27-295:26.

이혼

1516년에 에라스무스가 에베소서 5:31-32에 붙인 주석은 종교개혁
자들이 혼인을 하나님이 직접 제정한 성례(세례와 성찬)에서 제외하는
데 중요한 역할을 했을 수 있다. 여기서 바울은 둘이 한 몸이 되는 결
혼에 관해 "이 비밀(μυστήριον)은 큽니다"라고 쓴다. 불가타 성서는 그
리스어 "뮈스테리온"(μυστήριον)을 "성례"라는 뜻으로 사용되는 라틴
어 "사크라멘툼"(sacramentum)으로 옮겼는데, 이 구절은 교회가 결혼을
성례로 제정하는 근거가 되었다. 하지만 에라스무스는 그가 번역한
『신약성서』에서 이를 오역으로 지적했다. 바울은 단지 비밀에 관해
말하고 있을 뿐이라는 설명이었다. 따라서 에라스무스는 결혼이 성
례라는 단 하나의 성서적 근거를 없애버린 셈이 되었다. 에라스무스
는 신약성서는 물론 교부들도 나중에 교회가 발전시킨 방식으로 결
혼을 이해하지 않았다고 주장했다.[102] 한편 에라스무스는 종교개혁자
들과는 달리 결혼의 성례적 성격, 즉 그것이 축성의 행위라는 점에 반
대하지는 않았다. 그러나 그는 결혼의 사효론(事效論, ex opere operato)적
성격에는 반대했다. 즉 성례 자체의 힘으로, 다시 말해 결혼을 한다고
해서 은총이 자동으로 뒤따르는 것은 아니라는 뜻이다.[103] 부부는 화

---

102   LB VI, 855B-E. 또한 Reeve (1993), 615 참조.
103   LB V, 623-624A, 특히 624A. 또한 Christine Christ-von Wedel, "Praecipua
       coniugii pars est animorum coniunctio: Die Stellung der Frau nach der

합하는 결혼 생활을 통해 결혼이 성례적인 행위였으며 은총을 입은 것임을 입증해야 했다. 갈라서게 된다면 결혼은 성례적인 것이 아니었다는 사실을 입증할 뿐이다. 합법적으로 정당하게 치른 결혼이라는 사실은 중요하지 않았다.[104] 결혼은 성례일 때만 해소할 수 없는 것이었다. 깨진 결혼을 두고 에라스무스는 물었다. "악마가 짝지은 것을 하나님은 갈라놓고자 하시지 않을까?"[105] 마찬가지로 그는 이혼 후의 재혼 가능성도 열어놓고자 했다. 독신 의무의 폐지와 이혼이라는 두 가지 문제를 에라스무스는 영혼의 돌봄이라는 차원에서 또한 시대정신에 부합하게 한다는 차원에서 접근했다. 불변한다고 여겨진 "하나님의 법"에 의문을 제기한 것이다.[106]

영적 결합으로서의 결혼

"하나님이 짝지어 주신 것을 사람이 갈라놓아서는 안 된다"는 그리스도의 가르침을 에라스무스가 진지하게 받아들이지 않았던 것은 아니

◇◇◇◇◇◇◇◇◇◇◇◇◇◇

     'Eheanweisung' des Erasmus von Rotterdam," *Eine Stadt der Frauen* (ed. by Heide Wunder; Basel, 1995), 133f 참조.

104   LB V, 620E.

105   LB V, 651D.

106   Christ-von Wedel (2013), 203-215 참조.

다. 에라스무스는 하나님이 이어준 결혼은 분리할 수 없다고 강조했다. 이는 가장 심오한 신앙의 신비(이것이 에라스무스의 결론이었다), 즉 그리스도 안에서의 신성과 인성의 연합을 상징하기 때문이었다. 그리스도 안에서 두 본성은 뒤섞이지 않지만 분리할 수 없는 것처럼, 결혼 안에서 남편과 아내의 관계도 그러하다. 게다가 그들의 사랑은 사도 바울이 말한 대로 교회에 대한 그리스도의 사랑뿐만 아니라 인류에 대한 하나님의 사랑, 성육신으로 가장 탁월하게 보여준 그 사랑을 나타내는 것이기도 하다. 그리스도 안에서 "하늘은 땅과, 불멸은 필멸과, 가시적인 것과 비가시적인 것은 하나의 본질로 연합한다." 그리스도 안에서 하나님과 인간의 일치가 남편과 아내의 연합을 보여주는 까닭은 바로 "둘이 한 몸이 되기" 때문이다.[107] 그런 연합은 끊어질 수 없다고 에라스무스는 생각했다. 그러나 이것이 끊어질 수 없는 이유는 하나님의 은총에 따른 것이기 때문이지 사제의 성례 거행에 따라 자동으로 나오는 결론은 아니라고 그는 생각했다.

이런 식으로 에라스무스는 성례로서의 결혼에 관한 전통적인 가르침에 담긴 모순이 무엇인지 밝혔다. 동시에 영적인 성례 행위라는 가치를 결혼에 부여했다. 그러나 이런 관점은 매력적일지언정 성서에 뚜렷한 근거를 둔 것은 아니었다. 루터는 언젠가 이렇게 이야기한 적이 있다.

---

107   창 2:24; 막 10:7; 엡 5:31; LB V, 620B-D.

그리스도와 사도들은 [결혼이라는] 이 문제를 특별히 중요하게 다루지 않았다.[108]

상당히 타당한 관찰이었다. 부부의 결합을 그리스도 안에서 두 본성의 연합으로 설명한 인물은 내가 아는 한 필립 멜란히톤뿐이다.[109] 에라스무스 자신도 『신약성서 주해』에서 이런 해석을 시도하지 않았다. 주석가의 양심이 이를 허용하지 않았기 때문이다. 그러나 결혼에 관해 쓸 때는 달랐다. 그는 광범위하고 열정적으로 이 관점을 발전시켰다. 에라스무스는 이렇게 썼다. "결혼한 부부 여러분, 여러분의 [혼인] 상태에도 품위가 있습니다. 동정녀나 사제들의 영혼이 여러분의 영광을 가리지 않습니다."[110] 이렇듯 새로운 방식으로 결혼을 영적으로 이해함으로써 에라스무스는 동정의 영적 결합이라는 신비를 넘어섰다. 영적 결합의 신비는 수도원에서 독신의 삶을 살아가는 사람들과 그들의 구원자의 영적 결합을 그리스도와의 영적 결혼으로 해석하는 것이었다. 이는 교회에 대한 그리스도의 사랑을 의미한다. 그런데 에라스무스는 이제 세속적인 결혼이 훨씬 큰 신앙의 신비 곧 그리스도 안에서의 신성과 인성의 연합을 드러낸다고 설명한 것이다.

동시에 이는 결혼과 사회에서 여성의 가치를 드높였다. 신성이

---

108   WA 30.3, 205:12-17.
109   MCR 23, XCVIII.
110   LB V, 623B.

인성을 품듯 남성은 여성을 품어야 하며 "따라서 대등한 관계이지 주종 관계가 아니다"라고 에라스무스는 주장했다.[111]

에라스무스는 사랑이 대등한 관계에서만 성립할 수 있다고 역설했다. 물론 그렇다고 해서 여성이 남성 아래에 있다는 바울의 말(엡 5:22, 골 3:18)을 반박하지는 않았고, 이것이 시대에 뒤떨어진 말이라고도 주장하지 않았다. 에라스무스는 전통적인 성별 관계를 근본적으로 뒤흔들지 않았다. 그러나 당시에 흔히 하던 대로 여성의 열등함을 강조하지도 않았다. 오히려 그는 그 차이를 질서 안에서의 동등함이라는 방식으로 설명했다. 그는 과감히 이를 삼위일체에 빗댔다. 삼위일체란 성부, 성자, 성령 하나님의 일치다. "하나님의 위격에도 질서가 있지만 그 품위는 대등하다"라는 것이었다.[112] 어떻게 보면 당연한 귀결이었다. 요한복음 주해에서 에라스무스는 삼위일체를 완전한 사랑의 상통으로 묘사했다. "성부 하나님은 모든 선의 궁극적 원천이다. 성부는 성자를 통해 만물을 창조하고 다스리며 회복시키신다. 그리고 마찬가지로 동등한 성령을 통해 성부는 모든 것을 성취한다. 이처럼 서로 완전히 결합되고 서로를 향하는 거룩한 삼위일체는 그야말로 절대적인 사랑과 일치의 귀감이다."[113] 위계 안에서 각 위격의 품위는 동등한 삼위일체인 것처럼, 남편과 아내의 관계도 법적인 차이

111　LB V, 620D.
112　LB V, 686A-C.
113　LB VII, 649/50.

는 있으나 가치는 동등하다는 것이었다.[114]

에라스무스는 아내가 남편의 진정한 반려자이자 친구이며 동반자라고 생각했다. 따라서 결혼이란 우정의 최고 형태였다. 이는 영혼의 결합이어야 했다.[115] 그래서 에라스무스는 금전이나 가문을 보고 결혼하는 행위를 매우 강력히 경고한다. 그리고 서로 잘 모르면서 결혼하는 일이 다반사였던 젊은이들을 위해 조언을 아끼지 않았다. 에라스무스는 당시 피로연에서 흔히 행하던 추잡한 놀이들을 혐오했다. 특히 결혼 첫날밤 남편이 아내를 거칠게 다루며 주종 관계를 확립하는 것에 반대했다. 오히려 첫날밤에는 수치심을 느끼지 않도록 배려해야 한다고 주장했다. 옛날에 결혼한 부부를 괜히 어두운 방으로 보낸 것이 아니라고 설명했다.[116]

최소한 그리스도인들은 성적 욕망에 불타오르는 남편에게 찬사를 보내지 않았으면 좋겠다. 처음으로 아내와 관계를 할 때 남편은 마치 강도 짓을 하듯 아내의 겉옷을 벗기고 속옷을 찢어발기며 자신의 짐승과 같은 욕망을 가로막는 모든 것을 넘어 그렇게 한다. 신랑은 신부를 사랑하는 것이 아니라 날뛴다고 해야 할 것이다. 이런 짓거리가 성례적 결합과 무슨 관련이 있는가? 짐승들은 수치스럽게 동거를 시작한다.

---

114   LB VII, 895E.
115   LB V, 616B-617C.
116   LB V, 674F-675A.

그러나 이들은 더하다. 첫날밤에 있었던 일은 사방에 소문이 나고 회자된다. 그리스도인 사이에서의 결혼임에도 얼마나 비그리스도교적인가?[117]

평생 독신으로 산 에라스무스의 탄식이었다. 그는 잠자리를 같이하기 전 함께 대화하고 기도할 것을 권했다. 좋은 결혼 생활을 위한 전제 조건은 처음도 마지막도 언제나 공감할 줄 아는 대화라고 에라스무스는 믿었다.

> 대화만큼 우정을 쌓고, 굳건하게 하고, 유지하는 데 좋은 것은 없다. 들짐승같이 땅 위에 떠돌던 인간을 도시로 끌어들인 것은 다름 아닌 대화였다. 대화는 또한 도시와 도시를, 민족과 민족을, 왕국과 왕국을 연결했다.

따라서 대화는 부부가 진정한 우정을 나누고 영혼과 영혼을 연합하도록 만드는 것이어야 했다.[118] 인문주의자 에라스무스에게 영적 우정이란 연대와 평등에 기초한 것이었다. 따라서 아내에게는 남편과 마찬가지로 교육받을 기회가 주어져야 했다. 그렇다면 아내도 돈을

---

117 LB V, 675F-676A.
118 LB V, 675C-677E.

벌 수 있을 것이고, 꼭 돈을 벌 필요가 없다 하더라도 지루하게 살지는 않을 것이기 때문이었다.[119] 특히 에라스무스는 인문학 연구인 스투디아 후마니타티스(*studia humanitatis*), 즉 자신이 줄곧 주장하던 고전, 철학, 문학과 더불어 무엇보다 성서 공부를 권장했다. 이런 공부는 정신과 인격을 길러줄 뿐 아니라 노년에도 이어질 즐거움을 선사한다.[120] 아내가 교육을 제대로 받지 않았다면 남편이 책임을 지고 아내가 못다 배운 것을 학습할 수 있도록 배려해야 했다. 최선은 남편이 직접 가르치는 것이었다. 아내가 배우지 못하도록 일부러 발목을 잡는 것은 비열한 행위다.

어떤 남편은 아내를 억누르고 짓밟고 모욕하면서 쉽게 지배할 수 있도록 길들이려고 한다. 나는 이런 모든 짓거리에 반대한다. 친구들 사이에도 이런 사람이 있다. 통치자들 가운데도 있다. 상대를 얕잡으며 자신을 우러러보게 하는 것이다. 이런 자들은 이웃이나 백성에게 상처를 입히고 약하게 만듦으로써 자신의 영향력과 권력을 강화하려고 한다. 그러나 친구를 이런 식으로 대하는 자는 친구가 아니라 주인이 된다. 그들에게는 친구 대신 노예와 아첨꾼이 있을 뿐이다. 마찬가지로 백성과 동맹국의 희생만을 대가로 권력을 얻은 군주는 군주에서 폭군으

---

119   LB V, 661B.
120   LB V, 663C/D.

로 전락한다. 그 앞에서 백성은 노예가 되고 동맹은 보이지 않는 원수로 변화한다. 반면 역량 있는 군주는 자신의 백성이 미약하다면 그 명성을 높이기 위해 노력할 것이며, 이미 강력하고 이름을 떨친다면 미덕과 근면으로 그 영예를 이어가거나 혹은 이조차 뛰어넘기 위해 애쓸 것이다. 이런 원칙은 우정에서 더 중요하다. 평등함이 없다면 우정이라는 개념 자체가 불가능하다. 그러므로 아내가 특별한 재능이 있다면 남편은 아내를 깎아내릴 것이 아니라 본인이 덕망을 쌓아 아내의 수준에 어울리는 사람이 되어야 할 것이다.

에라스무스의 눈에는 "훌륭한 심성"을 지닌 아내를 참아내지 못하고 깎아내리는 사람이 한심하고 어리석게 보였다.[121]

여성의 위치

에라스무스는 열등한 지위에 있는 여성들이 재치 있는 행동을 통해 우월한 지위를 점해야 한다고 공공연히 권고했다. 그는 한 젊은 여성의 입술을 통해 이렇게 말한다. "양보하는 사람과 양보를 받는 사람,

---

121   LB V, 686C-E.

그들 중 누가 더 하찮은 사람입니까?"[122] 나아가 에라스무스는 짐승과 같은 남자를 길들이는 법에 관해 조언한다. 에라스무스의 어느 『대화집』은 행복한 결혼 생활을 하는 에우랄리아와 매일같이 남편과 싸우며 불운한 결혼 생활을 하는 크산티페의 이야기를 담고 있다.

크산티페: 넌 대체 어떤 기술로 남편을 그렇게 길들인 거야? 비법 좀 알려주라.

...

에우랄리아: 난 항상 모든 상황에서 남편을 편안하게 해주는 걸 우선 순위로 했어. 걸릴 만한 것은 다 피했지. 성향이 어떤지 뭘 선호하는지 관찰하고, 어떤 때와 상황에서 그이가 어떤 것은 기분 좋아하고 어떤 것은 기분 나빠하는지 하나하나 신경을 썼어. 코끼리나 사자같이 힘으로 어떻게 할 수 없는 짐승을 길들일 때처럼 말이야.

크산티페: 바로 그 짐승이랑 같은 지붕 아래 살고 있다니까.

에우랄리아: 색깔에 흥분하는 동물들이 있잖아? 가령 코끼리에게 다가갈 때는 흰옷을 입지 않고, 황소에게 다가갈 때는 붉은 옷을 입지 않지. 호랑이는 북 치는 소리를 들으면 막 사납게 날뛰며 자기 살을 찢기도 해. 말을 다룰 때는 먼저 말을 부르면서 입소리를 내

◇◇◇◇◇◇◇◇◇◇◇◇◇

122   ASD I-3, 455:91.

고 쓰다듬어주어야 하지. 온순한 동물들을 달래는 기술도 여러 가지야. 하물며 동물도 그런데 좋든 싫든 평생 곁에 두고 살아야 하는 남편을 대할 때는 얼마나 또 신경을 써야겠니.…

크산티페: 우리 남편은 너무 사나워. 저자세로 나가봤자 소용도 없다고.

에우랄리아: 아유, 그렇게 말하면 안 돼. 달래서 길들이지 못하는 짐승은 없어. 사나워도 결국은 말을 듣게 될 거야. 인간에게 희망을 잃지 말자고.[123]

이런 것이 행복한 결혼을 위해 에라스무스가 한 조언이다.

다른 종교개혁자들과 달리 에라스무스는 결혼을 진지하게 고려한 적이 없다. 그저 재속 성직자로서 독신으로 살았다. 하지만 그는 여성이 남성을 길들이는 방식을 모르지 않았다. 에라스무스에게는 크산티페가 있었다. 바로 가정부 마르가레테 뷔슐린이었다. 에라스무스는 마르가레테를 가리켜 못생기고 게으르며 수다스럽고 식탐만 가득한 데다 공격적이라며 걸핏하면 짜증을 냈다. 그러나 에라스무스는 마르가레테를 내보내지 않았다. 나이 어린 사람들과 나이 많은 학자층의 손님들로 넘쳐 정신이 없는 집에서 질서와 체계를 잡을 줄 아는 인물이 누구인지 알고 있었기 때문이다.[124] 『대화집』「시인의 향

123   ASD I-3, 304:107-127; 309:290-292.

124   Allen, Ep. 2202:41; 2897:25-31.

연」에서 에라스무스는 마르가레테를 이렇게 묘사한다.

> 집주인 힐라리우스: 마르가레테, 이 미친 여자 같으니. 상추 대신 무청
> 을 내놓다니 무슨 생각이야?
>
> 마르가레테: 제가 다 뜻이 있어서 그런 것이옵니다.
>
> 힐라리우스: 에라이 이 마녀야, 그건 또 무슨 말이야?
>
> 마르가레테: 한번 시험해보려고 했죠? 시인들이 이렇게 많은데, 상추
> 와 무청을 구분할 수 있는 사람이 있는지요. 영감님도 모르신다
> 는 것 다 아옵니다. 솔직히 누가 알겠나이까?
>
> 손님 1: 크라토가 있잖나.
>
> 마르가레테: 그 양반은 확실히 시인은 아니겠지요.
>
> 힐라리우스: 앞으로 또 이런 일을 꾸미면 마르가레테 대신 상추대가리
> (블리테아)라고 부를 거야!
>
> 손님들: 하하하!
>
> 마르가레테: 그런 이름으로 부른들 저에게 무슨 일이 생기겠나이까?
> 영감님은 하루에도 한 스무 번은 소녀의 이름을 바꾸어 부르시지
> 요. 아쉬우실 땐 [그리스 신화에 나오는 온갖 좋은 이름은 다 갖
> 다 대며] 갈라테아, 에우테르페, 칼리오페, 칼리로에, 멜리사, 베
> 누스, 미네르바(역주: 여기 언급된 이름의 순서대로 그 의미를 열
> 거하면 다음과 같다. 우유빛 여인, 기쁨, 아름다운 목소리, 아름답
> 게 흐르는 여인, 벌을 유인하는 꽃, 미와 사랑의 여신, 지혜와 전

술의 여신), 그 밖에 기억도 안 나는 온갖 이름으로 부르시더니 언제는 또 기분이 나쁘다며 저를 티시포네, 메가이라, 알렉토, 메두사, 바우키스(역주: 복수의 여신, 질투의 여신, 분노의 여신, 지배하는 자로서의 세 자매 괴물 중 한 명으로 뱀으로 된 머리카락을 지닌 괴물, 늙은 노파. 바우키스는 본래 환대하는 여주인으로서 긍정적 의미도 있으나 여기서는 나이 많은 여성의 이미지로서 부정적 의미로 쓰임), 그 밖에 머리에 떠오르는 온갖 악녀의 이름은 다 가져다 읊으셨지요.

대화는 계속 이어진다. 마르가레테의 말재주는 뛰어났다. 마지막에는 이렇게 손님들을 집으로 돌려보내는 모습까지 보여준다.

레온하르두스: 마르가레테가 뭔가 후식을 가져오는 것 같은데, 뭔지 모르겠네.

힐라리우스: 정말 후식을 가져온다면, 내가 너무 화가 치밀어 잘못한 것일 테지. 무얼 가져오느냐?

마르가레테: 겨자이옵니다. 한창 싸우고 계시니 양념 좀 쳐야 하지 않겠사옵니까? 시 좀 쓰신다는 영감님들, 밤이 깊도록 수다나 떨다니 부끄러운 줄 아시오. 그러고도 여자의 수다를 두고 왈가왈부하시나이까?

크라토: 마르가레테가 맞네. 이제 각자의 잠자리로 돌아갈 시간이네.

에라스무스의 여성상은 양면적이었다. 그는 하나님이 그리스도 안에서 세상을 창조하고 다스리면서도 종의 모습을 취해, 섬김을 받으시기보다는 섬기러 오셨다는 점을 여성들에게 일깨웠다(마 20:28). 이런 점을 들며 그는 여성이 한편으로는 기꺼이 남편을 섬기면서도 다른 한편으로는 적극적으로 사회 개혁에 참여해야 한다고 촉구했다. 에라스무스가 이상적으로 제시한 인물은 유딧이었다. 유딧은 유대 역사의 주인공 중 한 명으로서 그리스어와 라틴어 성서에 나오는 인물이다.

유딧의 고향은 아시리아군에 포위되어 있었다. 아시리아군은 물길을 차단하고 우물로 나가는 길도 가로막고 있었다. 주민들은 지쳐 있었다. 그들에겐 두 가지 선택지밖에 없었다. 갈증으로 다 죽든지 아니면 수치스럽게 항복하든지. 그러나 항복한다고 할지라도 그들에게 어떤 운명이 기다리고 있는지 모두가 알고 있었다. 아시리아군이 정복한 자리는 폐허밖에 남지 않았다. 약탈과 방화가 끝나면 주민들은 모두 노예로 팔려 갔다. 그러나 절망에 빠진 주민들은 자녀가 갈증에 죽어가는 것을 보느니 차라리 그런 것이 낫다는 쪽으로 생각이 기울어지고 있었다. 결국 도시의 원로들은 5일 안에 투항하자는 결론을 내렸다. 그런데 사람들의 존경을 받던 젊고 아름다운 과부 유딧이 도시의 유력 인사들을 집에 초대했다. 인사들이 집에 도착했을 때 유딧은 하녀들과 함께 기도하고 있었다. 그는 도시 위정자들의 결정을 받아들일 마음이 없었다. 유딧은 그들의 믿음이 부족하다며 지적했다. 그녀는 자신에게 도시를 구할 묘책이 있으며, 이를 시행하는 동안 기도해달라고 요청했다. 그런 다음 몸을 씻고 기름을 바른 후 우아한 옷을 입고 화려한 장신구를 착용했다. 밤이 되자 유딧은 성문을 나섰다. 하녀 하나가 광주리에 도수 높은 포도주와 부드러운 무화과 케이크를 담고 그를 따랐다. 그렇게 두 여인은 용감히 적진에 들어섰다. 매혹적인 두 여성은 아무런 방해도 받지 않고 적장에게 나아갔다. 모든 것이 계획에 따라 진행된다. 유혹에 넘어간 적장이 욕정과 술에 취해 잠들자 유딧은 적장의 칼로 그의 목을 벤다. 아무것도 모르는 경비병은 유딧과 하녀가 다시 바구니를 든 채 진영을 빠져나가는 것을 바라볼 뿐이다. 그 안에 지휘관의 목이 들어 있을 것이라곤 상상조차 하지 못한 채. 두 여인은 도시로 돌아온다. 시간이 흐르고 경비병들은 목이 잘린 지휘관의 시체를 발견한다. 소문이 퍼져나가고 적군은 혼비백산하여 도망친다. 유딧의 조언에 따라 이스라엘인들은 적들을 추격해 막대한 전리품을 얻어 돌아간다. 도시는 해방되었다. 한편 유딧은 다시 집으로 돌아가 홀로 살았다. 경건하게, 사람들의 존경을 받으면서. 그리고 105세의 나이로 세상을 떠났다. 이것은 기원전 2세기에 일어난 한 다채로운 이야기에 대한 요약이다.

그리스도인들은 유딧의 이야기를 알레고리로 이해했다. 이미 교부들은 유딧을 용감하고 순결한 여성의 예형으로, 적장을 하나님이 정죄한 죄인의 원형으로 해석했다.[125] 중세에 유딧의 알레고리는 큰

◇◇◇◇◇◇◇◇◇◇◇◇

125   이 단락과 관련해서는 Christ-von Wedel (2003), 238-242; (2013), 246-249

인기를 끌었다. 수많은 예술가들이 유딧의 이야기를 소재로 삼았다. 유딧은 악덕에 대비되는 덕, 교만과 욕망에 대비되는 겸손과 순결, 적 그리스도에 대한 그리스도의 승리를 표현하는 상징이었다. 이런 해석은 르네상스 시대에도 계승되었다. 에라스무스도 유딧을 정숙하고 경건한 여성으로 이해했다. 그러나 그는 알레고리에 머물지 않았다. 주저하지 않고 이야기를 문자 그대로 해석한 것이다. 폭력을 혐오한 인문주의자 에라스무스는 유딧이 적장을 속여 살해한 사건에 관한 대목은 재빨리 지나쳤다. 반면 유딧이 무력하고 절망에 빠진 원로들을 책망하고 자신을 따라 하나님을 다시 신뢰하게 하는 과정은 매우 자세히 언급했다. "비록 유딧은 한 여성에 불과했고, 심지어 통치자나 관리도 아닌 과부였으나" 원로들은 유딧의 조언을 받아들였다고 그는 강조했다. "유딧은 도시의 대표들과 위정자들을 책망했고 그들은 한마디도 하지 못했다." 이런 점에서 에라스무스는 유딧을 이상적인 여성으로 내세웠다. "유딧은 가장 탁월한 용기와 겸손함을, 가장 탁월한 지혜와 경건을 겸비했다."[126]

에라스무스는 과부들에게 유딧과 같이 행동하라고 권고했다. 물론 무력을 사용하라는 것은 아니었다. 하지만 위정자의 의무를 일깨워야 하며, 필요하다면 자신이 할 수 있는 한에서 직접 나서야 한다고

참조.
126   LB V, 742E-F.

말했다. 에라스무스는 젊은 나이에 미망인이 된 합스부르크 헝가리의 여왕 마리아에게 저서 『과부』를 헌정했다. 그리고는 한 가지 조언을 덧붙였는데, 그건 바로 재혼하라는 권고였다. 그러나 여왕은 유딧을 따라 남성 지배자들에게 맞서라는 조언에 더 귀를 기울인 것 같다. 왕족 형제들의 조언에도 불구하고 그녀는 재혼하지 않았다. 대신 네덜란드의 통치자가 되어 열정적으로 적에 맞서고 경제를 부흥시켰다.

바젤 종교개혁

바젤시의회는 계속하여 에라스무스의 정신을 따라 각 교파 사이를 중재하는 한편 다양한 방식의 예배가 공존할 수 있도록 했다. 그러나 이런 방식은 양 진영을 이끌던 세력 모두의 불만을 가져왔다. 1528년에 부활절을 맞아 성상을 파괴하는 소동이 일어났다. 큰 사건은 아니었다. 몇몇 교회에서 성상이 제거되긴 했으나 뮌스터를 비롯한 다른 교회에서는 성상이 그대로 남아 있었다. 같은 해 성탄절에는 열두 개의 수공업자 길드가 나서며 도시 전체에 종교개혁을 강행할 것을 요구했다. 그러면서 미사는 모든 교회에서 폐지되어야 하며 서로 논쟁하는 설교도 금지해야 한다고 주장했다. 신앙은 하나님이 주시는 것이므로 어떤 한 가지 신앙 형태를 올바른 것이라고 강요해서는 안 된다는 주장을 그들은 정면으로 반박했다. 그리고는 이렇게 말했다. 딸이 엇나가는데 어머니가 하나님의 뜻 운운하며 뒷짐만 지고 있지 않듯, 그리스도교 정부는 "거짓 예언자"를 용납해서는 안 된다고 말이다. 신학자들에게는 끊임없이 논쟁하는 문제들이 있다는 사실에 대해서도 그들은 반박했다. 그리스도는 모든 사람이 이해할 수 있게 가르치셨다는 것이었다.[127]

그들은 시의회에 요구 사항을 전달하는 데 머무르지 않았다. 1529년 2월, 무장한 신교 지지자들이 시의회 의원들을 압박했다. 그리고 뮌스터와 성 베드로 교회, 프레디거 교회, 성 알반 교회, 성 울리히 교회 등에 남아 있던 성상을 파괴했다. 시위 끝에 그들은 시의회에서 구교 세력을 배제할 것이며 로마교회에 우호적인 사제들을 개혁에 동조하는 사제들로 교체하겠다는 타협안을 얻어냈다. 그러나 그들은 시의회에 기대했던 만큼의 발언권을 얻는 데는 실패했고, 종교개혁자 외콜람파디우스가 주장한 교회의 독립성을 관철하는 데도 실패했다. 어쨌든 그렇게 "정화된" 시의회는 4월 1일에 풍기 문제 곧 신성모독과 음주, 간음을 강력히 규제하는 「개혁 규정」을 결의했다.

◇◇◇◇◇◇◇◇◇◇◇◇

127   BRA III, Nr. 291, 특히 199:1과 201:1-24.

풍기 단속

정부 차원의 풍기 단속은 종교개혁의 산물이 아니다. 이런 것들은 어느 도시에서든 종교개혁 이전부터 헤아릴 수 없이 많이 있어 온 일이다. 매번 이를 갱신하고 확장해야 했다는 사실은 이런 도구들이 얼마나 도시 위정자들에게 중요한 것이면서 동시에 무력한 것이었는지를 보여주기도 한다. 관행으로 굳어진 과도한 가족 잔치, 술집 운영, 화려한 의복과 장신구, 부적절한 춤과 도박, 성매매 같은 문제 앞에서 대부분의 규정은 유명무실했다. 종교개혁은 이 모든 것을 바꾸어야 했다. 이런 문제를 해결하고 사회를 개혁하기 위해 정부와 교회는 손을 잡았다. 설교와 경찰 활동이 성공적으로 상호 보완 관계를 이루었다. 이에 힘입어 위정자들은 바라던 대로 그리스도교 시민 사회의 도덕률을 확립할 수 있었다. 적어도 겉으로는 그랬다. 그리하여 전형적인 근대 초의 모나지 않고 근면하며 경건한 시민의 상, 국가에 충성을 다하고 자신의 위신과 가족 나아가 전체의 안녕을 염려하는, 나중에 역사가들이 "사회 규율"이라고 부를 일련의 이상이 등장했다. 에라스무스는 이런 모습에 웃음을 참지 못했다.

『대화집』「작은 원로원」(*Senatulus*)에서는 여성들이 국가 원로원을 수립하고 있는데, 여기에는 없는 것이 없다. 의원의 수는 제한되어 있고 의장이 있다. 투표를 통해 의사 결정을 한다. 또 서기가 있고 정해진 규정이 있다. 회의가 시작된다.

코르넬리아: 우리의 이권이 얼마나 많은 침해를 당했는지 모두 잘 알
고 계시리라 생각합니다. 남성들이 매일매일 회의를 열어 용무를
처리하는 동안, 우리는 베틀에 앉아 물레에서 실을 짓고 우리의
일을 등한시한 까닭입니다. 우리가 힘을 합치지 않는 동안 남성
들은 우리를 노리갯감 정도로나 여기며 인간 이하로 취급해온 것
입니다. 이런 상황이 반복된다면 어떻게 될지 생각해보십시오.…
주교들에게는 주교회의가 있고, 수사들에게도 나름의 회의체가
있습니다. 군인들은 점호를 합니다. 심지어 도둑들에게도 그들만
의 회의가 있습니다. 아니, 개미조차 나름대로 모여서 무언가를
합니다. 모든 생명체 가운데 우리 여성들만이 "교류"하지 못하는
것입니다.

마르가레테: 다른 의미의 "교류"는 쓸데없이 많이 하지요?

코르넬리아: 말장난은 나중에 합시다. 일단 제가 하는 말을 끝까지 들
어주십시오. 그리고 나서 여러분 모두에게 발언권을 드리겠습니
다. 새로운 무언가를 하자는 것이 아닙니다. 원래 하던 것을 다시
해야 한다는 말입니다. 칭송받아 마땅할 황제 헬리오가발루스는
이미 1,300년도 전에…

페로타: 칭송받아 마땅하다고요? [허랑방탕한] 그 인간은 [로마 관행
에 따라] 갈고리에 걸어 하수구에 던져졌지요.

코르넬리아: 글쎄 좀 들어보시라니까요. 그런 식으로 사람을 좋다 나
쁘다 판단하면 그리스도도 악당이라 말해야지요. 십자가에 달려

죽으셨으니까요. 그리고 [그리스도인들을 박해한] 황제 도미티아누스는 집에서 죽었으니 경건했다고 해야죠.…아무튼 이 헬리오가발루스는 황제인 자신도 남성들과 국사를 의논하는 원로원을 가지고 있으니, 어머니도 황태후로서 당신의 원로원을 두고 여성의 문제를 의논해야 한다고 선언했지요. 이를 들은 남성들은 비꼬려고 한 것인지, 이미 있는 원로원과 대비해서 말한 것인지, 이를 "작은 원로원"(*Senatulum*)이라 불렀습니다. 천 년이 넘도록 잊혀진 이 선례를 복원해야 한다는 말씀입니다. 사도 바울이 교회라고 부른 모임에서 여성은 침묵하라 했다고 해서 망설일 필요는 없습니다. 바울이 말한 모임은 남성들의 모임입니다. 우리는 완전한 여성들만의 모임을 두고 이야기하는 것입니다. 게다가 여성은 늘 침묵해야 한다면, 자연은 왜 우리에게도 혀와 목소리를 주어 남성과 똑같이 말할 수 있게 한 것입니까? 아, 남성의 목소리가 더 갈라지고 당나귀 소리 같긴 하죠.…남성들은 늘 여자들이 어떠하다며 비하하는데, 본인들의 모습이나 냉정히 반성해보라고 합시다. 정치인들은 모였다 하면 몇 년 동안 전쟁이나 벌이고 있고, 신학자들, 사제들, 주교들은 맨날 논쟁이나 하지 않습니까? 시민들이 어디 일치된 적이 있습니까? 사람들 숫자만큼 생각도 다양하지 않습니까?[128]

---

128   ASD I-3, 629:6-45.

이제 독자는 무언가 중요한 문제가 다루어질 것이라고 기대한다. 그러나 안건이라고 올라온 것은 풍기 문제, 특히 의복과 사치, 신분별로 요구되는 품행 같은 것들이다.

> 코르넬리아: 우선 방정한 품행에 관해 다루어야겠습니다. 우리의 행동거지에 관한 문제 말입니다. 요즘 사람들은 이런 것을 너무 소홀하게 다룹니다. 그래서 귀족 여성과 평민 여성이, 미혼 여성과 기혼 여성 및 미망인이, 부인과 매춘부가 구분되지 않아요. 저마다 입고 싶은 대로 입고 다니다니, 정말 부끄러움을 모르는 시대입니다. 비천한 신분의 여자가 비단옷을 입지 않나, 주름과 꽃무늬를 수놓은 옷을 입지 않나, 고급 옷감에 금은 장식을 하고 다니지 않나. 가죽에 모피 옷을 입고 다니지 않나…남편은 집에서 해진 신발을 깁고 있는데 말입니다![129]

이런 연설은 몇 쪽에 걸쳐 이어지다가 다음과 같이 끝난다.

> 이런 상황은 오랫동안 우리의 분명한 결정을 요구하고 있습니다. 이런 점들을 어렵지 않게 다룰 수 있을 것입니다. 오직 우리 여성에게만 해당하는 것들이니까요. 사실 우리는 여성을 모든 영예에서 배제하고

---

129   ASD I-3, 632:112-118.

자기들 뜻대로 하려고 하며 여성은 다들 세탁이나 요리만 하는 존재인 양 다루는 남성들과 담판을 지어야 할 부분도 있습니다. 국가 공직이나 전쟁 수행은 남성들에게 양보하겠습니다. 그러나 아내 쪽 가문이한 세 계급은 높은데도 여성이라는 이유로 가문의 문장을 늘 왼편에두는 것, 누가 이를 묵과하겠습니까?[130]

작품 전반에 걸쳐 에라스무스는 귀족들을 조롱하고 화려한 의복을멸시했다.

그러나 그의 조롱은 별 효과가 없었다. 1529년의 바젤 개혁 규정은 간음과 건배, 도박, 춤을 금지했지만, 그 외에는 남성들 특히 용병들 사이에 인기 있던 헐렁한 바지와 호화스러운 천으로 된 더블릿 상의만 제한했다.[131] 그러나 금지 규정은 한 세기가 지나며 매우 상세하게 변화했다. 1637년의 개혁 규정은 의복 관련 규정만 19쪽에 걸쳐장황하게 서술하고 있다. 예를 들어 상류 계급은 옷감이나 상의에 다섯 개 이상의 공단이나 문직물, 호박단을 대는 경우에 처벌될 수 있었다. 한편 평민의 아내와 딸은 최대한 세 개의 단을 댈 수 있었으며, 각각의 너비는 1/4엘레(역주: Elle는 독일에서 사용하는 길이 단위로 1엘레는 약66cm에 해당됨) 정도만 허용되었다. 하인이나 식료품상 및 유사 직종

◇◇◇◇◇◇◇◇◇◇◇◇

130   ASD I-3, 633:149-155.
131   *Ordnung so ein Ersame Statt Basel den ersten tag Apprilis in irer Statt und Landtschafft fürohyn zehalten erkant* (Basel, 1529), folio Ciijr.

의 경우 최대 1/2엘레 길이의 단 한 개를 댈 수 있었다.[132] 에라스무스
가 조롱했던 상황이 실제로 일어난 것이다.

풍기 단속과 개혁 규정은 공동체적 정체성을 형성했다. 반면 공
동체에 속하지 않는 사람에게 그런 정체성은 비관용적인 모습으로
나타났다. 공동체는 다른 정체성을 인정하지 않았다. 특히 다른 교파
란 있을 수 없었다. 철저한 배격과 투쟁의 대상이 되었다. 마음으로는
받아들이지 않으면서 겉으로만 동조하는 사람들도 죽음만 면했지 공
동체를 떠나야 했다. 재세례파, 삼위일체 반대파는 물론 거지와 간음
한 이들에 대해서는 자비가 없었다. 그들을 기다리는 것은 고문, 추방,
사형뿐이었다. 물론 종교개혁자들은 새로운 인간형을 기대한 것도
아니었고, 무자비한 박해를 의도한 것은 더더욱 아니었다. 그들은 하
나님의 뜻이 실현되는 공간을 마련하려고 했다. 오직 하나님의 말씀
으로 살아가며 하나님의 계명에 순종하는 통일된 그리스도교 공동체
를 구성할 수 있는 구조와 체계를 마련하려고 했다. 그리하여 그들은
여러 도시와 국가에서 폭넓은 지지를 받은 것이다. 질서 특히 그리스
도교적 질서가 필요하다고 모두가 생각했다. 그렇게 해서 사람들은
하나님의 징벌을 피할 수 있다고 믿었다. 프로테스탄트 국가든 가톨
릭 국가든 모두가 이런 필요성을 절감했다.

<hr />

132   *Christenliche Reformation—vnd Policey—ordnung Der Statt Basel* (Basel, 1637),
112-131, 특히 124f.

에라스무스가 미심쩍게 바라본 풍기 단속만이 개혁의 내용은 아니었다. 바젤의 「개혁 규정」에는 그가 여러 저작을 통해 싸워온 여러 문제들이 담겨 있었다. 이를테면 설교자들은 성서에 기초해 설교하고 복음을 따라 살아야 한다는 점을 개혁 규정으로 법제화했다. 또 여러 축일들이 폐지되었다.[133] 비밀 결혼이 폐지되었으며 결혼식은 공개적인 자리에서 이루어졌다. 이혼과 재혼이 허용되었다.[134] 교육도 촉진되었다.[135] 그러나 동시에 「개혁 규정」은 미사와 가톨릭 의식을 금지했고 형벌을 부과했다.[136] 무엇을 믿어야 하고 믿지 말아야 하는지를 시의회가 결정했다. 또 시의회는 2명의 목사와 4명의 의원으로 이루어진 위원회를 구성해 목사 후보자를 검증하고 사상과 생활 태도를 감시하게 했다.[137] 나아가 신약과 구약 교수들을 임명했다. 모든 교역자는 직책 담당 여부와 무관하게 그들의 강의에 참석해야 했다.[138] 모든 시민들은 일요일 예배에, 바젤에 거주하는 교역자는 매일 예배에 참석해야 했다.[139] 나아가 개혁 규정은 시의회 의원들이 "그리

133   BRA III, Nr. 473, 400; 에라스무스와 관련해서는 ASD VI-5, 208:394-398; ASD VI-7, 326:233-237; Allen, Ep. 1039:180-196; ASD IX-1, 24:160-213 참조.
134   BRA III, Nr. 473, 398; 에라스무스와 관련해서는 ASD VI-8, S.144:773-190:619; LB V, 668B 참조.
135   BRA III, Nr. 473, 400.
136   BRA III, Nr. 473, 391.
137   BRA III, Nr. 473, 386-387.
138   BRA III, Nr. 473, 388.
139   BRA III, Nr. 473, 386-388; 395f; 403.

스도교적 열정"으로 유익하다고 가르친 것 외에 다른 것을 가르치는 자는 처벌한다고 명시했다.[140] 특히 재세례파에게는 투옥과 사형이 기다리고 있었다.[141] 교회는 자율권을 상실했다. 이제 교회는 시의회의 소관이었다. 다른 생각을 가진 사람이 설 자리는 더 이상 없었다.

자유를 사랑하고 독립적이었던 에라스무스가 이런 규정을 순순히 따를 수 없었다는 것은 이해할 만하다. 그는 떠나기로 결심했다. 외콜람파디우스와 바젤의 종교개혁에 앞장섰던 시장 야콥 마이어 춤 히르첸이 에라스무스를 설득하고자 나섰지만 헛수고였다. 결국 그들은 바젤을 찾았던 그 누구보다 유명한 그리고 오래 머물렀던 이 손님이 외곽에서 사람들의 눈길을 피해 몰래 배를 타는 일만은 없도록, 활기찬 시내 한복판의 선착장에서 환송할 수 있게 해달라고 요청했다. 에라스무스는 이 요청을 받아들였다. 그리고 한 편의 시로 작별을 고했다.

이제 그만 안녕. 바젤. 몇 년을 달갑게
나를 환대해준 도시는 없었지, 너처럼.
기쁨만 가득하기를 기원해. 오로지 기쁨에 찬 손님들만 있기를.
나 에라스무스가 여기에서 그랬던 것처럼.[142]

◇◇◇◇◇◇◇◇◇◇◇◇◇◇

140   BRA III, Nr. 473, 391:3-15; 또한 394:25 참조.
141   BRA III, Nr. 473, 400-403.
142   Walter Köhler, *Erasmus von Rotterdam: Briefe* (Darmstadt, 1995), 487.

에라스무스는 바젤 북부의 프라이부르크 임 브라이스가우(Freiburg im Breisgau)로 갔다. 가톨릭 합스부르크의 통치 아래 있던 프라이부르크는 여전히 교회의 자율성을 폭넓게 존중하던 곳이었다.[143]

---

143   Allen, Ep. 2196:33-37; 2158:49-82.

7장

마지막 나날:
프라이부르크 그리고
다시 바젤로

✳

프라이부르크는 에라스무스를 친절하고 정중하게 맞이했다. 같은 해 6월에 에라스무스는 막역한 친구인 빌리발트 피르크하이머에게 보내는 편지에 프라이부르크에서는 모든 것이 자신이 바라던 대로 이루어지고 있다고 쓰면서 이렇게 덧붙였다. "바젤을 떠나서 다행이긴 하지만 떠나기 싫었던 것도 사실이네."[1]

딱히 좋아하지 않았지만 안전한 피난처였던 프라이부르크에서 에라스무스는 바젤에서 일어난 결정적인 사건들에 관해 회고했다.

사람들이 시의회의 명령과 선서에 반해 모여드는 것을 보고 친교회파가 무기를 들었다. 그러자 상대편도 마찬가지로 행동했다. 중앙 광장에는 방책과 보호대가 들어섰다. 시의회는 친교회파에게 무기를 내려놓도록 지시했다. 상대편도 그렇게 했지만 잠깐뿐이었다. 사람들은 성상에 화풀이를 하려고 했다. 그리하여 중앙 광장에 모여서는 철포를 설치하고 며칠 밤을 야외에서 지새웠다. 가운데는 커다란 장작불이 타오르고 있었다. 그러나 다른 사람을 해치거나 집에 침입하는 사람은 없었다. 다만 나의 가까운 이웃이자 훌륭한 연설가로서 도시에 많

1   Allen, Ep. 2196:1-20.

은 공헌을 했던 시장은 배를 타고 몰래 도망쳤다. 그러지 않았더라면 어떤 운명을 맞았을지 모를 일이다. 이 외에도 꽤 많은 사람들이 달아 났다. 그러나 시의회는 시민권을 누리고 싶거든 귀환하라고 명령했다. 구교 세력이 모두 제거된 시의회의 투표는 손쉽게 끝났다. 시의회가 어느 정도로 사태를 통제할 수 있었는지의 여부는 이어진 사건이 보여 준다. 대장장이들과 수공업자들은 원하는 만큼 교회에서 성상을 제거 할 수 있었다. 그들은 부끄러움을 모른 채 성인들의 상에, 심지어 십자 가상에 대해서도 모욕했다. 아무런 기적이 일어나지 않았다는 사실이 기적이다. 한때는 그렇게 많은 일들을 행하고 별일 아닌 것에도 언짢 아하던 성인들이 가만있었으니 말이다. 이제 성인들의 조각상은 하나 도 남아나지 않았다. 교회에도, 건물 문간에도, 회랑에도, 수도원에도. 프레스코화와 성화는 모조리 회칠을 당했다. 불에 타는 것은 모두 장 작더미에 던져졌고 나머지는 산산조각이 났다. 금전적 가치도, 예술적 가치도 고려되지 않았다. 곧 미사도 완전히 폐지되었다. 사적으로 미 사를 드리거나 이웃 마을의 미사에 참석하는 것도 금지되었다.[2]

이것은 빌리발트 피르크하이머에게 보낸 편지에 담긴 내용이다. 에 라스무스가 중립을 지키려고 애쓰고 있다는 점을 알 수 있다. 심지어 이런 어두운 상황 속에서도 그는 유머를 잃지 않았다. 내가 아는 한

2   Allen, Ep. 2158: 9-35.

성상 파괴를 두고 "금전적 가치도, 예술적 가치도 고려되지 않았다" 라며 예술품의 손실을 안타까워한 이 시대의 기록은 에라스무스의 이 언급이 유일하다. 신학자들은 물론 일반 신자들도 십계명의 우상 금지 조항과 성상의 사용 관행이 어느 수준까지 양립 가능한지, 얼마나 교육적인 가치가 있는지, 이것이 거룩함이나 신성을 드러낼 수 있는지, 드러낸다면 어느 정도까지 드러내는지, 잘못된 위치에 설치되어 기증자의 명성만 드러내고 있지 않은지에 관해 뜨거운 논쟁을 벌이곤 했다. 그리고 이런 논쟁 끝에 어떤 성상을 파괴할 것인지 말 것인지를 결정했다. 그러나 이 열띤 논쟁 속에서 예술적 가치가 쟁점이 된 적은 없었다. 여기서도 에라스무스는 양쪽 입장의 바깥에 있다는 사실을 알 수 있다.

"복음주의자"와 복음

에라스무스는 『거짓 복음주의자 반박』(*Contra Pseudoevangelicos*)이라는 논고에서 종교개혁에 관한 자신의 입장을 대중들에게 토로한다. 그리스도교 세계를 복음에 기초하여 개혁해야 할 필요성이 시급하다는 사실에는 아무도 이견이 없다. 그러나 이것은 복음의 원칙을 따라 개혁이 이루어져야 한다는 뜻이지, 복음을 문자 그대로 구현하자는 뜻이 아니다. 반면 종교개혁자들은 역사의 바퀴를 거꾸로 돌리려는 것처럼 보였다. 복음의 원칙을 따르는 것을 넘어 복음에 나와 있는 모든 내용대로 사회를 개혁하려고 했던 것이다. 그러나 그리스도와 사도들의 가르침 또한 그 시대의 산물이다. 이를 문자 그대로 적용하는 것은 역사의식이 결여된 태도였다. 그런 점에서 개혁자들은 경솔하게 행동했다. 그래서 에라스무스는 그들과 결별한 것이다. 개혁자들은 그리스도가 1,400년 동안 교회를 떠났고 성인들의 기적은 환상일 뿐이며 이제야말로 초기 교회의 순전함을 회복할 때라고 주장한다.[3] 에라스무스는 이야기한다. "하지만 결과는 어떠한가? [성서에 직접적인 근거가 없던 교회법상의 결의와 같은] 이른바 인간적 규범이 새 인간적 규범으로 대체되었을 뿐이며 그나마 실상은 인간적이지도 않았다. 명칭만 바뀌어 이제 하나님의 말씀이라고 불린다. 그러나 상황은 전혀 나아지지 않았다. 자유가 왔다며 예찬하지만, 오히려 많은 선량한 사람들은 바로 그 자유를 피해 스스로 망명을 택한다."[4] 망명길에서조차 경솔한 개혁으로 인한 고통스런 결과에 직면해야 했다고 에라스무스는 불평한다. 분열은 기존의 교회도 과격하게 변화시켰기 때문이다. 이제 융통성 없는 신학자들과 수사들이 권력을 잡고는 누군가 조금이라도 다른 생각을 하는 것 같으면 추방과 투옥 및 화형으로 위협하는 시대가 되었다. 자유로운 토론은 사라졌다. 말도 안 되는

◇◇◇◇◇◇◇◇◇◇◇◇◇

3   ASD IX-1, 299:455-486. 전체 단락과 관련해서는 Christ-von Wedel (2013), 198f 참조.
4   ASD IX-1, 293:282-287.

주장이 신앙의 조항이라며 모두에게 강요되었다. "이제 우리가 스스로 선한 행동을 할 수 있으며, 우리의 선행으로 영생을 얻고, 성모 마리아가 성부 하나님과 함께 다스리시는 당신의 아들에게 이 기도 혹은 저 기도를 들어달라고 요청할 수 있으며, 그 외에도 경건한 마음을 소스라치게 하는 많은 것들을 믿어야 한다." 프로테스탄트도 더 하면 더 했지 덜 하지는 않은데, 프로테스탄트 지역의 성직자들은 모든 자유를 상실하고 국가 당국의 지배 아래에 놓이게 되었다. 당국이 앞장서서 다른 분파의 사람들을 가차 없이 "고문하고 살해하며 교수형, 참수형, 화형에 처한다."[5]

바꾸어 말하면 에라스무스는 학문적 신학이 교조주의로 변하고 신앙에 있어 다른 의견을 제시하는 사람이 이단으로 몰려 박해에 직면하기 시작한 것에 대한 책임이 종교개혁자들에게 있다고 주장한 것이다. 알려진 것처럼 구교 이단 심문은 1542년에 재개되었다. 프로테스탄트 지역에서는 본래 자율적이었던 교회가 철저히 국가교회로 바뀌어 세속 정부의 지배를 받게 되었고, 정부 차원에서 분파에 대한 박해가 이루어지게 된다. 에라스무스는 이미 교파주의가 몰고 올 모든 재앙을 내다보고 있었다. 이 재앙의 영향은 양편 모두에게 미칠 것이다. 에라스무스는 교회의 분열이 그리스도교 세계 전체의 죄악, 나아가 양편 모두의 악행과 고집에 대한 하나님의 심판이라고 생각했다.

---

5   ASD IX-1, 300:495-519.

에라스무스는 종교개혁자들이 수 세기에 걸친 오류를 불과 9년 만에 바로잡겠다며 국가 권력의 손을 빌린 것을 탄식했다. 사도들의 방식은 달랐다. 그들은 무력을 쓰지 않았다. 천천히, 거의 눈에 띄지도 않게 나아갔다. 사도들이 신상을 파괴했다는 기록은 찾아볼 수 없다. 그들은 설교와 모범적인 삶으로 가르쳤다. 그리고 기적을 통해 그들의 가르침이 진실임을 보였다. 종교개혁자들은 어떤 기적도 보이지 못했다. 그렇다고 그들의 삶이 모범적인 것도 아니라고 에라스무스는 생각했다. 그는 이렇게 비판했다.[6] 종교개혁자들은 만사에 사도들을 따른다고 주장하고 초기 그리스도교 공동체에 있었던 순전한 모습을 재건하고 있다며 자신을 합리화한다. 그러나 이는 터무니없는 말이다. 순전한 모습, 오류가 없는 모습이란 처음부터 존재하지 않았다. 바울조차 거짓 예언자들, 분열과 당파, 언쟁과 악습에 대해 경고해야 했다. 오늘처럼 그때도 교회가 이 세상에 발을 딛고 서 있는 한, 악인이 선인과 뒤섞이는 것을 내버려두어야 했다. 하지만 이것이 꼭 나쁜 것은 아니라고 에라스무스는 강조했다. 이단과 논쟁하며 교회는 많은 것을 배웠다. 단 폭력을 쓰지 않고 영적인 검만을 가지고 싸울 때 그랬다.

필멸하는 모든 것들과 마찬가지로 교회도 시작과 성장과 끝이 있다.

---

6   ASD IX-1, 299:455-486.

이제 와서 이를 시작점으로 되돌리는 것은 무의미하다. 이는 다 큰 성인을 데려다 요람에 눕히고 옹알이를 하게 두는 것과 마찬가지다. 시간과 상황은 많은 것을 바른길에서 엇나가게 하지만, 많은 것을 더 좋은 방향으로 이끌기도 한다. 한때 그리스도인들은 사람들의 눈을 피해 개인의 집에서 모였다. 그러나 이제 모든 사람은 개방되고 축성된 교회에 모인다.

무엇이 더 좋은가? 에라스무스는 논란이 있는 교회의 관행과 제도 하나하나를 훑어봄으로써 역사적 흐름 속에서 각각의 흥망성쇠를 보여준다. 그의 결론은 이렇다. 바울이 16세기에 살았다면 제도 자체를 비난하지는 않았을 것이다. 오히려 이를 잘못 사용하는 사람들의 잘못을 지적했을 것이다.[7]

에라스무스는 여전히 자신이 중립적인 관찰자의 시각에서 조언을 할 수 있다고 생각한다. 그리고 조언을 하려고 한다. 그는 강력히 권고했다. 종교개혁자들을 지지하는 사람이든, 로마 가톨릭교회를 따르는 사람이든, 서로 맞서 싸우는 대신 서로에게 다가가야 한다. 그리스도교의 근본 진리는 누구나 고백할 수 있는 것이고 고백해야 하는 것이지만, 나머지는 넉넉히 양보할 수 있는 것들이며 양보해야 하는 것이다. 이런 대수롭지 않은 아디아포라(역주: Adiaphora는 "대수롭지 않

7   ASD IX-1, 302:558-626.

은"이란 뜻을 지닌 그리스어 "아디아포론"의 복수형. 본질적인 문제가 아니라 의식이나 행위에 연관된 비본질적인 것으로서 각 개인의 양심과 숙고된 성찰에 맡긴다는 뜻)는 각 교회 공동체의 사정에 따라 원하는 대로 할 수 있다. 문제가 있다면 고쳐 개선하면 된다. 신체에 문제가 생겼을 때 매번 도려내고 찍어내 버릴 것인가? 입장이 다를 때 사람들은 항상 타협점을 찾는다. 상대방의 주장에서 한두 가지를 받아들이고 너그럽게 넘어간다. 물론 이 모든 분열의 원인인 성직자의 타락은 없어져야 한다. 그러나 하나님께 모든 사람이 복음의 진리 안에서 일치를 이루도록 간구해야 한다.[8]

에라스무스의 건강은 악화되어 갔다. 그리고 정신적으로도 의기소침해 있었다. 그는 자신의 시대만큼 폭력적인 시대가 없었다며 탄식했다. 저승에서 분노에 불타는 에리니에스(역주: 세 자매의 모습으로 몰려다니며 끔찍하게 복수하는 그리스 신화의 여신)가 한 600명은 쏟아져 나온 것일까? 정치도 교회도 병들어 있었다. 정치나 교회를 이끄는 사람들이라도 이성적으로 행동하며 복음에 따른 참된 경건을 회복할 수 있다면! 에라스무스는 1531년에 쓴 한 편지에서 그렇게 꿈꿨다.[9] 그는 교회의 일치를 위해 양편 모두가 참가하여 공의회를 준비할 수 있는 종교 회담을 구상했다. 사실 그런 회담은 얼마 지나지 않아 실제

8   ASD IX-1, 301: 520-593.
9   Allen, Ep. 2522:20-51.

로 열렸다. 에라스무스의 뜻에 공감하던 이들은 흥미롭고 창의적인
대안들을 제시하며 합의에 이르고자 거듭 노력했다. 그러나 황제의
지원으로 양 진영의 일치를 도모한 시도는 로마와 비텐베르크 양쪽
으로부터 배척받고 좌절되었다. 500년이 지난 지금도 교회는 분열되
어 있다.[10]

신앙에서의 관용

위정자들에게 편지를 쓰고 두 편의 논고를 내놓으면서 에라스무스는
그리스도교의 일치를 위해 애썼다. 논고는 모두 1533년에 쓴 것인데,
하나는 『신앙고백 해설』로 열린 마음과 관용을 호소하는 글이었고,
다른 하나는 『교회 일치』로 타협을 달성하기 위한 권고와 제안을 담
은 목록이었다. 에라스무스는 거듭 강조했다. 양편 모두 실수했다는
점을 인정하고 서로를 받아들이며 서로 양보해야 한다고 말이다. 이
것은 일치를 위한 전제 조건이었다.[11]

　　각각의 쟁점을 두고 에라스무스는 이렇게 주장했다. 의화냐 칭의
냐, 자유의지냐 노예 의지냐를 두고 다투는 일은 무익하다. 인간이 혼

◇◇◇◇◇◇◇◇◇◇◇◇◇

10　　Christine Christ-von Wedel, "Erasmus zwischen den Glaubensparteien,"
　　　Zwingliana 37 (2010), 21-40, 여기에서는 32 참조.
11　　ASD V-3, 304:617.

자서는 아무것도 이룰 수 없고, 무언가를 성취한다면 이 모두가 하나님의 은총 덕택이라는 사실을 인정하지 않을 사람은 없다. 믿음이 사람을 의롭게 한다. 그러나 에라스무스는 루터보다 거듭 그리고 더 단호하게 강조했다. 하나님이 주신 믿음은 반드시 선행으로 이어진다. "참된 믿음은 결코 가만히 머무르지 않는다. 그것이야말로 모든 선행의 원천이자 토양이기 때문이다."[12] 모든 것은 하나님의 선물이다. 그러나 인간의 "공로"(Verdienst)가 하나님 그분이 우리 안에서 행하시는 일이라고 이해하는 한, 우리는 공로를 이야기할 수 있다.[13] 신앙을 내버리고 거리낌 없이 죄를 짓는 일에 관해 에라스무스는 엄중히 경고했다. 그리스도를 따르고 자신의 십자가를 져야 한다.[14] 죽은 사람들을 위해 기도하는 관행도 내버려두라고 그는 권고한다. 오히려 지금 살아 있는 사람이 경건한 삶을 사는 데 도움이 되기 때문이다.[15] 다만 성인 숭배를 둘러싼 다양한 미신적 관행은 지적할 수 있겠다.

경건하고 단순한 흠모는 당장은 내버려두어도 된다. 이런저런 오류에 빠져 있어도 말이다. 성인들이 우리의 기도를 듣지 않는다고 하더라도 그리스도는 들으신다. 그리스도는 단순하고 소박한 이들을

---

12   ASD V-3, 304:625-636.
13   ASD V-3, 304:640-643; 눅 9:23 참조.
14   ASD V-3, 304:643-652.
15   ASD V-3, 305:656-662.

사랑하신다.[16]

이런 식으로 에라스무스는 모든 쟁점들을 논한다. 에라스무스에 따르면 가장 중요한 원칙은 "꺼림칙하게 여기는 사람에게는 새로운 형태의 믿음을 강요하지 말아야 한다"는 것이다.[17]

에라스무스의 글은 18세기에 이르기까지 교회의 일치를 지지하던 평화주의자들에게 영감을 주었다. 그들은 에라스무스의 글을 인용하며 그의 사상을 발전시켰다. 그러나 계몽주의 시대에 이르러서야 에라스무스의 사상이 폭넓은 공감대를 얻게 되었다.

평화를 호소하다

정치 문제 특히 폭력의 문제에 관해 에라스무스는 프라이부르크에서 다시 한번 목소리를 높였다. 튀르크인들과의 전쟁에 관해 쓰면서 그는 새로운 관점을 취했다. 유명한 에라스무스의 "정치적" 논고들은 그가 큰 기대를 품었던 1515년과 1517년 사이에 나왔다. 『격언집』의 "단지 경험 없는 이들에게만 전쟁은 달콤하다"(*Dulce bellum inexpertis*)라는 글, 『그리스도교 군주의 교육』, 『평화에의 호소』가 그것

<hr>

16   ASD V-3, 305:668-671.
17   ASD V-3, 311:880.

들이다. 여기서 그는 전통적 시각을 견지하면서 때로는 비정통적인 견해를 덧붙였다. 그러나 동시대인 중에서 에라스무스가 설명한 좋은 군주의 책무에 관해 반박할 사람은 없었다.

나쁜 관습은 좋은 법률로 다스려야 한다. 타락한 법률은 고쳐야 한다. 나쁜 법률은 폐지해야 한다. 청백리는 발굴해야 하고, 탐관오리는 처벌해 억눌러야 한다. 약한 계층은 가능한 한 짐을 덜어주어야 하며, 가능한 한 피를 흘리지 않고 강도와 범죄로부터 국토를 수호할 수 있는 제도적 방안을 강구해야 한다. 나아가 지속적인 조화와 유대를 장려하고 유지해야 한다. 사소해 보이지만 위대한 통치자에게 절대 무가치하지 않은 일들이 있다. 각 도시를 돌아다니며 개선할 점을 찾는 것이다. 통치자는 공격에 취약한 도시의 방벽을 보강하고 공공 시설물을 확충해야 한다. 가령 교량, 기둥, 교회, 제방, 수도 같은 시설을 생각할 수 있다. 전염병의 근원이 될 만한 오염된 장소가 있다면 건축물을 개축하거나 늪지를 메우는 방식으로 정화할 수 있다. 위험하게 흐르는 수로가 있다면 방향을 바꿀 수 있다. 또 바닷물을 들어오게 하거나 가로막음으로써 유용한 활용 방안을 모색할 수 있다. 버려진 땅이 있다면 경작할 수 있게 함으로써 수입을 증대하도록 신경을 써야 한다. 생산성이 떨어진다면 다른 작물을 경작할 수 있도록 해야 한다. 또한 포도를 재배하기엔 부적합한 땅에 포도를 심는 일이 없도록 해야 한다. 이처럼 좋은 통치자가 기꺼운 마음으로 할 수 있는 일들은 수천 가지가 있

다. 몸이 근질근질해 전쟁을 일으킬 필요가 없는 것이다.[18]

오랫동안 할 일이 없었다는 이유만으로 전쟁이 일어나는 것은 아니다. 전쟁을 피해야 하는 이유가 더 있다. 전쟁은 커다란 피해와 수많은 악을 가져온다. 따라서 "정의로운 전쟁"도 가능한 한 무조건 피해야 한다고 에라스무스는 주장했다. "정의롭다고 부를 수 있는 전쟁이란 게 있다면" 제후는 모든 감정을 배제하고 이성에 따라 결정해야 한다. 이성적으로 생각한다면 승리한 전쟁조차 아무런 이점이 없다는 사실을 깨닫게 될 것이다. 그러나 더 중요한 사실을 잊지 말아야 한다. "그리스도의 가르침 전체가 전쟁에 반한다"라는 사실이다.[19] 그러므로 그리스도인에게 정당한 전쟁, 정의로운 전쟁이란 없다. 구약에선 하나님이 전쟁을 명하기도 하셨다며 합리화할 수는 없다. "유대인에게 허용되었던 많은 것들이 그리스도인들에게는 허용되지 않기 때문이다."[20] 이렇게 에라스무스는 정의로운 전쟁 이론에 반대했다. 이는 에라스무스를 제외하고는 16세기에 그 누구도 감히 하지 못한 주장이었고, 이 때문에 에라스무스는 심각한 이단 혐의를 받게 되었다. 세속적·영적 불의에 맞서는 것, 찬탈자에 맞서는 것 또는 이교도에 맞서는 것이라면 전쟁은 정당하다고 여겨졌다. 이것은 아우구스티누

---

18   ASD IV-1, 211:399-414.
19   ASD IV-1, 214:474-521.
20   LB IX, 842B.

스로부터 내려오는 입장이었다. 또한 아우구스티누스에 따르면 정복 전쟁도 정당한 정부가 정당한 이유를 가지고 한다면 정의로운 것이었다. 원칙적으로 정의로운 전쟁이란 평화에 기여하기 때문에 선의로 전쟁에 임할 수 있었다.[21] 이런 영향은 교회법에도 스며들었다. 그라티아누스(Franciscus Gratianus, 역주: 이탈리아의 법학자이자 교회법학자, 가말돌리회 수도사로서 교회법의 기초를 마련한 인물)는 국가의 안녕을 위한 모든 전쟁이 정의로운 것이라고 간주했다.[22] 군대를 통한 무력 사용은 비난받지 않았다.

심지어 사도 바울도 정부가 칼을 드는 데는 합당한 이유가 있다고 천명했다. 그것은 악을 행하는 자에 대한 하나님의 진노를 집행하는 행위였다. 그리스도인은 기꺼이 세금을 내야 할 뿐 아니라 권력에 복종할 의무가 있다(롬 13:1-7). 에라스무스는 이를 인정하면서도 역사적 맥락을 내세우며 사도의 언명을 상대화했다. "이는 이교 통치자에 관한 것이다. 그때는 아직 그리스도교 통치자가 없었기 때문이다. 베드로서는 하나님을 모르는 관리라 하더라도 그들이 직무를 수행하는 것일 뿐이니 하나님의 뜻에 어긋나는 것을 요구하지 않는 한 그 요구에 따르라고 지시한다. 이는 국가의 질서를 어지럽히지 않기 위함

◇◇◇◇◇◇◇◇◇◇◇◇

21   「신국론」(*De civitate Dei*) 15, 4; 19, 7 (MPL 41, 440/441; 634);「파우스투스 반박」(*Contra Faustum*) 22, 74 (MPL 42, 447);「칠경에 관한 질문」(*Quaestiones in Heptateuchum*) 6, 10 (MPL 34, 781).

22   II causa 23 q I c. III-VII. (ed. Aemilius Friedberg I; 892-894).

이다." 그러나 이것은 반대로 말하면 저항할 수 있다는 뜻이었다. 에라스무스는 이어서 이렇게 말한다. 그리스도인들에게 또한 그리스도교 통치자들에게 바울은 완전히 다른 이야기를 하고 있다. "서로 사랑하는 것 외에는, 아무에게도 빚을 지지 마십시오(롬 13:8)".[23] 에라스무스는 서로 사랑한다는 것에는 절대적 통치권도 절대적 복종의 의무도 없다고 보았다. 이처럼 에라스무스는 공공연히 저항을 촉구했다. 전쟁에 심취한 군주에 대해서는 더욱 저항해야 한다고 보았다. "시민들의 공동 정신은 [군주의] 야망을 억눌러야 한다"고 말했다. 이런 점은 루터와 대비되는 측면이다.[24]

공화주의적 자유

세속 정부가 그리스도를 따르면, 통치자와 피통치자의 관계도 영향을 받는다.

> 모든 사람은 자유롭게 태어났으며 노예제는 자연에 반하는 것인바, 이는 심지어 이교 법률도 인정하는 것이다. 그렇다면 한 그리스도인이

---

23   ASD VI-1, 166:960-970.
24   ASD IV-2, 87:611-614; 88:655-667.

다른 그리스도인들을 지배한다는 것이 얼마나 이치에 맞지 않는 일인지 생각해보라. 율법도 백성을 노예로 만들려고 하지는 않았으며 게다가 그리스도는 모든 예속으로부터 당신의 백성을 구원하셨다.…그리스도가 당신의 피로 구원하시고 그대와 같은 자유를 누리게 하셨으며 그대와 같은 성례로 먹이시고 그대와 같은 불멸의 유산을 상속하도록 부르신 그 사람을 노예로 삼는 것은 얼마나 불합리한 일인가? 그대와 함께 예수 그리스도를 주님과 왕으로 고백하는 사람에게 노예의 멍에를 씌울 것인가?[25]

에라스무스는 공화주의적 자유를 주창했다. 1515년에 미래의 황제 칼 5세에게 헌정한, 군주의 교육을 다룬 글에서도 그는 혼합적 국가 정치체제를 추천했다.

모든 덕목을 겸비한 완벽한 군주가 있다면 간단히 온전한 군주정을 추구할 만하다. 그러나 그 언젠가라도 그런 경우가 있을지는 모를 일이다. 따라서 무언가 다른 형태를 따르는 것이 더 타당하고 지향할 만하다. 모든 인간사가 그러하듯이 평범한 통치자 한 사람이 있다면 군주정은 민주정과 귀족정의 요소를 포함하는 편이 나을 것이다. 그렇게 함으로써 폭정으로 전락하는 것을 막고 상호 견제를 실현할 수 있을

25   ASD V-1, 165:930-938.

것이다. 그런 정부 아래에서 국가의 존립이 가능하다. 국가의 안녕을 바라는 통치자라면 자신의 권력이 이를 통해 제한되지 않고 오히려 도움을 받는다고 이해할 것이다. 그런 통치자가 아니라면 적어도 이 한 사람의 권력을 뒤흔들고 축소할 수 있는 무언가가 있다는 점에서 낫다.[26]

에라스무스는 계속하여 시민이 자유인임을 분명히 한다. 에라스무스는 강조했다. "말 못 하는 짐승과 노예로 전락한 사람들을 지배하는 것은 경멸스러운 일이다."[27]

에라스무스는 1515년에도 당시 군주들이 자신이 생각하는 이상적인 그리스도교 군주상에 부합하지 않는다는 점을 의식했다. 그러나 그는 인간을 교육할 수 있다고 낙관했다. 그러므로 군주들도 개선될 수 있고, 개선되어야 한다고 믿었다. 그래서 그의 결론은 2년 전 피렌체의 철두철미한 정치사상가 니콜로 마키아벨리가 실패와 투옥, 고문 끝에 내렸던 결론과는 달랐다. 마키아벨리는 많은 사람들이 공화정을 꿈꾸나 이를 실제로 본 사람은 아무도 없다고 비꼬았다. 사람들이 살아야 하는 방식과 실제로 살아가는 방식은 완전히 다른 법이다. 나라를 망치려는 것이 아니라 보존하려면 이상은 접어두어야 한

---

26   ASD IV-1, 162:843-851.
27   ASD IV-1, 163:870f.

다. 선한 것만을 원하는 사람은 여러 악한 것들에 의해 좌절한다. 따라서 성공을 원한다면, 통치자는 필요한 경우 부도덕한 일도 감행할 수 있어야 한다.[28]

마키아벨리가 자신의 경험을 토대로 서구 사상에 불어넣은 국가관은 그리스도를 따르는 삶과는 결이 달랐다. 반면 에라스무스는 그리스도를 따르는 삶, 헌신과 자기 부정의 삶을 통치자에게 요구했다. 평화를 위해서라면 통치자는 권력 일부를 포기하거나 필요하다면 직책에서 물러나는 일도 고려할 수 있어야 한다는 것이었다.[29] 반면 마키아벨리는 통치의 안정을 확보하기 위해서라면 전쟁을 포함한 무력의 사용도 고려하는, 권력을 사용할 줄 아는 정치가의 자세를 권했다. 종교개혁자들도 "두 왕국"(루터)이나 "두 정의"(츠빙글리) 등을 뚜렷하게 구분함으로써(역주: 루터는 하나님의 나라와 세속 정부를 구분하여 보았고, 츠빙글리는 하나님의 정의와 인간의 정의를 대비시켜서 인간의 정의의 불완전함을 강조함) 그리스도교 공동체에서도 정부의 무력 사용 가능성을 열어두었다. 그들에 따르면 악을 악으로 갚지 말라는 그리스도의 가르침은 개인의 사적 영역에 해당하는 것으로 이해해야 한다. 그러나 정부의 관리는 "정당한" 이유에 따른 것이라면 과감히 칼을 들고 전쟁을 이끌 수 있다. 그러나 에라스무스는 이에 반대했다. 그는 이런 식으로

---

28 Niccolò Machiavelli, *Der Fürst* (trans. by Friedrich von Oppeln-Bronikowski, foreword by Horst Günther; Frankfurt, 1992), 78 참조.

29 ASD IV-1, 216:545-552; ASD IV-2, 96:822-827.

사적 영역과 공무상 정당한 행동을 구분하려고 하지 않았다. 그러나 그렇다고 일부 재세례파처럼 그리스도교 공동체의 모든 통치권을 거부하지는 않았다. 오히려 국가가 그리스도교의 이웃 사랑의 정신을 최대한 발휘하면서 평화와 질서를 확립해야 한다고 강조했다. 그리고 그러기 위해서는 법을 어긴 이를 처벌하기보다 먼저 교육을 하는 것이 좋겠다고 덧붙였다.

> 우선 정부의 활동에 합리적인 근거가 있어야 한다. 그래야 누구도 범죄를 저지르려고 하지 않을 것이다. 그다음 하나님의 준엄한 징벌을 이야기하고, 마지막으로 형벌로 위협하는 것이다. 이런 것이 소용이 없을 때는 형벌을 가할 수 있다. 그러나 이는 악을 시정하는 정도의 약한 것이어야 하며, 사람을 해쳐서는 안 된다.[30]

사형은 할 수 있는 한 언제나 지양해야 할 것이다.

에라스무스는 폭력의 문제를 체계적으로 다루면서 정부가 어떤 경우에 물리력을 사용해도 되는지 확정적으로 말할 수 없었다. 그럴 마음도 없었다. 그리스도인은 원칙적으로 무력을 사용해서는 안 된다고 에라스무스는 생각했다. 무력은 극단적인 위기 상황에서 시민들을 보호하기 위해 제한적으로 사용될 수 있을 뿐이었다. 그리고 그

---

30   ASD IV-1, 196:927-931.

런 경우가 닥친다면 어떤 정해진 규칙을 따르기보다는 그때그때 상황에 맞게 결정해야 하는 것이었다.

이탈리아를 둘러싼 전쟁에서는 교황도 주저함 없이 개입하곤 했다. 그러나 그리스도교 국가들 사이에 일어나는 전쟁에 관해 에라스무스의 입장은 분명했다. 그는 그리스도인들 사이에 전쟁은 없어야 한다고 주장했다.

에라스무스는 유럽을 그리스도교 서방이라는 하나의 공동체로 보았다. 어떤 국가, 어떤 정부의 지배나 통치 아래 있는지는 중요하지 않았다. 에라스무스는 유럽이 하나의 집이라고 생각했다. 모두를 아우르는 집, 모두가 그리스도를 주님으로 섬기는 집이었다.[31] 플라톤은 "그리스인과 그리스인의 싸움은 전쟁이 아니라 내전"이라고 불러야 한다고 주장했다. "이교도의 법률은 자신의 칼을 형제의 피로 물들인 자는 자루에 넣어 강에 던지도록 했다. 그리스도가 맺어주신 사람들이 피붙이보다 못하다는 것인가? 그러나 우리는 형제를 살인한 자에게 오히려 포상을 한다."[32] 에라스무스는 그리스도인을 살해하는 것은 전시와 평시를 막론하고 형제를 살해하는 것과 같다고 생각했다. 이를 방지하기 위해 통치자는 "누가 어느 지역을 통치할 것인지" 영구히 확정해야 하고, "한번 할당된 영토는 혼인 동맹으로 확대 또는 축소되

---

31   ASD IV-2, 76:359-363; 78:417-420.

32   ASD IV-2, 84:550-556.

거나 조약으로 떨어져 나가는 일이 없어야 한다."³³ 그럼에도 불구하고 그리스도교 국가들 사이에 분쟁이 일어난다면 중재를 통해 합의를 보아야 한다. "교육받은 사람들"이 법률에 근거하여 판단해야 한다.³⁴

"인권"

튀르크인들의 위협과 관련해 에라스무스는 양면적인 태도를 보였다. 평화를 주제로 1515-17년에 쓴 초기 저작들에서 그는 튀르크인들과 전쟁을 해서는 안 된다고 촉구했다. 차라리 선교사를 보내는 것이 좋겠다는 의견을 제시했다. 사도들도 결국 칼로 싸우지 않고 설교로 세상을 정복하지 않았나? 그는 그리스도가 모든 인간을 위해 죽으셨다고 주장했다.

> 하나님 없이 사는 자들을 살해하는 일이 그리스도교적 행위라고 생각하는가? 그리스도가 그들을 구원하기 위해 죽으셨다. 따라서 그런 행동은 악마에게 제물을, 그것도 두 배로 바치는 것이다. 살인이 일어났고, 살인을 저지른 자는 그리스도인이니까.³⁵

33   ASD IV-2, 88:636-638.
34   ASD IV-2, 86:578-581.
35   ASD II-7, 38:778-968.

신자든 아니든 에라스무스는 모든 사람에게 생명권이 있다고 생각했다. 이 생각은 얼마 지나지 않아 자연법사상에 근거하여 국제법으로, 수백 년 후에는 인권 개념으로 발전한다.

1526년에 모하치 전투가 일어난 다음 오스만 제국이 점령한 헝가리의 여러 친구들로부터 무시무시한 소식을 전해 들은 후 에라스무스는 흔들리기 시작했다. 그리고 회자되는 튀르크인들의 끔찍하고 잔인한 행동이 사실일 수 있겠다고 수긍하기에 이르렀다.[36] 그는 점점 튀르크에 대한 전쟁을 긍정적으로 바라보기 시작했다. 1529년에는 튀르크인이 비엔나 근처까지 쳐들어와서 그 도시를 위협하고 있었다. 이는 에라스무스가 『튀르크 전쟁에 관한 자문』을 집필하는 계기가 되었다. 에라스무스는 어떤 식으로 전쟁을 정당화했을까? 그는 이렇게 주장했다. "튀르크인들에게 맞서지 않는 것은 그리스도의 명분을 가장 끔찍한 적에게 내어주는 것이며, 부당한 압제 아래 놓인 우리의 형제들을 저버리는 행위나 다름없다."[37] 에라스무스는 형제자매를 두고 이야기하고 있다. 1530년의 에라스무스에게 그들을 버린다는 것은 모든 인간에게 주어져야 할 보호를 박탈하는 것과 마찬가지였다. 그러나 그렇다고 해서 에라스무스가 원수를 사랑하라는 명령과 악을 악으로 갚지 말라는 그리스도의 가르침을 저버린 것은 아니다.

---

36   ASD V-3, 76.
37   ASD V-3, 52, 390-393.

적이 패배한 것은 잘 된 일이라고 생각해야 한다. 튀르크인에서 그리스도인이 되어야 한다.[38] 에라스무스는 이미 전투원까지 고려하는 인도적 전쟁 수행을 주장했다. 그가 여기서 암시한 부대원에게도 일정한 보호 조치를 제공한다는 합의가 국제법에 포함된 것은 1907년에 이르러서야 가능해진 일이다.

에라스무스는 세상과는 담을 쌓은 이상주의자였을까? 정치라고는 이해하지 못하는 사람이었을까? 그가 한 조언은 따를 만하기보다는 비웃음거리에 지나지 않았을까? 당시 많은 사람들은 그렇게 여겼다. 그러나 모두가 그렇게 생각한 것은 아니다. 오랫동안 황제 칼 5세 아래에서 재상을 지내며 막대한 권력을 휘두른 메르쿠리노 가티나라는 에라스무스를 두고 이렇게 증언했다. "하나님의 영광과 국가의 안녕만을 구하는 이는 에라스무스를 지지한다"[39] 평화를 호소하는 에라스무스의 글들은 이미 그의 생전에 여러 언어로 번역되었고, 에라스무스의 저작들이 금서로 지정된 1559년 이후에도 확산되었다. 17세기에 이 글들은 새로운 전성기를 맞았고, 몇몇은 오늘에 이르기까지 남아 있다.[40]

에라스무스가 한때 품었던 높은 이상, 더 나은 시대를 향한 확신

---

38   ASD V-3, 56:461; 68:758-762; 82:368; 62:614-620.
39   Allen, Ep. 1757.
40   Irma Eltink, *Erasmus-Rezeption zwischen Politikum und Herzensangelegenheit* (Amsterdam, 2006) 참조.

은 사라졌다. 그러나 그는 자신의 이상이 개선을 위한 유일한 길이라고 믿으며 이를 고수했다. 그리스도를 십자가에 못 박았던 사람들이 지금도 그를 따르지 않는다는 이유로 그리스도의 평화의 왕국에 관해 더 이상 이야기해서는 안 되는 것일까? 이 세상의 나라가 전쟁과 신앙 싸움으로 갈기갈기 찢어졌다 해서 하나님 나라가 도래하리라는 희망도 접어야 하는 것일까? 전쟁을 보며 에라스무스는 고통스러워했다. 그러나 희망을 버리지는 않았다. "제국의 [영적인 그리고 세속적인] 두 영역이 복음이 가르치는 경건을 새롭게 하기 위해 진심 어린 마음을 다한다면, 악은 치유될 수 있다"[41]라며 에라스무스는 1531년에 율리우스 프플루그(역주: Julius von Pflug[1499-1564], 독일 나움부르크 교구의 마지막 가톨릭 주교. 에라스무스의 영향으로 종교개혁 시기에 가톨릭 인문주의자로 활발히 활동하고 개혁에 동참함. 1557년 보름스 종교담화 의장을 맡기도 함)에게 호소했다. 그리고 양 교파 대표단의 회담에 관한 자신의 계획을 설명했다. 플루그는 에라스무스의 사상을 받아들였다. 그리고 레겐스부르크에서 종교 담화를 주재했다. 이 회의에서 각 교파의 대표단은 여러 쟁점, 특히 칭의론에 관해 일치할 수 있었다. 그러나 로마의 추기경 회의와 마르틴 루터는 이 합의를 받아들이지 않았다. 1999년이 되어서야 교황청 산하 그리스도인일치촉진협의회 의장과 루터교 세계총연맹 의장은 칭의론에 관련된 연합 공동 선언문에 서명했다.

◇◇◇◇◇◇◇◇◇◇◇◇

41   Allen, Ep. 2522:29.

모든 것은 변화한다

그러는 동안 에라스무스는 늙어갔다. 그리고는 계속하여 자신이 살
날이 얼마 남지 않은 것 같다고 이야기하곤 했다. 1534년에 에라스무
스는 『죽음의 준비』라는 책을 썼다. 그는 마지막 힘을 다해 작업에 몰
두했다. 새 『대화집』을 출판했고 『신약성서』 주석을 증보했다. 그리고
1519년부터 쓰고 있던 『전도서』(Ecclesiastes)를 완성했다. 이는 설교의
방법에 관해 쓴 책인데, 평생 설교를 하지 않은 사제가 설교자를 위해
쓴 이 지침은 끝내 4권 분량으로 늘어나 오늘날의 독자에게는 과도할
정도의 규모가 되었다. 그럼에도 이 책은 널리 읽혔고, 당시 설교에
새로움을 불어넣을 수 있는 책으로 평가받았다. 에라스무스에 따르
면 새로운 설교자는 더 이상 스콜라적 궤변에 머물지 않는다. 주제에
본문을 맞추는 식으로 설교하지도 않을 것이다. 오히려 성서 본문을
맥락에 따라 해석하고 고대 수사학의 원칙들을 적용해 말씀을 선포
할 것이다. 이는 에라스무스가 새롭게 출판한 초기 그리스도교와 그
리스, 라틴 교부들이 했던 방식을 따르는 것이기도 하다. 물론 새로운
설교자는 교부들의 지나친 알레고리 해석 전통을 경계해야 한다. 성
서의 저자들이 살았던 시대와 다른 시대에 살고 있다는 사실을 설교
자는 의식할 것이다. 에라스무스는 삶의 마지막 순간에도 독자들에
게 성서의 중요한 본문에 커다란 시대적 차이가 있다는 사실과 더불
어 상황과 정서가 얼마나 많이 달라졌는지를 다시 한번 일깨우고 있

었다.

시간의 힘은 강하다. 무언가를 굳게 확신하며 주장하던 사람도 시간이 흐르면 입장을 바꾼다. 그 자체로 확실해 보이는 것들도 상황이 달라지면 변화한다. 얄궂은 자연이 우리에게 장담하는 것 하나가 있다면, 어떤 것도 확신을 가지고 영원히 전달될 수는 없다는 사실이다. 글을 통해 후세에 전해지는 그 어떤 것도 확실히 신뢰할 수 없는 법이다.

모든 것은 변화한다. "한때 평지였던 곳이 지금은 산이 되어 있고, 한때 도시가 있던 곳이 지금은 웅덩이로 변해 있다." 심지어 "나무와 덤불조차 과거에 묘사된 바와 다르다."[42]

옛 문헌을 해석하고자 하는 이는 먼저 기록 당시의 상황에 정통해야 한다. 그래야 이를 적절하게 해석할 수 있을 것이다. 그런 다음에야 그 시대의 증언을 현재 시대에 맞게 옮길 수 있다. 그리고 그때도 "시대적 상황과 지역 및 인물에" 주의를 기울여야 한다.[43] 그리고 나서야 듣는 이들의 마음에 하나님과 이웃 사랑의 불을 지피겠다는 해석의 목표를 달성할 수 있다.

그의 저서 『전도서』는 엄청난 반향을 일으켰다. 오말리

---

42   ASD V-4, 254:181-187.
43   ASD V-4, 64:583-585.

(O'Malley)의 표현에 따르자면, 300년 넘게 이어진 스콜라 전통의 설교인 주제 설교가 그야말로 "하룻밤 사이에" 사라져버렸다. 『전도서』가 출판되자 프로테스탄트는 물론 가톨릭교회조차 이런 전통을 그만둔 것이다.[44] 바젤이 성찬에 관한 중도적인 입장을 채택하자, 에라스무스는 다시 바젤로 돌아갔다. 『전도서』와 『신약성서』 최종판 출판을 감리하기 위해서였다. 함께 일해온 인쇄업자 히에로니무스 프로벤이 선뜻 자신의 집에 머물도록 배려해주었다. 오랫동안 머물 생각은 아니었다. 그러나 에라스무스의 건강은 눈에 띄게 악화되었고, 대부분의 시간을 누워 지내야 하는 상황이 되었다. 정든 도시 바젤에서 에라스무스는 1년 남짓한 시간을 보냈고, 그곳에서 눈을 감았다. 종파 간의 적대감과 불화는 날마다 깊어갔다. 1531년, 츠빙글리는 개혁파와 로마 가톨릭이 각자 동맹을 맺어 충돌한 카펠 전투에서 사망했다. 루터는 로마와는 물론 개혁파와도 완전히 결별했다. 1529년에 루터파는 보름스 칙령의 강행에 반발하며 저항했고, 아우크스부르크 제국의회 이후에는 황제와 교황에 대항해 연합 세력을 형성했다. 에라스무스는 가운데에 끼어 있었다. 양편에 반대자와 신랄한 적들이 있었다. 동시에 양편에 추종자들도 있었다. 프로테스탄트 도시 바젤은 모든 예우를 다해 그를 맞이했다. 대학은 말바시아 포도주 두 주전자와 과

---

44   John W. O'Malley, "Erasmus and the History of Sacred Rhetoric: The Ecclesiastes of 1535," *ERSY* 5 (1985), 1-29, 여기서는 특히 13 참조.

자를 환영 선물로 준비했다. 그런데 환영 연설이 예기치 못한 방향으로 흐르고 말았다. 연설을 맡은 인물은 치밀하고 학식 있는 노련한 인쇄업자 오포리누스였다. 그는 완벽하게 준비한 축사를 읽어내려가며 에라스무스의 손을 꽉 쥐었는데, 힘을 너무 주었는지 에라스무스가 비명을 질렀다. "이것 좀 놓아주세요. 나는 통풍을 앓고 있단 말이오." 그러자 크게 당황한 오포리누스는 시작한 연설을 끝내지 못한 채 내려오고 말았다.[45]

에라스무스가 바젤로 돌아오자 개혁파 도시였던 취리히도 행여나 그가 아직 개혁교회와 함께할 마음이 있지 않을까 새로운 기대를 품었다. 바젤 교회 총회장 뮈코니우스 목사는 에라스무스에 대해 갖고 있던 모든 의구심에도 불구하고 친절을 다해 그를 맞이했다. 하인리히 불링어는 기대에 차 말했다. "그분이 마침내, 노년에 전적으로 우리 쪽으로 와주신다면!"[46] 반면 루터는 1534년에 출판한 어느 편지에서 에라스무스를 "악마의 화신"이라고 불렀다. 그가 역사성을 이유로 교리에 관해 모호하게 얼버무림으로써 그리스도교 신앙 자체를 파괴하고 있다는 것이었다.[47] 심지어 율리우스 카이사르 스칼리게르

45   Johannes Rütiner, *Diarium* 1529–1539 (ed.by Gerhard Rüsch; St. Gallen, 1996), I. 369f, Nr. 645.
46   John W. O'Malley, "Erasmus and the History of Sacred Rhetoric: The Ecclesiastes of 1535," *ERSY* 5 (1985), 1–29, 여기서는 특히 13 참조.
47   WA Br. 7, 34:239.

같은 인문주의자도 그를 "그리스도의 적"이라고 부르며 여기에 "술주 정뱅이와 기생충"이라고 덧붙이기까지 했다.[48] 쾰른과 뢰벤, 파리의 정통 가톨릭 신학자들도 에라스무스에 대한 비하를 이어갔다. 그들 의 눈에 에라스무스는 이단자일 뿐이었다. 그러나 새로 선출된 교황 바오로 3세는 에라스무스에게 추기경직을 제안했다. 그는 이전에 양 극단 사이에서 주의 깊게 중용의 길을 걸어야 한다고, 어느 한편에 가 담하지 말아야 한다고, 공의회에서는 중요한 문제만 다루고 내부의 문제는 열어두어야 한다고, 예배의 형태가 다르다고 교회의 일치가 무너지는 것은 아니라고 교회의 수장에게 제안한 적이 있었다.

> 그리스도교 세계의 평화를 해치지 않는다면 다양한 생각을 할 수 있다 는 확신이 있습니다. 나아가 정당하고 옳은 것을 주장하는 한도 내에 서 그들이 원하는 대로 추진할 수 있다는 기대를 교파들에게 안겨준다 면 유익할 것입니다.[49]

에라스무스는 교황청의 영예로운 제의에 이렇게 소감을 밝혔다.

> 교황께서는 앞으로 있을 공의회를 위해 몇몇 학자들을 추기경단에 포

---

48   Bruce Mansfield, *Phoenix of His Age. Interpretations of Erasmus c. 1550-1750* (Toronto, 1979), 4 참조.
49   Allen, Ep. 2988:75-79.

함하고자 하셨고, 저 에라스무스도 물망에 올랐습니다. 그러나 장애물이 있었으니, 일단 그런 일을 감당하기에 제 건강 상태가 너무 악화된 것도 있고 수입도 적었습니다. 연 수입이 3,000두카트(역주: 중세 유럽 상업과 교역의 중심지인 베네치아 공화국에서 만들어진 이후 제1차 세계대전까지 유럽에서 통용되던 금화 혹은 은화의 화폐 단위) 미만인 인물은 추기경직에서 제외하기로 한 결의가 있을 겁니다. 그러자 그분들은 저에게 한직을 몇 개 맡겨 수입을 만들어서 추기경복을 입히려 하고 계시지요. 옛말에 나오는 "고양이를 위한 연미복" 딱 그것이 아닌가 합니다.[50]

양 종파 간의 대립을 중재하고 상호 관용을 촉구하라는 에라스무스의 조언을 교황은 받아들이지 않았다. 그러자 에라스무스는 교황이 제안한 한직과 추기경직도 거절했다. 이는 에라스무스가 여전히 커다란 명망을 누리던 인물이었음을 보여주는 대목임이 분명하다.

◇◇◇◇◇◇◇◇◇◇◇◇

50   Allen, Ep. 3048:85-92.

8장

죽음과 그 이후

에라스무스는 1536년 7월 11일에서 12일로 넘어가던 날 밤 숨을 거두었다. 곁에 있었던 사람들이 회상하길, 그는 죽음을 준비하며 쓴 글에서 이야기한 대로 세상을 떠났다고 한다. 하나님의 자비를 구하고, 자신을 하나님께 맡겼다. 에라스무스가 남긴 마지막 말은 모국어인 네덜란드어였다. "사랑하는 하나님"(Lieve God, 리퍼 호트). 그런 다음 그는 눈을 감았다.

바젤은 모든 예우를 다해 그를 뮌스터에 안장했다. 종교개혁 이후 바젤에서는 모든 종교적 장례 예식이 금지되었으나, 시의회는 이번만은 예외를 허용해야 한다는 데 의견이 일치했다. 1538년에는 묘비가 완성되었다. 비록 같은 위치는 아니지만, 이 묘비는 여전히 바젤 뮌스터에 있다. 에라스무스는 장례를 통해서도 지속적인 영향을 남겼는데, 이번에는 그 영향이 곧바로 나타났다. 시의회는 몇 년이 지나기도 전에 또다시 묘비를 허용했다. 에라스무스를 위해 한 번 허용한 것을 다른 사람에게 금지할 수는 없었다.

에라스무스의 묘비석에는 고전적인 비문이 새겨져 있다. 그 내용은 아래와 같다.

고(故) 데시데리우스 에라스무스. 로테르담 출신. 모든 영역에서 위대했던 인물이라. 현명함을 겸비한, 모든 학문에 대한 비할 바 없는 고인의 학식을 후세는 찬탄하리라. 보니파치우스 아메르바흐, 히에로니무스 프로벤, 니콜라우스 에피스코피우스는 고인의 상속자이자 유언 집행인으로서 이 비석을 세웠노라. 이는 고인을 기억하기 위함이 아니라 사멸하는 육신을 지키기 위함이라. 이미 고인에 대한 기억은 고인이 출판한 저작 안에서 불멸의 명성을 얻었음이라. 저작 안에서 고인은 세상 끝날까지 살아 모든 민족의 학자들과 대화하리라. 고인은 그리스도의 탄생 후 1536년 7월 12일 일흔의 나이로 별세하였다.[1]

에라스무스는 유산을 곤궁하고 병약한 노인들의 복지와 가난한 소녀들의 지참금, 재산이 없는 학생들의 장학금으로 써달라고 유언했다. 상속인과 두 명의 유언 집행인은 고인의 유지를 충실히 받들었다. 장학금을 위한 기금은 지난 세기까지 남아 있을 정도였다. 그러나 그들은 여기에서 한 걸음 더 나아갔다. 에라스무스가 모든 민족의 학자들과 더 잘 대화할 수 있도록, 그들은 에라스무스가 바라던 대로 또한 그가 의도한 배열에 따라 그의 작품 전집을 출판하는 작업에 착수했다. 그래서 이미 1540/41년에 아홉 권의 책이 출간되었다. 그렇게 에라스무스가 평생에 남긴 저술들은 이를 기초로 하여 오늘날에 이르

---

1   Emil Major, "Die Grabstätte des Erasmus," *Gedenkschrift zum 400. Todestag des Erasmus von Rotterdam* (Basel, 1936), 299–315. 라틴어로 새긴 묘비석의 독일어 번역은 315에 있다.

기까지 개방적이고 포용적인 그리스도교, 다른 생각을 가진 사람들과의 관대한 공존, 이웃 문화에 대한 감수성 있는 자세, 아동 지향적 교수법, 자유로운 사회, 비폭력적 정치, 인도주의적 법률 등에 영감을 주고 있다.

그러나 다가오는 교파 간의 투쟁 가운데 에라스무스가 품었던 이상은 점차 거부당했다. 이것은 이미 에라스무스가 생전에 경험하던 모습이었다. 언제나 고유의 시대적 상황을 고려해 무언가를 결정해야 한다고 주장했던 그의 역사적 접근은 모두에게 배척받았다. 사람들은 그들이 따를 수 있는, 뚜렷하고 명확하며 절대적으로 타당한 규칙을 원했다. 이를 통해 그들은 서로에 대해 각자의 교파적 정체성을 강화했다. 루터는 학교에서 에라스무스를 읽지 못하게 하려고 했다. 가톨릭 국가들의 상황도 마찬가지였다. 1543년에 에라스무스의 저작들이 불태워졌다. 1558/59년에는 그의 저작 전체가 로마 가톨릭 교회의 금서 목록에 올랐다.

그러나 로마는 이 결정을 수정하지 않을 수 없었다. 적어도 논란이 될 만한 부분을 삭제한 판본이 유통되는 것은 내버려 둘 수밖에 없었다. 학교나 대학에서 에라스무스의 저작을 완전히 배제하는 것은 불가능했다. 루터가 사망하자 멜란히톤은 다시금 프로테스탄트 비텐베르크에서 학생들에게 에라스무스를 읽도록 권했다. 학교 교사들도 에라스무스의 『대화집』을 필요로 했다. 교파 간 전쟁으로 얼룩진 가장 어두운 시기에도 에라스무스의 명성은 미셸 몽테뉴, 요세푸

스 유스투스 스칼리게르, 유스투스 립시우스, 파울루스 메룰라와 후고 그로티우스 등에 의해 계승되었다. 네덜란드 아르미니우스주의자들(Remonstranten)은 에라스무스를 길잡이로 여겼다. 이들 가운데 하나였던 장 르클레르는 18세기 초 에라스무스 전집을 새롭게 발간했다. 볼테르와 레싱, 백과사전파(Enzyklopädisten)도 에라스무스를 수용했다.

그들은 에라스무스를 자신들이 주장하던 객관적 사고와 이성에 근거한 사회 개혁을 일찍이 꿈꾼 위인으로 여기며 존경했다. 경건주의자들도 에라스무스를 자신들이 주장하던 내면적 신앙과 행동하는 이웃 사랑의 경건을 주창했던 선구자로 삼고 에라스무스의 작품을 번역해 배포했다. 이어 클롭슈토크와 헤르더와 괴테가 에라스무스의 명성을 모든 독일 지식인들의 서재에 전해주었다. 잉글랜드에서도 에라스무스의 명성은 시들지 않았다. 이미 에드워드 6세 시기인 1547년에 모든 성공회 성직자는 에라스무스의 『주해』를 의무적으로 읽어야 했고, 각 본당에 번역서가 비치되었다. 계몽주의자들은 에라스무스를 향한 변함없는 찬탄을 이어갈 수 있었다. 물론 낭만주의 시대는 에라스무스를 지나치게 세계적이고, 건조하며, 신중한 인물로 바라보았다. 그리스도교 정통주의도 에라스무스를 탐탁지 않게 여겼다. 가톨릭 진영이 보기에도, 개신교 진영이 보기에도, 에라스무스는 너무 대담하고 너무 자유로운 사상가였다. 그러나 양 진영 모두 에라스무스의 명성과 영향이 퍼져나가는 것을 가로막지는 못했다. 에라스무스의 이름을 딴 학교와 대학들이 설립되었고, 20세기에는 에라스무스 협회가 창립되어 그의 작품 연구에 전념하고 있다. 1969년부터 주석을 포함한 새로운 에라스무스 판본이 출판되고 있다. 1974년부터는 영어 번역본도 출판되었다. 기술 발달에 힘입어 에라스무스의 많은 저작을 온라인으로도 이용할 수 있게 되었다. 유럽에서는 에라스무스의 이름을 딴 학생 교환 프로그램이 자리를 잡았다. 번역으로만 또 선집으로만 에라스무스를 읽는, 전문 연구자가 아닌 사람들이나 인용문 몇 개만 아는 사람들을 통해서도 에라스무스의 사상이 끊임없이 이어짐으로써 자유롭고 편견 없는 사고와 미래 지향적 개혁을 자극하고 있다.

에라스무스 연보

1466/67   네덜란드 로테르담에서 출생(10월 27/28일)

1478-1483   데벤터르의 학교에 다님

1484   스헤르토헨보스 학교에 입학

1487-1492   하우다 인근 스테인의 아우구스티누스 수도회에 입회

1492   사제 서품

1493   캉브레 주교의 비서로 일함

1495-1499   파리에서 공부. 교육에 관한 첫 저작들

1499-1500   첫 번째 잉글랜드 체류. 『격언집』 첫 발간

1501-1504   네덜란드에서 그리스어 공부. 고전 문헌 편집

1503   『그리스도교 병사의 수첩』을 집필

1504   로렌초 발라의 신약성서 『주석』을 발견

1505-1506   두 번째 잉글랜드 체류

1506-1509   이탈리아 여행. 신학 박사 학위 취득

1508   알두스 마누티우스의 출판사에서 『격언집』 증보판 출판

1509-1514   세 번째 잉글랜드 체류

1511   『우신예찬』 출판

1514-1516   바젤 체류, 인쇄업자 요한네스 프로벤과의 만남

1516	『신약성서』(1519, 1522, 1527, 1535 개정판 출간)
	『히에로니무스 서간집』, 『그리스도교 군주의 교육』
1517-1521	뢰벤 체류, "콜레기움 트리링구에" 결성
1517	수도생활로부터의 관면. 『평화에의 호소』
1517-1521	사도서신 주해
1521-1529	바젤 체류, 다수의 새로운 『대화집』과 교부 및 고전 문헌 편집
1522-1524	복음서 주해
1524	『자유의지론』
1526	『그리스도인의 결혼』
1529-1535	프라이부르크 체류. 계속하여 교부 및 고전 문헌 편집
1529	『그리스도인 과부』
1530	『튀르크 전쟁에 관한 자문』, 『세련된 몸가짐』
1533	『사도 신조 해설』, 『교회 일치』
1535-1536	바젤로 돌아옴
1535	『전도서: 설교의 기술에 관하여』
1536	7월 11-12일 사이 밤에 사망

약어표

Allen   Opus epistolarum Desiderii Erasmi Roterodami, hg. von Percy S. Allen, 12 Bde., Oxford 1906-1958.

ASD   Opera omnia Desiderii Erasmi Roterodami, Amsterdam und Leiden seit 1969.

BRA   Aktensammlung zur Geschichte der Basler Reformation in den Jahren 1519 bis Anfang 1534 / im Auftrage der historischen und antiquarischen Gesellschaft zu Basel, hg. von Emil Dürr und Paul Roth, 6 Bde., Basel 1921-1950.

BSLK   Die Bekenntnisschriften der evangelisch-lutherischen Kirche, Göttingen 1959.

BSRK   Die Bekenntnisschriften der reformierten Kirche in authentischen Texten mit geschichtlicher Einleitung und Register, hg. von E. F. Karl Müller, Leipzig 1903.

Busa   S. Thomae Aquinatis opera omnia, hg. von Roberto Busa Stuttgart 1980.

Christ-von Wedel (2003)   Christine Christ-von Wedel, Erasmus von Rotterdam. Anwalt eines neuzeitlichen Christentums, Münster 2003.

Christ-von Wedel (2007)   Christine Christ-von Wedel, Erasmus und die Zürcher Reformatoren. Huldrych Zwingli, Leo Jud, Konrad Pellikan,

Heinrich Bullinger und Theodor Bibliander, in: Erasmus in Zürich. Eine verschwiegene Autorität, hg. von Christine Christ-von Wedel und Urs B. Leu, Zürich 2007, 77-165.

Christ-von Wedel (2013) Christine Christ-von Wedel, Erasmus of Rotterdam. Advocate of a New Christianity, Erasmus Studies, Toronto 2013.

CWE Collected Works of Erasmus, Toronto seit 1974.

ERSY Erasmus Society Yearbook, Ann Arbor Mich. seit 1981.

H Desiderius Erasmus Roterodamus. Ausgewählte Werke, hg. von Hajo Holborn, München 1933.

HBBW Heinrich Bullinger, Briefwechsel (Heinrich Bullinger, Werke, 2. Abt.), hg. von Ulrich Gäbler u.a., Zürich seit 1973.

LB Desiderii Erasmi Roterodami opera omnia, hg. von Johannes Clericus, Leiden 1703-1706.

MCR Melanchthons Werke, in: Corpus Reformatorum, Berlin seit 1834.

MPG Patrologiae cursus completus, hg. von Jacques Paul Migne. Series graeca, Paris 1866.

MPL Patrologiae cursus completus, hg. von Jacques Paul Migne. Series latina, Paris 1844.

Reeve Erasmus' Annotations on the New Testament. Facsimile of the final text (1535) with all earlier variants (1516, 1519, 1522, 1527), hg. Anne Reeve, The Gospels, London 1986; Acts-Romans-I and II Corinthians, Leiden 1990; Galatians to Apocalypse, Leiden 1993.

WA   D. Martin Luthers Werke. Kritische Gesamtausgabe, Weimar 1883–
         2009.

WA Br   D. Martin Luthers Werke. Kritische Gesamtausgabe. Briefwechsel,
         Weimar 1930–1985.

WA T   D. Martin Luthers Werke. Kritische Gesamtausgabe. Tischreden,
         Weimar 1912–1921.

Z   Huldrych Zwinglis sämtliche Werke, in: Corpus Reformatorum, Bd.
         88–108, Berlin und Zürich u.a. 1905–2015.

Actensammlung zur Geschichte der Zürcher Reformation in den Jahren 1519-1533, hg. von Emil Egli, Zürich 1879.

Biblia Sacra utriusque Testamenti, Zürich 1539.

Bullinger, Heinrich, Das der Christen gloub von anfang der waelt gewaert habe, der recht waar alt vnnd vngezwyflet gloub sye, klare bewysung, Zürich 1539.

_____. Der Christlich Eestand, Zürich 1540.

_____. De sanctae scripturae authoritate, Zürich 1538.

_____. Summa Christenlicher Religion, Zürich 1558.

Christ-von Wedel, Christine, Basel als Zentrum des geistigen Austauschs in der frühen Reformationszeit (Spätmittelalter, Humanismus, Reformation), hg. zusammen mit Sven Grosse und Berndt Hamm, Tübingen 2014.

_____. Basel und die Versprachlichung der Musik, in: Basel als Zentrum geistigen Austauschs in der frühen Reformationszeit (Spätmittelalter, Humanismus, Reformation), hg. zusammen mit Sven Grosse und Berndt Hamm, Tübingen 2014, 127-134.

_____. Auslegung und Hermeneutik der Bibel in der Reformationszeit. hg. zusammen mit Sven Grosse, Berlin 2017.

_____. Das Buch der Bücher popularisieren. Der Bibelübersetzer Leo Jud und sein biblisches Erbauungsbuch, in: Jazyk a řeč knihy, ed. Jitka Radimská (Opera romanica 11), Budweis 2009.

_____. Das Buch der Bücher popularisieren. Der Bibelübersetzer Leo Jud und sein biblisches Erbauungsbuch, überarbeiteter Nachdruck, in: Jazyk a řeč knihy, hg. von Jitka Radimská (Opera romanica 11), Budweis 2009, in: Zwingliana 38 (2011), 35-52.

_____. Zur Christologie von Erasmus von Rotterdam und Huldrych Zwingli, in: Reformierte Retrospektiven, hg. von Harm Klueting und Jan Rohls, Emder Beiträge zum reformierten Protestantismus 4, Wuppertal 2001, 1-23.

_____. "Digna Dei gratia clarissima anachorita", in: Zürichs letzte Äbtissin Katharina von Zimmern. (1478-1547), hg. von Irene Gysel und Barbara Helbling, Zürich 1999, 137-184.

_____. Ein neuer Blick auf Erasmus von Rotterdam, 14-38; Erasmus und die Zürcher Reformatoren. Huldrych Zwingli, Leo Jud, Konrad Pellikan, Heinrich Bullinger und Theodor Bibliander, in: Erasmus in Zürich. Eine verschwiegene Autorität, hg. zusammen mit Urs Leu, Zürich 2007, 77-166.

_____. Eine Lebensgeschichte. Erasmus von Rotterdam, in: Schatzkammern der Universität Basel, hg. von Martin Wallraff und Sara Stöcklin-Kaldewey, Basel 2010, 65f und ebd.: Briefe des Erasmus, 70.

_____. Erasmus als Promotor neuer Frauenrollen, in: Hör nicht auf zu singen, hg. von Rebecca Gieselbrecht und Sabine Scheuter, im Druck, prbl.

Zürich 2016.

_____. Erasmus in Zürich. Eine verschwiegene Autorität, hg. zusammen mit Urs Leu, Zürich 2007.

_____. Erasmus of Rotterdam. Advocate of a New Christianity (Erasmus studies), Toronto 2013.

_____. Erasmus und Luther als Ausleger der Bibel, in: Auslegung und hermeneutik der Bibel in der Reformationszeit, hg. zusammen mit Sven Grosse, Berlin 2017.

_____. Erasmus von Rotterdam zwischen den Glaubensparteien, in: Zwingliana 37 (2010), 21-40.

_____. Erasmus von Rotterdam, in: Jahresbericht 2013 der Freunde des Klingentalmuseums, 51-60.

_____. Erasmus von Rotterdam. Anwalt eines neuzeitlichen Christentums, Münster 2003.

_____. Haben die ungarischen Erasmianer auf Erasmus einen Einfluß ausgeübt? Zur Frauen- und Friedensfrage im Werk des Humanisten, in: Humanismus in Ungarn und Siebenbürgen. Politik, Religion und Kunst im 16. Jahrhundert, hg. von Ulrich A. Wien und Krista Zach. Siebenbürgisches Archiv, Bd 37 (2004), 135-154.

_____. L'influence d'Érasme sur l'antistes zurichois Henri Bullinger, in: Érasme et les théologiens réformés. Actes du Colloque international à la Maison d'Érasme à Bruxelles-Anderlecht, le 24 avril 2004, hg. von Émile Braekman, Collection des Études Historiques n.°11, 1. Brüssel 2005, 73-

98.

_____. Johannes Zwicks "Underrichtung" neu gelesen. Zum Verständnis von Schrift und Gesetz zwischen 1521 und 1524, in: Historische Horizonte. Vorträge der dritten Emder Tagung zur Geschichte des reformierten Protestantismus, hg. von Sigrid Lekebusch und Hans-Georg Ulrichs, Wuppertal 2002, 93-103.

_____. Leo Jud als Beispiel für die Erasmusrezeption zwischen 1516 und 1536, in: Basel als Zentrum geistigen Austauschs in der frühen Reformationszeit (Spätmittelalter, Humanismus, Reformation), hg. zusammen mit Sven Grosse und Berndt Hamm, Tübingen 2014, 109-126.

_____. Das "Lob der Torheit" des Erasmus von Rotterdam im Spiegel der spätmittelalterlichen Narrenbilder und die Einheit des Werkes, in: Archiv für Reformationsgeschichte, JG. 78 (1987), 24-36.

_____. Die Nachwirkung des Neuen Testamentes von Erasmus in den reformatorischen Kirchen, in: Basel 1516. Erasmus' Edition of the New Testament, hg. von Martin Wallraff u.a., Tübingen 2016.

_____. Das Nichtwissen bei Erasmus von Rotterdam. Zum philosophischen und theologischen Erkennen in der geistigen Entwicklung eines christlichen Humanisten, Basel 1981.

_____. Die Perikope von Martha und Maria bei Erasmus und den Reformatoren, in: Zwingliana 27 (2000), 103-118.

_____. "Praecipua coniugii pars est animorum coniunctio". Die Stellung der Frau nach der "Eheanweisung" des Erasmus von Rotterdam, in: Eine

Stadt der Frauen, hg. von Heide Wunder, Basel 1995, 125‒149.

_____. Das Schriftverständnis von Zwingli und Erasmus im Jahre 1522, in: Zwingliana, Bd. XVI, 2 (1983) 111‒125.

_____. Das Selbstverständnis des Erasmus von Rotterdam als "Intellektueller" im städtischen Kontext des 16. Jahrhunderts. Beitrag für den internationalen Kongress "Stadt und Intellektuelle" in Prag, vom 10. bis 12. Oktober 2006, in: Documenta Pragensia XXVII (2008), 243‒254.

_____. Der Tempel im Haus. Zur Bedeutung der geistlichen Hausmusik zwischen Reformation und Idealismus, in: Zeitschrift für Schweizerische Archäologie und Kunstgeschichte, Bd. 61 (2004) Heft 4, 257‒272.

_____. Torheit und Häresie. Zum Moriae Encomium des Erasmus von Rotterdam, in: Religiöse Toleranz im Spiegel der Literatur. Eine Idee und ihre ästhetische Gestaltung, hg. von Bernd F. W. Springer, Alexander Fidora, Münster 2009, 103‒116.

_____. The vernacular Paraphrases of Erasmus in Zurich, in: Erasmus Society Yearbook 24, (2004), 71‒88.

_____. Wie weit reichte der Einfluss von Erasmus von Rotterdam auf Heinrich Bullinger? in: Heinrich Bullinger. Life‒Thought‒Influence (Zürich, Aug. 25‒29, 2004 International Congress Heinrich Bullinger 1504‒1575), hg. von Emidio Campi und Peter Opitz, Zürich 2007, Bd. I, 407‒424.

Christenliche Reformation/vnd Policey/ordnung Der Statt Basel, Basel 1637.

Chronik des Fridolin Ryff, hg. von Wilhelm Vischer und Alfred Stern, Leipzig 1872.

Dunkelmännerbriefe. An Magister Ortuin Gratius aus Deventer, hg. von Karl Riha, Frankfurt a.M. 1991.

Eck, Johann, Christenliche außlegung der Evangelien, Ingolstadt 1532.

Meister Eckhardt, Die deutschen und lateinischen Werke, hg. von J. Quint, Bd. 3, Stuttgart 1976.

Eltink, Irma, Erasmus-Rezeption zwischen Politikum und Herzensangelegenheit, Amsterdam 2006.

Erasmi Opuscula, hg. von Wallace K. Ferguson, Den Haag 1933.

Erasmus von Rotterdam, Novum instrumentum, Basel, Froben, 1516.

Herr Erasmus von roterdam/verteutschte außlegung/über das/göttlich tröstlich wort vnsers lieben Herren vnnd seligmachers Christi/Nement auff euch mein Joch/und lernent von mir [1521].

Huizinga, Johan, Erasmus, deutsch von Werner Kaegi, Basel 1951.

Jonge, Henk Jan de, Erasmus and the Comma Johanneum, in: Ehpermides Theologicae Lovanienses 56 (1980), 381-389.

Kaufmann, Thomas, Geschichte der Reformation, Leipzig 2009.

_____. Luthers Juden, Stuttgart 2014.

Kisch, Guido, Erasmus' Stellung zu Juden und Judentum, Tübingen 1969.

Kobler, Beate, Die Entstehung des negativen Melanchthonbildes, Tübingen 2014.

Köhler, Walter, Erasmus von Rotterdam. Briefe, Darmstadt 1995.

Krans, Jan, Beyond What Is Written: Erasmus and Beza as Conjectural Critics of the New Testament, Leiden 2006.

Leu, Urs B., Aneignung und Speicherung enzyklopädischen Wissens. Die Loci-Methode von Erasmus, in: Erasmus in Zürich, eine verschwiegene Autorität, hg. von Christine Christ-von Wedel und Urs B. Leu, Zürich 2007, 327-342.

Machiavelli, Niccolò, Der Fürst. Aus dem Italienischen von Friedrich von Oppeln-Bronikowski, mit einem Nachwort von Horst Günther, Frankfurt 1992.

Major, Emil, Die Grabstätte des Erasmus, in: Gedenkschrift zum 400. Todestag des Erasmus von Rotterdam, Basel 1936, 299-315.

Mansfield, Bruce, Phoenix of His Age. Interpretations of Erasmus c 1550-1750 (Erasmus Studies), Toronto 1979.

Margolin, Jean-Claude, Erasme et le problème social, in: Rinascimento 23 (1973), 85-112.

O'Malley, John W., Erasmus and the History of Sacred Rhetoric. The Ecclesiastes of 1535, in: ERSY 5 (1985), 1-29.

Oberman, Heiko A., Wurzeln des Antisemitismus, Berlin 1981.

Ordnung so ein Ersame Statt Basel den ersten tag Apprilis in irer Statt und Landtschafft fürohyn zehalten erkant, Basel 1529.

Popkin, Richard H., The History of Scepticism. From Savonarola to Bayle, Oxford 2003.

Die Reformationschronik des Karthäusers Georg, hg. von Karl Buxtorf, Basel 1849.

Riggenbach, Christoph Johannes, Der Kirchengesang in Basel seit der Reformation, Basel 1870.

Rütiner, Johannes, Diarium 1529-1539, hg. von Gerhard Rüsch, St. Gallen 1996.

Rummel, Erika, Erasmus' annotations on the New Testament. From Philologist to Theologian (Erasmus Studies), Toronto 1986.

Rüsch, Ernst Gerhard, Vom Humanismus zur Reformation. Aus den Randbemerkungen von Oswald Myconius zum "Lob der Torheit" des Erasmus von Rotterdam, in: Theologische Zeitschrift 39 (1983).

Schilling, Heinz, Martin Luther. Rebell in einer Zeit des Umbruchs, München 2012.

Schoeck, Richard Joseph, Erasmus grandescens. The Growth of a Humanist's Mind and Spirituality, Nieuwkoop 1988.

Seidel Menchi, Silvana, Eine tragische Freundschaft. Julius, Erasmus, Hutten, in: Basler Zeitschrift für Geschichte und Altertumskunde 110 (2010), 143-164.

Slanička, Simona, Bastarde als Grenzgänger, Kreuzfahrer und Eroberer. Von der mittelalterlichen Alexanderrezeption bis zu Juan de Austria, in: Werkstatt Geschichte 51 (2009), 5-22.

Sowards, J. K., The Youth of Erasmus. Some Considerations, in: ERSY 9 (1989), 1-33.

Suppan, Wolfgang, Über Singen, Musizieren und Tanzen 1528 in der Steiermark, in: Leitmotive. Kulturgeschichtliche Studien zur Traditionsbildung. Festschrift für Dietz-Rüdiger Moser, Kallmütz 1999.

Treu, Erwin, Die Bildnisse des Erasmus von Rotterdam, Basel 1960.

Vanautgaerden, Alexandre, Érasme Typographe. Humanisme et imprimerie au début du XVIᵉ siècle, Genf 2012.

Vocht, Henry de, History of the Foundation of the Collegium Trilingue Lovaniense 1517-1550, Löwen 1951.

Wackernagel, Rudolf, Geschichte der Stadt Basel, Bd. 3, Basel 1924.

이 외에 사용된 문헌들에 대해서는 2013년 출판된 에라스무스에 대한 저자의 영어판 책의 참고문헌을 참조하라.

에라스무스의 생애와 사상

그리스도교 인문주의자의 초상

Copyright © 새물결플러스 **2024**

1쇄 발행 2024년 5월 24일

지은이   크리스티네 크리스트 폰 베델
옮긴이   정미현
펴낸이   김요한
펴낸곳   새물결플러스

편 집   왕희광 정인철 노재현 이형일 나유영 노동래
디자인   황진주 김은경
마케팅   박성민
총 무   김명화 이성순
영 상   최정호
아카데미 차상희

홈페이지 www.holywaveplus.com
이메일   hwpbooks@hwpbooks.com
출판등록 2008년 8월 21일 제2008-24호
주 소   (우) 04114 서울특별시 마포구 신촌로28가길 29
전 화   02) 2652-3161
팩 스   02) 2652-3191

ISBN   979-11-6129-279-3 93230

책값은 뒤표지에 있습니다.